新时代大学生爱国主义教育概论

主 编 陶书中
副主编 张 军 朱晓红

江苏大学出版社
JIANGSU UNIVERSITY PRESS
镇 江

图书在版编目(CIP)数据

新时代大学生爱国主义教育概论 / 陶书中主编. —镇江：江苏大学出版社，2022.6
ISBN 978-7-5684-1480-7

Ⅰ. ①新… Ⅱ. ①陶… Ⅲ. ①大学生—爱国主义教育—中国—教材 Ⅳ. ①G641.4

中国版本图书馆 CIP 数据核字(2022)第 017375 号

新时代大学生爱国主义教育概论
Xinshidai Daxuesheng Aiguo Zhuyi Jiaoyu Gailun

主　　编/陶书中
责任编辑/汪　勇
出版发行/江苏大学出版社
地　　址/江苏省镇江市梦溪园巷 30 号(邮编：212003)
电　　话/0511-84446464(传真)
网　　址/http://press.ujs.edu.cn
排　　版/镇江市江东印刷有限责任公司
印　　刷/镇江文苑制版印刷有限责任公司
开　　本/787 mm×1 092 mm　1/16
印　　张/15.25
字　　数/328 千字
版　　次/2022 年 6 月第 1 版
印　　次/2022 年 6 月第 1 次印刷
书　　号/ISBN 978-7-5684-1480-7
定　　价/50.00 元

目　录

绪　论

人无精神不立，国无精神不兴。2019 年 11 月，中共中央、国务院印发的《新时代爱国主义教育实施纲要》指出：爱国主义是中华民族的民族心、民族魂，是中华民族最重要的精神财富，是中国人民和中华民族维护民族独立和民族尊严的强大精神动力。爱国主义精神深深植根于中华民族心中，维系着中华大地上各个民族的团结统一，激励着一代又一代中华儿女为祖国发展繁荣而自强不息、不懈奋斗。

2018 年 5 月，习近平总书记在北京大学师生座谈会上曾说："爱国，是人世间最深层、最持久的情感，是一个人立德之源、立功之本。"以身许国的青年是新时代我国经济社会发展的重要推动力量。大学生是我国社会主义的未来建设者和接班人，如何引领青年大学生把爱党爱国爱社会主义的思想、情怀、责任、担当内化为如火如荼的青春建功、以行报国的志向，事关祖国的前途、民族的希望、创新的未来。

坚持以什么思想理论为指导，是新时代爱国主义教育的根本问题。习近平新时代中国特色社会主义思想是马克思主义中国化最新成果，是党和人民实践经验和集体智慧的结晶，是中国特色社会主义理论体系的重要组成部分，是当代中国马克思主义的最新发展，是全党全国人民为实现中华民族伟大复兴而奋斗的行动指南。只有坚持习近平新时代中国特色社会主义思想，才能激发广大人民的爱国主义热情，才能凝聚中华儿女，才能引领新时代爱国主义教育的正确方向。坚持以习近平新时代中国特色社会主义思想为指导，是新时代爱国主义教育最鲜明的时代特征，赋予了爱国主义教育新的时代内涵。因此，在新时代大学生爱国主义教育中，关键在于用习近平新时代中国特色社会主义思想武装青年学生的头脑；关键在于使习近平新时代中国特色社会主义思想在大学生群体中落地生根、开花结果；关键在于青年学子知行合一、学以致用。

方向决定前途，道路决定命运。中国特色社会主义集中体现着国家、民族、人民的根本利益。新时代大学生爱国主义教育要高举中国特色社会主义伟大旗帜，广泛开展理想信念教育，用党领导人民社会主义革命、建设的伟大成果说话，用社会主义现代化建设的伟大成就说话，用新时代坚持和发展中国特色社会主义的生动实践说话，用中国特色社会主义制度的优势说话，在历史与现实、国际与国内的对比中，引导大学生深刻认识中国共产党为什么"能"、马克思主义为什么"行"、中国特色社会主义为什么"好"，牢记红色政权是从哪里来的、中华人民共和国是怎么建立起来的，倍加珍惜我们党开创的中国特色社会主义事业，不断增强道路自信、理论自信、制度自信、文化自信。

新时代大学生爱国主义教育要坚持以中国梦为主题。实现中华民族伟大复兴，是近代以来中华民族最伟大的梦想，是激励中华儿女团结奋进、开辟未来的精神旗帜。当前，中国特色社会主义进入新时代，中华民族伟大复兴正处于关键时期。爱国主义教育要引导大学生深刻认识中国梦是国家的梦、民族的梦，也是每个中国人的梦，深刻认识中华民族伟大复兴绝不是轻轻松松、敲锣打鼓就能实现的，而是要付出更为艰巨、更为艰苦的努力。我们虽然已经取得辉煌的成就，离梦想从未如此接近，但也要深刻认识，行百里者半九十，距离实现中华民族伟大复兴的目标越近，我们越需更加努力，新时代的大学生要勠力同心、不懈追求，做新时代的奋斗者、追梦人。

实现中华民族伟大复兴的中国梦，必须弘扬中国精神，就是以爱国主义为核心的民族精神和以改革创新为核心的时代精神。爱国主义始终是让中华民族坚强团结在一起的精神纽带，改革创新始终是鞭策我们在改革开放中与时俱进的精神力量。当代大学生担当着民族复兴的时代使命，要努力做忠诚的爱国者和走在时代前列的奋进者，用实际行动展现出中国精神的青春风采。

文化兴则国运兴，文化强则民族强。文化是一个国家、一个民族的灵魂。没有高度的文化自信，没有文化的繁荣兴盛，就没有中华民族伟大复兴。中华传统文化是四大文明古国唯一流传下来、没有湮灭的文化，是这个世界上最美丽的瑰宝。中华民族五千多年历史所孕育的中华优秀传统文化是中华民族的“根”和“魂”，是最深厚的文化软实力基础，是中国特色社会主义植根的沃土，是我们在世界文化激荡中站稳脚跟的根基。“大学之道，在明明德，在亲民，在止于至善。”新时代大学生爱国主义教育者需要认真领悟植根于实践的中华优秀传统文化思想精髓，深入挖掘温润而隽永的中华优秀传统文化人文精神要旨，坚持把中华优秀传统文化融入大学爱国主义教育，使大学生成为传承中华优秀传统文化，推动中华优秀传统文化创造性转化、创新性发展的重要主体，不断增强中华文化的影响力和吸引力，创造中华文化新的辉煌。

维护祖国统一和民族团结是新时代大学生爱国主义教育的着力点。中华民族是一个多民族的统一体，维护各民族团结和睦，始终是各族人民的共同愿望和神圣职责。处理好民族问题、促进民族团结，是关系祖国统一和边疆巩固的大事，是关系民族团结和社会稳定的大事，是关系国家长治久安和中华民族繁荣昌盛的大事。新时代的大学生要像爱护自己的眼睛一样珍惜民族团结，像爱护自己的生命一样维护社会稳定，不断增强对伟大祖国、中华民族、中华文化、中国共产党、中国特色社会主义的认同，坚决维护国家主权、安全、发展利益，旗帜鲜明反对分裂国家的图谋、破坏民族团结的言行，筑牢国家统一、民族团结、社会稳定的铜墙铁壁，自觉做民族团结进步事业的建设者、维护者、促进者。

大道泛兮，其可左右。当今世界多元多样多变，如何让世界各国各美其美、美美与共？如何在世界百花园中扩大中国“朋友圈”？如何向世界提供中国方案，贡献中国智慧，携手共创人类美好未来？中国站在人类道义制高点，放眼世界，胸怀天下，提出“一带一路”倡议和构建人类命运共同体的重大理念，对世界走向之问作出响亮回答。1949 年以来逐渐形成的独具中国特色的大国外交理念为新时代大学生爱国主义教育提供了中国智慧和中国方案的教育内容。中华人民共和国成立 70 多年来，中国形成了独立自主的和平外交政策，成功地走上了一条与本国国情和时代特征相适应的和平发展道路，在百年未有之大变局中成为独树一帜的非西方新兴战略力量，并深刻地影响着世界的发展和变革。进入新时代，习近平总书记深刻思考人类前途命运及中国与世界发展大势，为促进全球共同繁荣、打造人类命运共同体作出了重大战略决策，提出了共建丝绸之路经济带和 21 世纪海上丝绸之路重大倡议，开辟了我国参与和引领全球开放合作的新境界，向世界呈现了破解人类发展难题的中国智慧。近年来，世界经济遇冷、冲突不断、全球化受阻、不确定性加剧……世界怎么了？我们怎么办？习近平总书记提出凝聚东方智慧、顺应历史潮流、基于发展实践、推动人类命运共同体建设，这一体现大国担当的“中国之道”在达沃斯论坛上有力地回答着“世界之问”。

国家安全是安邦定国的重要基石，维护国家安全是全国各族人民根本利益所在。实现中华民族伟大复兴的中国梦，保证人民安居乐业，国家安全是头等大事。要加强国家安全教育，深入学习宣传总体国家安全观，增强大学生国家安全意识，自觉维护政治安全、国土安全、经济安全、社会安全、网络安全和外部安全。要加强国防教育，增强全民国防观念，让关心国防、热爱国防、建设国防、保卫国防成为全社会的思想共识和自觉行动。要深入开展增强忧患意识、防范化解重大风险的宣传教育，引导大学生强化风险意识，科学辨识风险、有效应对风险，做到居安思危、防患未然。

榜样的力量是无穷的，培养大学生爱国主义情操要向践行爱国主义的时代楷模学习。爱国主义是我们民族精神的核心，是实现中华民族伟大复兴永不枯竭的精神动力。中华民族在自己的发展历程中，经历过许多大风大浪，遇到过无数艰难险阻。从崭新中国的诞生，到中国特色社会主义进入新时代……正是凭借对国家和民族的深厚感情，依靠在爱国主义旗帜下熔铸而成的凝聚力和向心力，中国人民和中华民族才经受住了各种难以想象的困难和风险的考验，也涌现出一批又一批心有大我、至诚报国的时代楷模，谱写了一篇又一篇壮丽的爱国主义诗篇。

青年兴则国家兴，青年强则国家强。“振兴中华，从我做起”，这是改革开放初期大学生喊出的响亮口号。这个口号鼓舞着无数青年学子投身祖国的现代化建设事业。新时代大学生要成为有大爱大德大情怀的民族脊梁，担当起民族复兴的伟大历史使命，就必须高扬爱国主义旗帜，立报国之志、修报国之身、强报国之能、践报国之行、铸报国之魂，努力做忠诚的爱国者和走在时代前列的奋进者，为国家和民族做出应有的贡献。

第一章　爱国主义的内涵与时代要求

爱国主义是中华民族的民族心、民族魂，是中华民族最重要的精神财富，是中国人民和中华民族维护民族独立和民族尊严的强大精神动力。爱国主义精神深深植根于中华民族心中，维系着中华大地上各个民族的团结统一，激励着一代又一代中华儿女为祖国发展繁荣而自强不息、不懈奋斗。实现中华民族伟大复兴的中国梦，是当代中国爱国主义的鲜明主题。青年大学生要继承中华民族爱国主义光荣传统，自觉做新时代的忠诚爱国者。

第一节　爱国主义的基本内涵

爱国主义体现了人们对自己祖国的深厚感情，揭示了个人对祖国的依存关系，是人们对自己家园及民族和文化的归属感、认同感、尊严感、荣誉感的统一，是调节个人与祖国之间关系的道德要求、政治原则，也是中华民族精神的核心。爱国主义具体表现为人们对祖国江河大地、锦绣山川的深切依恋，表现为人们对本民族历史文化、风土人情、风俗习惯及骨肉同胞、祖宗先辈的由衷热爱，表现为人们对祖国领土主权、社会制度的自觉维护。

一、爱祖国的大好河山

祖国的河山在人们的心中占据着至高无上的地位。我们的祖国，是包含56个民族在内的世世代代的中华儿女，经过五千多年的艰苦奋斗，辛勤耕耘，共同开辟并固定下来的疆域。在这片广袤大地上，祖先们生于斯，食于斯，长于斯，在这里世代繁衍生息，创造并形成各民族共同认知的语言文化、风俗习惯、管理模式、社会体制、道德观念，促进了民族的相互融合。这个集疆土、民族、经济、文化、国家于一体的共同体，就是我们伟大的祖国。毛泽东在《中国革命和中国共产党》一文中这样写道："我们中国是世界上最大国家之一……在这个广大的领土之上，有广大的肥田沃地，给我们以衣食之源；有纵横全国的大小山脉，给我们生长了广大的森林，贮藏了丰富的矿产；有很多的江河湖泽，给我们以舟楫和灌溉之利；有很长的海岸线，给我们以交通海外各民族的方便。从很早的古代起，我们中华民族的祖先就劳动、生息、繁殖在这块广大的土地之上。”

“一方水土养一方人”，每个人最初认识和熟悉的环境都是自己故乡的一山一水、一草一木。随着社会阅历的日益丰富，人们不断深化对祖国广阔土地及其风貌的认知，逐渐将对故土的依恋之情扩大为对祖国的热爱和眷恋。祖国，就是我们生于斯、长于斯的故土家园，就是我们脚下这块世世代代劳动、生息、繁衍、发展的辽阔大地。

热爱祖国的大好河山表现在科学对待我们的土地、江河湖海、森林、矿藏、生物物种资源、自然生态环境等。这些都属于祖国，同时也属于我们，既是我们的爱国情感之源，也是我们的爱国情感所系，都应当热爱，都应当保护。这不仅仅是生态伦理、环境保护和可持续发展的问题，也是爱国与否的问题。祖国的山山水水养育了我们，羔羊跪乳、乌鸦反哺，我们更应当有感恩回报的情怀，在利用资源的同时，要保护资源；在向自然索取的同时，要回报自然。先贤们素有“天人合一”的哲学，他们把人视为自然界的一部分，因此很好地处理了人与自然的关系，主张合理适度地利用自然资源，保护环境也就是保护人类，不能竭泽而渔、杀鸡取卵，破坏人与自然的和谐。

祖国的疆土完好是我们民族和国家生存、发展的基本前提。失去疆土，祖国和民族就无立足之地。爱自己的祖国，必然爱祖国的河山。就如蹒跚学步的懵懂孩童爱自家的房屋一样，是一种天然的感情。无论这房屋豪华还是简陋，都是我们的家。无论脚下家乡的土地肥沃还是贫瘠，是平原还是丘陵，人们总是无法割舍自己对于故土的情感，对故土的守护是果敢的、坚决的。正是因为祖国的疆土和它所蕴藏的内在资源对祖国和人民无比重要，加之人民对于山川大地有无限深情，所以每当国土受到侵犯时，整个国家的人民就会毫不犹豫地拿起武器，奋不顾身地投入保家卫国的战斗中，寸土不让。新民主主义革命时期的抗日战争，就是伟大的中华民族的全民战争，不分阶级，不分党派，不分地域，不分民族和信仰，放下民族内部矛盾，同仇敌忾，不畏流血牺牲，四面八方一拥而上，不把日本侵略者赶出中国，绝不收兵。在那场救亡图存的战争中，为保卫伟大祖国领土主权，中华民族不惜付出伤亡3500万人、经济损失达5000多亿美元的高昂代价，终于把日本帝国主义赶出了中国。中国人民捍卫了自己的家园，赢得了民族独立和解放。

祖国的山山水水滋养哺育着她的子子孙孙。“禾苗离土即死，国家无土难存”，祖国的大好河山，不仅是自然风光，还是主权、财富、民族发展和进步的基本载体。因此，领土完整涉及国家的重大核心利益，每一个爱国者都会把“保我国土”、“爱我家乡”、维护祖国领土的完整和统一，作为自己的神圣使命和义不容辞的责任。

二、爱自己的同胞

没有人民的祖国是不存在的，离开人民谈爱国也是不切实际、毫无意义的。一个真诚的爱国者必须要热爱人民。鲁迅先生曾经说过，自古以来，我国就有埋头苦干的人、拼命硬干的人、为民请命的人、舍身求法的人，他们不愧为“民族的脊梁”。前人尚能如此，当今时代的爱国者就更应当热爱人民，“横眉冷对千夫指，俯首甘为孺子牛”，为祖国、为人民鞠躬尽瘁，死而后已。

对同胞的爱，反映的是对整个民族利益共同体的自觉认同。中华民族的利益是我国各族人民的共同利益、长远利益和最高利益，这种利益高于各个民族内部的、局部的、暂时的利益。爱自己的同胞就是爱人民群众，最主要的是培养对人民群众的深厚感情，坚持以人民为中心的立场，始终紧紧地同人民群众站在一起。是否爱人民群众是检验一个人对祖国忠诚程度的试金石。诚如邓小平所说：“我荣幸地以中华民族一员的资格，而成为世界公民。我是中国人民的儿子，我深情地爱着我的祖国和人民。”

爱自己的同胞，就是要爱祖国各族人民。中华民族是一个多民族的统一体，56 个民族是平等的，共同生活在祖国大家庭里。汉族作为人数最多的一个民族，其本身也是在漫长的发展过程中，由许多民族融合而成的。中华民族的发展史告诉我们，中华民族具有团结统一的光荣传统，这个传统是我们中华民族内部各民族之间和睦相处的良好基础。在当代中国，热爱自己的骨肉同胞，就是热爱所有的中国人，热爱整个中华民族大家庭中的所有成员，而不仅仅是热爱自己所属的那个民族的人民。

人类历史上有过许多民族，也产生过许多国家，有些民族融合为新的民族，也有些民族和国家延续至今，还有些民族和国家消亡了。但今天继续存在着的民族和国家，都有一个共同的特点，那就是，一个民族和国家内部紧密团结，把同民族和同国家的人视为自己的骨肉同胞，互相帮助、互相爱护，同呼吸、共命运，特别是当面对外来威胁时，同仇敌忾，一致对外。这是血浓于水的真情实感形成的爱国主义，是爱国主义铸就的强大凝聚力和向心力。中华民族有 5000 多年的悠久历史，至今历久弥新，令我们无比自豪、自尊、自信。正是爱国主义的强大凝聚力，使得我们 56 个民族团结一致、奋勇向前。

作为一个国家的公民，其对同胞是否热爱及热爱的程度如何，是判断其是否爱国的一个基本标准。中华人民共和国刚刚成立时，在“中国人民站起来了”的无比豪迈、振聋发聩的声音响彻苍穹的时刻，一大批在外国也受人尊重、生活良好的中华儿女，如李四光、钱学森、钱三强、华罗庚、邓稼先、王大珩等人，毅然冲破阻挠，历尽艰辛，回到了一穷二白、满目疮痍的祖国，为祖国建设做出了巨大贡献。这些爱国者不但受到祖国人民的尊敬，而且赢得了外国人民的尊敬。相反，那些崇洋媚外，相信外国的月亮比本国的圆，见到国人都不屑，见到外国人都谄媚的人，不仅会遭到本国人民的唾弃，也会被稍有正义感的外国人所不齿。

爱自己的同胞，也爱世界各民族人民。爱国主义者也应当是国际主义者。强调热爱自己的国家和人民，并不等于反对与其他国家和人民发展友好关系。1949 年以来，中国人民与外国人之间的交往越来越频繁，交往的范围越来越广泛，在紧密联系、密切交往的过程中结下了深厚的友谊。但是，无论这种友情有多么深厚，对于一个有强烈的爱国之心的人来说，都丝毫不会影响他对祖国和人民的热爱，他也不可能用国际友情来替代对祖国和人民的亲情，因为这是两种不同的感情，它们可以并行不悖，但是不能相互取代。每个国家的人民都应首先热爱自己的国家和骨肉同胞，然后发展与其他国家和人民之间的友好关系，这是无可厚非的，并不是什么狭隘的民族主义。在当今世界上，没有哪一个国家不首先捍卫自己国家的利益，没有哪一个国家的人民不首先爱护自己的同胞。越是所谓的发达国家往往越是如此。虽然随着交通和信息技术的发展和普及，地球变得越来越"小"，甚至成为"地球村"，各民族之间的往来特别是个人跨国界的走动也越来越频繁，但是人类还远没有达到国家和民族层面上的"先人后己"。人类命运共同体也有待进一步建设。

三、爱祖国的灿烂文化

人类文明进步的历史充分表明，没有先进文化的引领，一个民族不可能屹立于世界先进民族之林。文化是一个国家、一个民族的灵魂。文化传统常常被称为国家和民族的胎记，是国家和民族得以延续的精神基因，是培养民族心理、民族个性、民族精神的摇篮，是民族凝聚力的重要基础。在现实生活中，人们或许会背井离乡，或许会彼此隔绝，但对祖国灿烂文化和历史传统的认同总会把彼此的心连在一起。爱祖国的灿烂文化，就是要认真学习和真正了解祖国的历史，在充分理解和尊重的基础上，积极推动优秀历史文化传统的传承和发展。

中华民族的文化历久弥新，中华文明是世界上唯一没有中断的既古老又年轻的文明，是人类文明星空中最绚丽的星宿。5000 多年文明之河奔流至今，涌现出老子、孔子、庄子、屈原、李白、苏轼、曹雪芹等灿若星辰的伟大人物，诞生了楚辞、汉赋、唐诗、宋词、元曲、明清小说等浩如烟海的文学经典，为中华民族生生不息、薪火相传提供了精神滋养。这些文化基因和精神标识，历经千年风雨的洗礼依然挺立、生机勃勃。

中华民族古代文化璀璨夺目，光彩照人。我们有青铜文化和世界上最早的日食、月食记录；春秋时期我们就有关于哈雷彗星的世界最早记载；战国时期产生了世界首部天文学著作《甘石星经》；秦始皇陵兵马俑被誉为"世界第八大奇迹"；早在 2000 多年前就发明了造纸术；在 1300 多年前发明了雕版印刷术；在 1100 多年前发明了火药技术等。这一切都是世界科技史上的珍宝，其中四大发明更是我国成为四大文明古国之一的重要标志，它们的传播对西方文明的发展产生了重大而根本的影响。据统计：在世界科学成就中，从公元前 6 世纪到公元 1500 年止，世界上最重要的发明创造有 54 项，其中中国的就占了 31 项。英国人李约瑟主编的《中国科学技术史》中清楚地写道：早在 16 世纪以前，中国人仅在科学技术方面领先于世界的发明就有一百余项，这些都有力证实了中华民族历史文明的伟大成就。而引领这些伟大发明创造的我国古代科学家宛如群星。东汉科学家张衡，创造出世界上最早利用水力转动的浑天仪和测定地震方位的地动仪，其中地动仪比欧洲出现的第一台地动仪要早1700多年。张衡还是世界上首个正确地解释了月食成因的人。南朝科学家祖冲之，推算出圆周率π的值在3.1415926和3.1415927之间，成为世界上第一个把圆周率的数值准确推算到小数点后七位数字的科学家。唐代的天文学家僧一行是世界上测量子午线长度的第一人。元朝科学家郭守敬和王洵、许衡等共同编制了《授时历》，其与现行公历即1582年提出的格列高利历一年的周期相同，然而比后者的提出早300年。李时珍是明代杰出的医药学家，经过27年的艰苦劳动，终于著成世界上内容最丰富、考证最详细的药物学著作《本草纲目》。正是我国古代科学家的卓绝贡献，才使得我国的传统科技直到明朝时一直都处于世界领先的地位。

在漫漫的历史进程中，中华民族不仅创造出光辉灿烂、享誉世界的中华文明，也塑造出独特的精神气质和精神品格，形成了崇尚精神的优秀传统：一是注重整体精神，强调为社会、为民族、为国家的爱国主义思想；二是推崇仁爱原则，倡导厚德载物与人际和谐；三是重视人生观，强调个人在家庭人伦及社会关系中的作用；四是追求精神境界，向往理想人格；五是重视修养践履，强调道德主体的能动作用。这些传统贯穿中华民族筚路蓝缕的奋斗历程，推动着中华民族一路向前、发展壮大，是中华民族重要的精神标识。

当今时代，文化作为软实力在综合国力竞争中的地位日益重要，谁占据了文化发展的制高点，谁就能够更好地在激烈的国际竞争中掌握主动权。各个国家都在挖掘自己民族的文化资源，以此来提高在经济社会发展等方面的竞争力。早在1949年9月底，在中华人民共和国即将诞生之际，毛泽东就充满自信地预见："随着经济建设的高潮的到来，不可避免地将要出现一个文化建设的高潮。中国人被人认为不文明的时代已经过去了，我们将以一个具有高度文化的民族出现于世界。"70多年过去了，这个预见正在逐渐变为现实。我国是一个文化大国，在这方面具有得天独厚的优势。我们要充分利用传统的与现在的文化资源，发展民族的、科学的、大众的先进文化。一个国家、一个民族的富强，总是以文化繁荣兴盛为支撑的。实现中华民族伟大复兴的中国梦，必须建设一个高度文明的社会主义文化强国。

"国民之魂，文以化之；国家之神，文以铸之。"回望中华人民共和国70余年的壮丽征程，社会主义文化繁荣发展，奏出了响亮的时代强音，向世人展示了中国人民感天动地的奋斗史诗；展望中华民族伟大复兴美好图景，建设社会主义文化强国，青年一代必将书写更加辉煌的文化篇章，向世界呈现中国人民的雄心壮志。

四、爱自己的国家

"家是最小国，国是千万家""没有国哪有家，没有家哪有我"，这些看似平常的话语道出了国家和个体之间相互依存、密不可分的关系，也道出了最深刻的爱国理由。

祖国的大好河山、自己的骨肉同胞、民族的灿烂文化，都是同我们的国家联系在一起的，我们每个人的发展也都时刻同国家的发展进步紧密关联。失去国家的庇佑和保护，人们将失去成长和发展最基本的屏障和最坚实的依托。因此，爱自己的国家、拥护国家的基本制度、遵守国家的法律、维护国家安全和统一、捍卫国家的利益、为国家繁荣发展贡献自己的力量，是爱国主义的基本要求。

要正确理解爱国主义，一项重要的内容就是弄清楚“国”的准确含义。一般来说，爱国主义中的“国”主要有两个含义，一个是“祖国”，另一个是“国家”。日常生活中人们对二者往往不加区分，但实际上，二者无论在概念内涵还是使用范畴等方面都存在很大差异。“祖国”是一个集人口、地域、心理、历史、文化、经济、政治等于一体的综合性概念，是指居住在一定疆域内的单个或多个民族的人民在长期的共同生活、劳动和物质文化交往中形成的社会共同体，主要包括国土、国民等基本要素，凸显的是民族性和自然属性。以“祖国”为载体的“爱国”主要是指对故土的眷恋和依赖，是一定族群中每一个成员天然自发的心理感受，也是每一个成员天然享有的基本权利。而伴随着人类文明的发展进步，“父母之邦”的“祖国”逐渐演变为“国家”，由于这一概念与民族、公民、社会等概念交织在一起，因此其意蕴异常复杂。恩格斯在《家庭、私有制和国家的起源》一书中指出：国家是社会在一定发展阶段的产物。这个社会陷入了不可解决的自我矛盾，分裂为不可调和的对立面而又无力摆脱这些对立面，为了使这些对立面、这些经济利益互相冲突的阶级，不致在无谓的斗争中把自己和社会消灭，就需要有一种表面上凌驾于社会之上的力量，这种力量应当缓和冲突，把冲突保持在“秩序”的范围以内。这种从社会中产生但又自居于社会之上并且日益同社会相异化的力量，就是国家。凸显政治性与阶级性的“国家”定义与“祖国”一词所呈现出的温情脉脉、充满人文气息的特质截然不同，“祖国”是自古就有的，“国家”却是近现代才有的产物，正如马克思所说的“国家本身的抽象只是现代才有，因为私人生活的抽象也是现代才有。政治国家的抽象是现代的产物”。作为爱国主义这一思想产生和存在的客观对象，“祖国”与“国家”的分野及情感基调上的差异，从根本上决定了“爱国主义”在本质上所呈现出的感性与理性交织、道德性与政治性相互碰撞的双重特质。这是从最一般的抽象概念层面探讨“国”的内涵变化对“爱国主义”内在逻辑进路的影响。从情感构成来看，虽然“爱国家”也有热爱人民、国土、主权等方面的要求，但是它的落脚点主要还是基于如何维护阶级统治的稳定性、合法性与持续性，因而它主要是一种偏重理性反思的认同感，这与“爱祖国”所呈现出的深沉、醇厚、悠远的近乎本能式的情感体验有很大差别。从外延上看，“祖国”无疑要大于“国家”，它不仅包含一定领土内生活的所有成员及其全部的自然和社会要素，同时在一些特定的历史情况下，也会涉及“国家”所侧重的阶级因素和政治因素。但是从现实发展的客观条件以及爱国主义的内在逻辑来看，现代民族国家作为当今世界最重要的政治单位，在国际交往中最看重独立自主。对内治理中最重要的政权合法性等问题，并不能仅仅依靠“爱祖国”所生发出的深沉情感而得到解决。因此，“爱国主义精神”依托的客观对象，必须既包含“祖国”也包含“国家”，两者虽有重合，但始终不能互相取代，偏废任何一方都不能建构起现代语境下完整而科学的爱国主义理论和实践。

爱祖国就要爱国家。在阶级存在的社会中，国家作为一种阶级统治的工具，其主要职能之一就是把阶级矛盾和冲突控制在统治阶级所需要的秩序和稳定的范围内，给人们的生产、生活提供必需的社会政治环境，否则这个社会一天也难以生存下去。国家在行使统治阶级统治工具职能的同时，还必须行使组织社会生产和生活、维护社会公共利益的社会管理职能，包括对本国的自然环境和资源、生产技术设备、历史文化遗产等涉及国计民生的物质和精神财富，尽可能予以开发、利用和保护，并组织国民抵御自然灾害、暴力行为和外族入侵的破坏、挑战。国家所具有的这种管理社会经济和文化、维护国家主权的职能是必不可少的，并且与本国人民的利益休戚相关。国家稳定、发达、团结、兴旺，生活于其中的民族、家庭、个人就会安居乐业、幸福健康；国家动乱、分裂、衰败、危亡，人民就会颠沛流离，生活在水深火热之中。爱国家是社会政治稳定和统一的需要，是社会经济文化健康发展、人民生活幸福的需要，也是维护国家主权与独立的需要。因此，许多国家都把“热爱自己的国家”作为爱国主义的必然政治要求写入宪法。我国宪法就明确规定：“中华人民共和国公民有维护祖国的安全、荣誉和利益的义务，不得有危害祖国的安全、荣誉和利益的行为。”

爱国家，既是爱国主义的基本要求，又是重要的政治原则。若舍此，则爱国主义将会成为空话，甚至有走向反面的危险。这就要求我们必须予以高度重视。爱国家，是爱我们置身于并借以生存、成长、发展的国土，是爱我们能够充分展现实力的舞台。国家的稳定强盛，是我们获得物质与精神需求的源泉。国不强，民受辱；国不稳，民受苦。无论是常住国内，还是侨居在外，人民都会与祖国的命运紧紧相连。

爱国主义是历史的、具体的，在不同的历史条件和文化背景下所形成的爱国主义，总是具有不同的内涵和特点。爱国主义的丰富性和生命力，正是通过它的历史性和具体性来表现的。在新民主主义革命时期，爱国主义主要表现为致力于推翻帝国主义、封建主义和官僚资本主义的反动统治，把黑暗的旧中国改造成光明的崭新中国。在现阶段，爱国主义主要表现为献身于建设新时代中国特色社会主义伟大事业，献身于实现中华民族伟大复兴中国梦的实践，献身于祖国统一大业。

第二节　爱国主义的本质特征

爱国主义反映了个人对祖国的情感依赖关系，规定了在特定的社会历史条件下个人与国家之间关系的行为准则，彰显了一个民族得以繁衍生息和繁荣发展的民族精神的核心要素。无论是从感性的心理倾向上看，还是从理性的价值构建上看，爱国主义从本质上是指个人对祖国价值的全面认同，爱国土、爱民族、爱国家三种情感相互依存、相互作用，是自然情感、社会情感和政治情感的高度统一。

一、爱国情感是深层持久的民族认同心理

爱国主义情感让我们热泪盈眶，爱国主义精神构筑起民族的脊梁。爱国主义是中华民族的民族心、民族魂，是团结和凝聚全国各族人民共同奋斗的精神力量。爱国主义产生于对自己祖国深厚的热爱，并逐步发展成为一种强烈的民族认同意识。因此“爱国”首先表现为一种感情，它是一种自然情感的表现，也是一种深层次的民族认同心理。

什么是民族？民族是人们在历史中形成的一个有共同语言、共同地域、共同经济生活及表现于共同文化上的共同心理素质的稳定的共同体。民族不仅是以血脉、地域关系为基础形成的共同体，更重要的是以文化特别是精神文化紧密联系在一起的稳定的人类共同体。独特的精神文化内涵、共同的文化背景将人们集合为民族，也使一个民族具有其独特的民族性并以此区别于其他的民族。民族的界定不能离开各具特色的文化，没有自己文化的民族最多只具有种族的意义，而不是我们一般意义上所认可的民族。

所谓认同问题，就是个体认为自己是什么样的人，以及个体归属于哪个群体的问题。从文化哲学的视域来看，民族认同就是所属民族的成员对自己所属的文化、族群的心理归属和情感肯定。民族认同一般包括民族自我认同、民族归属感、民族态度、民族社会参与和文化实践等几个要素。在当代中国，中华民族的民族认同可以分为三个层面，一是共同的民族渊源，二是共同的民族文化，三是共同的国家。

中国自古就是统一的多民族国家。数千年来，曾有许多民族活跃在各个时期的历史舞台上。经过长期的融合和发展变化，最终形成汉族和多个少数民族并存的局面。民族融合一直是古代中国社会处理民族关系的主要方式和主流价值观。

费孝通曾提出，中华民族多元一体格局形成于相当早的时期，距今三千年前，在黄河中游出现了一个由若干民族集团汇集和逐步融合的核心，被称为华夏，它像滚雪球一般越滚越大，把周围的民族吸收进去。中华民族作为一个自在的民族实体，多个民族在同一个国家疆域中和谐共存，具有共同的起源。正是基于这种“共休戚、共存亡、共荣辱、共命运的感情和道义”，我国 56 个民族的人民在漫长悠久的历史演进中推进了民族聚集与交融发展，在各自民族的认同意识基础上，共同构成了中华民族的统一整体，进而在心理上产生了“相互依存、统一而不能分割”的高度民族认同感。这种兼容并蓄和高度契合的社会心理基础在特定的历史条件下催生出一种朴素天然的民族情感和深层持久的社会认同感，汇聚成为在一个国家疆域内多民族共同的“爱国”情感，特别是在维护国家、民族利益，抵御外来侵略的过程中，“爱国”所产生的巨大

感召力和凝聚力是任何其他力量无法代替的。

二、爱国主义是爱家和爱国相统一的家国情怀

爱家和爱国体现了爱国主义的重要内容和最高形式，是爱国主义情感理性升华为家国情怀的根本标志，集中体现为民族自尊心、民族自信心和民族自豪感，不仅追求国家的独立与统一，更追求国家的富强、文明、和谐与进步。从这个层面上看，爱国主义在一定程度上兼具道德层面上的规定性。它要求人们把维护国家和民族的前途命运视为自己义不容辞的责任，把个人利益服从国家和民族利益看作自己应尽的道德义务；当发生矛盾时，要求人们把国家和民族利益放在个人利益之上，甚至牺牲个人利益服从国家和民族的利益。

“中国人为什么这么爱国?”2019 年的一条微博热搜激起了广大网友热烈的讨论。“没有国家繁荣发展，就没有家庭幸福美满。同样，没有千千万万家庭幸福美满，就没有国家繁荣发展。”在 2019 年春节团拜会上，习近平总书记号召在全社会大力弘扬家国情怀。倡导家国情怀，既是对薪火相传的中华优秀传统文化精神的大力弘扬，也是对中华儿女自觉担负起新时代赋予的使命与责任的激励与号召。站在中华人民共和国成立 70 多年的历史节点，回望中华人民共和国不平凡的发展历程，每个人都会感受到爱国的情愫在升腾。爱国、爱家已经深入每个国民的骨髓。

“为什么我的眼里常含泪水，因为我对这土地爱得深沉……”在抗击新冠疫情的战斗中，家国情怀总会在不经意间扣动人们的心弦，为中国精神注入了更加鲜活生动的内涵。陆军军医大学医疗队的首席专家毛青说：“我是党员、军人、医生，这个时候我不上，谁上?”山西的医师王婷在请战书中写道：“当年，爸爸参加了抗击非典，现在轮到我了!”17 年的跨越，更是一种责任传承！四川的护士佘莎请战的理由是：“我和其他护士不一样，我是汶川人。”这是一种只有中国人才能理解的守望互助之情！中建三局的刘星兄弟俩主动请缨参加火神山医院建设，从老家连夜赶回武汉。成都的餐饮老板刘仙逆行武汉为一线医护人员服务，连续 40 多天送出 2 万余份免费盒饭……

“家是最小国，国是千万家。”家庭的前途命运同国家和民族的前途命运紧密相连。中华民族自古以来就重视家庭、重视亲情，中华儿女也将“知道怎么样爱国”作为做人最大的事情。几千年斗转星移，家国情怀如同一条奔腾不息的情感长河，始终贯穿中华民族栉风沐雨、砥砺奋进的历程，流淌在华夏子孙生生不息的血脉里，成为不变的民族基因和共同的精神底色，成为中华民族战胜艰难险阻、不断取得巨大成就的精神动力。在中国人的精神谱系里，国家与家庭、社会与个人，都是密不可分的整体。家国情怀，可以说是中华儿女的精神起点。

“天下之本在国，国之本在家，家之本在身。”一个人要想抵达高远的境界，必然离不开家与国的滋养。从历史到现实，中华民族历来崇尚家国大义，“小家”同“大国”同声相应、紧密相连。家庭是人生的第一个课堂，也是家国情怀的根基所在。在

步履匆匆的返乡途中，在“爸妈装的行李箱”中，在难改的口味与乡音中……人们感受家的温暖，体悟家的意义，真诚感叹“有家真好”。但不要忘记，国家好、民族好，家庭才能好。无论是“修身齐家治国平天下”，还是“老吾老以及人之老”的爱意延伸，由私而公的家国情怀，一直是中华传统文化所倡导的价值理念。每个人孝亲敬长、安居乐业，每个家庭都为中华民族大家庭贡献力量，才能集腋成裘、聚沙成塔，汇聚成同心筑梦的强大力量。当前，培育和践行社会主义核心价值观，弘扬爱国主义，提倡爱家爱国相统一，与传统文化一脉相承，是人民最真挚的情感流露。

“一家仁，一国兴仁；一家让，一国兴让。”家不只是人们身体的住处，更是人们心灵的归宿。家风好，就能家道兴盛、和顺美满；家风差，难免殃及子孙、贻害社会，正所谓“积善之家，必有余庆；积不善之家，必有余殃”。家风是社会风气的重要组成部分，也是培育家国情怀的起点。弘扬家国情怀，要求我们注重家风建设、弘扬优良家风，自觉将家庭情感与爱国情感共融互通，积极传承弘扬尊老爱幼、勤俭持家、爱国爱家、向上向善、无私奉献等中华民族传统美德，推动形成融洽和谐的家庭关系，以千千万万家庭的好家风涵养全社会的好风气。

“天下兴亡，匹夫有责。”国家的命运与个人的前途同声相应、同气相求、同命相依，为了国家富强、民族振兴、人民幸福，每个人都要敢于担当、主动奉献，至死不渝，这是一种对于国家、民族的大爱，也是真正的家国情怀。千百年来，多少英雄豪杰、仁人志士秉持这种家国情怀，恪守兴国之责，舍小家为大家，让中华民族历经磨难而不衰、饱尝艰辛而不屈。无论是霍去病“匈奴未灭，无以家为也”的壮志豪情，还是文天祥“人生自古谁无死，留取丹心照汗青”的舍生取义；无论是范仲淹“先天下之忧而忧，后天下之乐而乐”的忧国忧民，还是林则徐“苟利国家生死以，岂因祸福避趋之”的勇敢担当，都生动诠释了家国情怀的内在要义，体现出中华儿女对祖国的拳拳赤子之心，激励着无数后来者为改变国家和民族命运前赴后继、奋斗不息。在新时代，创造中华民族新的更大奇迹，需要更多的人敢于负责、勇于担当、善于作为。

公益短片《家国与边关》在全国上万家影院播出后，感动了无数观众。在海拔5380米的神仙湾、最低气温达零下60摄氏度的伊木河，边防战士与恶劣环境、枯燥孤寂搏斗，哪怕过年不能回家、难与爱人相聚，也无怨无悔，只因站立的地方是祖国。他们用青春证明：最浪漫的不是花前月下，而是忠诚信念；最感人的不是卿卿我我，而是以身许国。边防战士、执勤交警、电力工人、外卖骑手……一颗颗普通的“螺丝钉”、一块块寻常的“铺路石”，坚守平凡岗位，守护万家灯火。而这，何尝不是对家国情怀的有力诠释。伟大的事业，需要伟大的精神。在新时代的新征程上，我们要大力弘扬爱国奉献精神，把自己的理想同祖国的前途、把自己的人生同民族的命运紧密联系在一起，不驰于空想、不骛于虚声，用拼搏和奋斗书写属于我们的时代辉煌。

史书万卷，字里行间皆可见“家国”。家国情怀早已沉淀为中华儿女的内在品格，成为中华优秀传统文化的宝贵财富。千百年来，中华民族之所以能够历经磨难而不衰、饱尝艰辛而不屈；近代以来，实现民族复兴之所以成为中华民族最伟大的梦想，根植于民族文化血脉深处的家国情怀厥功至伟，正是因为无数人、无数家庭的奋斗与奉献，推动久经磨难的中华民族迎来了从站起来、富起来到强起来的伟大飞跃。

三、爱国主义是中华民族精神的核心

民族精神是一个民族在长期共同生活和社会实践中形成的，为本民族大多数成员所认同的价值取向、思维方式、道德规范、精神气质的总和，是一个民族赖以生存和发展的精神支柱。中华民族在5000多年的历史发展进程中，形成了以爱国主义为核心的团结统一、爱好和平、勤劳勇敢、自强不息的伟大民族精神，创造了悠久灿烂的中华文明，为人类文明进程做出了卓越贡献。

爱国主义是千百年来人们在社会实践中形成的对自己的祖国极其忠诚和热爱的深厚情感。中华民族从来就有爱国主义的光荣传统。一部中华民族的发展史，就是一部中华儿女的爱国奋斗史。中国人很早就有以天下兴亡、人民安康为己任的家国情怀。在中国历史上，有“美不美，家乡水；亲不亲，故乡人”这样情系故土的朴实话语，也有“遥望中原怀故土，静观落叶总归根”这样心怀祖国、寄情桑梓的深情诗句；有“乐以天下，忧以天下”的忧国忧民情怀，也有“国尔忘家，公尔忘私”的报国为民风范；有为国家振兴、民族腾飞贡献毕生精力的志士仁人，也有“一身报国有万死”“苟利社稷，死生以之”的民族英雄。在漫长的历史发展过程中，中华民族形成了追求进步、维护民族尊严和国家主权的光荣传统，形成了对外来侵略者无比痛恨、对卖国求荣的民族败类无比鄙视、对爱国志士无比崇敬的宝贵民族性格。爱国主义成为动员和鼓舞人们为祖国的生存发展前赴后继、奋斗不息的伟大精神旗帜。

中国人民从古到今始终充满了高昂激越的爱国主义正气，从来不在侵略者面前低头，有着酷爱自由、追求进步、维护民族尊严和国家主权的光荣传统，这已经成为我们宝贵的民族性格和民族精神。

中国人民勤劳勇敢，坚韧不拔，有智慧，有理想。几千年来，特别是五四运动以来，他们满怀信心，艰苦奋斗，排除一切阻力，一次又一次地写下了我国历史上光辉灿烂的篇章。其中，爱国主义是中华民族精神的一条主线，是中华民族精神的核心，是动员和凝聚全民族为振兴中华而奋斗的强大精神力量。

今天，我们要实现社会主义现代化，实现中华民族伟大复兴，必须坚定不移高举爱国主义的伟大旗帜。

列宁说过，爱国主义是千百年来巩固起来的对自己祖国的一种最深厚的感情。我们所讲的爱国主义，作为一种体现人民群众对自己祖国深厚感情的崇高精神，是同促进历史发展密切联系在一起的，是同维护国家独立和广大人民的根本利益密切联系在一起的。

在我国历史中，爱国主义从来就是动员和鼓舞人民团结奋斗的一面旗帜，是各族人民共同的精神支柱，在维护祖国统一和民族团结、抵御外来侵略和推动社会进步中发挥了重大作用。比如，博大精深的中华文明使我们的祖国成为世界上的四大文明古国之一，对全世界的文明产生了深刻的影响。进入近代以后，中国逐步沦为半殖民地半封建社会。殖民主义、帝国主义通过军事的、政治的、经济的和文化的侵略手段，肆意践踏中国的主权，横行霸道，巧取豪夺，操纵着中国的经济和政治，中国到了亡国灭种的边缘。封建统治者昏庸腐朽，丧权辱国，勾结帝国主义残酷压迫中国人民，在这样的形势下，中国人民为了挽救国家的危亡，争取民族的振兴，在爱国主义精神的鼓舞和推动下，与阻碍中国社会发展的帝国主义、封建主义反动势力进行了前赴后继、可歌可泣的斗争。

在历史的长河中，中国人民对外来侵略者无比痛恨，对卖国求荣的民族败类无比鄙视，对爱国志士无比崇敬。这不仅成为中国人民判断是非的政治原则、分清善恶的道德标准，而且已经成为我们宝贵的民族性格的一部分。

爱国主义是中华民族精神的核心。爱国主义精神深深植根于中华民族心中，是中华民族的精神基因，维系着中华大地上各个民族的团结统一，激励着一代又一代中华儿女为祖国发展繁荣而不懈奋斗。几千年来，中华民族之所以能够经受住无数难以想象的风险和考验，始终保持旺盛的生命力，生生不息，薪火相传，同中华民族有深厚持久的爱国主义传统是密不可分的。

四、爱国主义是社会责任感和奉献精神

爱国主义不仅仅局限在抽象的概念范畴中，它作为一种社会行为准则，通过认知、情感和意志行为作用于每个个体。因此，“爱国”不能仅仅停留在情感和认知层面上，其必须转化为人的自觉行动。习近平总书记在谈到自己的故乡之情时指出，要热爱自己的家乡，首先要了解家乡。深厚的感情必须以深刻的认识做基础。唯有对家乡知之甚深，才能爱之愈切。对家乡是如此，对整个国家更是如此。因此，爱国与知国联系在一起，爱国主义感情要建立在对国家深刻认识的基础之上，实现爱国之情与知国之理相连通。只有坚持知国之理、爱国之情、报国之行互相融会贯通，才能彰显爱国主义的时代价值，即社会责任感和奉献精神。

回首中华人民共和国成立以来的历程，多少英雄儿女身体力行为祖国的建设事业奉献青春与热血。“两弹一星”的功勋人物，不图名利、不计得失、隐姓埋名，在极端艰苦的条件下，用热血和生命推动我国国防和航天事业取得举世瞩目的成就；以王进喜为代表的大庆石油工人，不怕苦累，无惧牺牲，为我国石油工业的发展做出重大贡献，“铁人精神”“大庆精神”成为我国社会主义建设事业的宝贵精神财富；全国时代楷模、守岛英雄王继才守岛卫国 32 年，把青春年华全部献给了祖国的海防事业，用无怨无悔的坚守和付出，在平凡的岗位上书写了不平凡的人生华章；“太行山上的新愚公”李保国，默默扎根太行山 35 年，倾尽毕生心血帮助农民脱贫致富，忠实践行了共产党人无私奉献的价值观。

“苟利国家生死以，岂因祸福避趋之。”爱国，是中华民族团结奋斗、自强不息的精神纽带，更是中华民族百折不挠战胜艰难坎坷的力量源泉。爱国，从来不是一句空话，而是体现在扎扎实实的实际行动中。它不仅意味着“天下兴亡，匹夫有责”的家国情怀，而且更意味着在国家和民族危急时刻舍生忘死，救国救民，为祖国和人民无私奉献和英勇牺牲。在新冠疫情发生的危难时刻，“白衣天使”“钢铁战士”冒着生命危险挺身而出，从祖国四面八方义无反顾驰援前线，毫无畏惧地投入防控救治工作，舍生忘死，日夜奋战，同时间赛跑，与“疫魔”较量；工地建设者、公安民警、环卫工舍小家顾大家，任劳任怨，恪尽职守，为保家卫国不眠不休；司机、快递员、志愿者夜以继日，不辞辛劳，默默前行。正如世界卫生组织赴中国考察专家组负责人艾尔沃德所说：“最让我震撼的是，每一个中国人都有很强烈的责任担当和奉献精神，愿意为抗击疫情做出贡献。”

大学生是国家的未来和希望，理应时刻关注国家大事，关注祖国的命运与前途，应真正践行“风声，雨声，读书声，声声入耳；家事，国事，天下事，事事关心”，把实现中华民族伟大复兴的美好憧憬转化为自己学习奋斗的动力，“为中华之崛起而读书”！

第三节　新时代爱国主义的基本要求

刻骨铭心的爱国之情，矢志不渝的报国之志，生死不移的爱国之行，写满了中华民族的史册。新时代的爱国主义，既继承了中华民族的爱国主义优良传统，又体现了鲜明的时代特征，内涵更加丰富。新时代爱国主义的基本要求是：坚持爱国主义和社会主义相统一、维护祖国统一和民族团结、尊重和传承中华民族历史和文化、坚持立足民族又面向世界。弘扬新时代的爱国主义，必须团结全体社会主义劳动者，社会主义事业的建设者，拥护社会主义、拥护祖国统一和致力于中华民族伟大复兴的爱国者，汇集起实现中国梦的磅礴力量。

一、坚持爱国主义和社会主义相统一

在纪念五四运动100周年大会上讲话时，习近平总书记指出，“当代中国，爱国主义的本质就是坚持爱国和爱党、爱社会主义高度统一”。只有坚持爱国和爱党、爱社会主义相统一，爱国主义才是鲜活的、真实的，这是当代中国爱国主义精神最鲜明的主题。

第一，爱党和爱国统一于中国特色社会主义的伟大实践。爱党必须爱国，爱国一定要爱党。一方面，爱党是爱国的本质体现，爱党必然要爱国，中国革命、建设、改

革的历史实践表明，没有共产党就没有新中国。中国共产党自 1921 年成立以来，就自觉将共产主义作为党和国家的奋斗目标，自觉肩负起实现民族独立振兴、国家繁荣富强、人民幸福安康的责任和使命，不断探索适合中国国情的发展道路，深刻体现了对国家的期许和热爱，党和国家的发展目标相一致，爱党和爱国相统一。中国共产党的性质决定了我国社会主义的本质。中国共产党是中国人民和中华民族的先锋队，是中国特色社会主义的领导核心，始终代表着中国人民和中华民族的根本利益，始终为中国人民和中华民族服务，这就决定了我国社会主义国家的本质。中国共产党的领导是中国特色社会主义最本质的特征，是中国特色社会主义制度的最大优势。中国共产党开创的中国特色社会主义道路、不断丰富完善和发展的中国特色社会主义理论体系、不断完善的中国特色社会主义制度、不断建设和发展的中国特色社会主义文化，是中国特色社会主义的核心内容。对中国共产党的热爱就是对中国共产党领导的中国特色社会主义的热爱，爱党和爱国统一于中国特色社会主义的伟大实践。另一方面，爱国既是具体的情感表达，也是真实的行为实践。爱国是对中华大地的真切热爱，是对中华优秀传统文化的自觉传扬，是对中华民族大家庭的深刻认同，是对全体中国人民的真心爱戴，是对中国共产党的衷心拥护，是对中国特色社会主义的主动实践，其本质就是热爱中国共产党领导的、人民民主专政的社会主义中国，具体表现为对国家的强烈归属感、对人民的强烈责任感、对党的强烈拥戴感、对社会主义的强烈认同感，深刻体现了爱国和爱党的内在统一。我国是社会主义国家，这不容任何人、任何组织质疑，爱国就要爱党，就要爱由工人阶级领导的、以工农联盟为基础的人民民主专政的社会主义国家，就要始终在中国共产党领导下坚定中国特色社会主义道路自信、理论自信、制度自信、文化自信，始终坚持和发展中国特色社会主义，为继续夺取新时代中国特色社会主义伟大胜利不懈奋斗，把爱党和爱国统一于中国特色社会主义的伟大实践中。

第二，爱国和爱社会主义统一于中国共产党的历史使命。爱国必须爱社会主义，爱社会主义一定要爱国，二者统一于中国共产党肩负的历史使命。一方面，我国是社会主义国家，社会主义制度是我国的根本制度，社会主义是国家建设和发展的重要内容，爱国就必须要爱社会主义，爱中国特色社会主义道路、理论、制度和文化，爱中国特色社会主义伟大事业。另一方面，社会主义是近代以来中国无数仁人志士经过长期实践探索出来的，是中国共产党和中国人民做出的正确选择，只有社会主义才能救中国，只有中国特色社会主义才能发展中国，国家的发展与社会主义的发展紧紧联系在一起。在共产党的领导下，我们走出了一条具有强大生命力的中国特色社会主义道路。伟大祖国，因为走在了中国特色社会主义道路上，展现出激荡一切的力量，展现出无比壮美的未来。我们爱伟大祖国，自然就应该爱这条使伟大祖国始终充满生机和活力的中国特色社会主义道路。为此，爱社会主义就一定要爱国，一定要坚持中国特色社会主义道路、理论、制度和文化。爱国与爱社会主义不可分割，二者统一于中国共产党肩负的历史使命。习近平总书记在党的十九大报告中指出，“中国共产党人的初心和使命，就是为中国人民谋幸福，为中华民族谋复兴”。中国共产党成立以来，始终牢记初心和使命，把自己的前途命运同国家的前途命运联系在一起，将马克思主义基本原理同中国革命、建设的具体实际结合起来，领导中国人民推翻了压在头上的“三座大山”，取得了新民主主义革命的胜利，成立了中华人民共和国，完成了社会主义革命，确立了社会主义制度，带领中国人民走上了社会主义发展道路。党的十一届三中全会以来，中国共产党始终不忘初心、牢记使命，继续把马克思主义基本原理同中国改革实际结合起来，领导中国人民实行改革开放，开创了中国特色社会主义道路，形成了中国特色社会主义理论体系，建立了中国特色社会主义制度和文化，推动中国特色社会主义伟大事业取得了历史性成就，带领中国人民迎来了中华民族从“站起来”“富起来”到“强起来”的伟大飞跃。只有中国共产党勇担使命，推动社会主义的繁荣发展，才能实现国家富强、民族振兴，因此，爱社会主义一定要爱国，爱国必须爱社会主义，二者统一于中国共产党肩负的历史使命。

第三，爱党、爱国、爱社会主义统一于中华民族复兴的历史征程。从中华民族复兴的历史进程来看，爱党、爱国、爱社会主义是统一的。习近平总书记指出，建立中国共产党、成立中华人民共和国、推进改革开放和中国特色社会主义事业是近代以来实现中华民族伟大复兴的三大里程碑。从 1840 年第一次鸦片战争爆发至中国共产党成立前的 80 余年历史中，中国各阶级人民一直致力于探索救亡图存的救国方案，并进行了种种尝试，但都未能从根本上改变中国落后挨打的局面，资产阶级的局限性最终导致旧民主主义革命的失败，中华民族复兴举步维艰。1921 年，中国共产党成立，在马克思主义旗帜的指引下，中国共产党带领中国人民浴血奋战，打败日本帝国主义，推翻国民党反动统治，取得了新民主主义革命的胜利，彻底结束了旧中国半殖民地半封建社会的历史，彻底改变了中国近代以来被剥削被压迫的局面，为实现中华民族伟大复兴奠定了根本政治前提，中国共产党成为中华民族实现伟大复兴的坚强领导核心和根本政治保证。1949 年，中华人民共和国成立，中华民族和中国人民终于“站起来”了，中国共产党带领中国人民继续进行社会主义革命，建立了社会主义制度，消灭了一切剥削制度，推进了社会主义建设进程，取得了“两弹一星”的伟大成就，为实现中华民族伟大复兴奠定了坚实的制度基础和物质基础。1978 年，党的十一届三中全会做出了改革开放的历史性决策，中国共产党带领中国人民不断推进中国特色社会主义事业，当代中国的面貌发生了历史性变化，中国人民的面貌发生了历史性变化。党的十八大以来，在以习近平同志为核心的党中央领导下，坚持和发展中国特色社会主义，党和国家的事业发生了历史性变革，改革开放和社会主义现代化建设取得了历史性成就，迎来了实现中华民族伟大复兴中国梦的光明前景。中国近代史表明，正是有了中国共产党才有了中国特色社会主义，正是有了中国特色社会主义才迎来了实现中华民族伟大复兴中国梦的历史性跨越。因此，对社会主义的热爱就是对国家的热爱，对国家的热爱就是对中国共产党的热爱，爱国、爱党、爱社会主义三者内在统一于中华民族复兴的历史征程中。

在当代，离开了先进政党的领导，离开了先进制度的依托，就不会有强大的祖国。随着经济全球化的深入发展，世界上流行着一种观点：全球治理正在替代民族国家。有的学者宣称：民族国家已经过时，民族国家正在终结。还有学者甚至提出必须建立世界政府，“没有世界政府，世界共同体就缺乏优先考虑和有义务照顾普遍利益的全球制度”。在他们看来，民族国家即将消失，社会主义、资本主义，共产党、社会民主党，都已经不重要了。现实真的如此吗？事实上并非如此。进入 21 世纪第二个十年后，一些国家出现的悲剧就说明了这一点。在风云变幻的经济全球化时代，没有先进政党的领导，没有先进社会制度的优势，国家就可能被肢解、被削弱，大量民众就会因为外部势力的干预而流离失所。尽管中国的发展也遇到了经济下行压力等一系列问题的挑战，但人民安居乐业，各方面事业蓬勃发展，就是因为我们有共产党的正确领导，有中国特色社会主义道路的强大基石。习近平总书记曾经在 2014 年 8 月 20 日纪念邓小平同志诞辰 110 周年座谈会上的讲话中明确指出，中国特色社会主义是适合中国国情、符合中国特点、顺应时代发展要求的理论和实践，所以才能取得成功，并将继续取得成功。

爱国主义与爱社会主义的统一是中国历史发展的必然结果。社会主义制度的建立，为中国的繁荣发展提供了可靠的保障。社会主义在中国不是一句空洞的口号，而是集中代表着、体现着、实现着国家、民族和人民的根本利益。“没有共产党就没有新中国”，这是中国的历史和现实所昭示的真理。中国共产党的历史就是一部为实现民族独立和人民解放，为实现中华民族伟大复兴而奋斗的历史。中国共产党的历史上矗立着一座座爱国主义的丰碑。透过这一座座丰碑，不仅可以了解中国共产党的光辉历史，认识中国共产党的英明伟大，体会中国共产党的精神风骨，而且能懂得中国共产党为国家、民族和人民谋利益的艰辛历程。中国的历史和现实充分证明，中国共产党是高举爱国主义旗帜并躬身实践的光辉典范，是中国特色社会主义事业的坚强领导核心。坚定拥护中国共产党的领导，是中华民族走向复兴、中国特色社会主义事业走向成功的必然要求，也是新时代爱国主义的必然要求。

二、维护祖国统一和民族团结

当今世界正处于百年未有之大变局，民族问题、宗教问题、文化冲突问题和发展问题不仅是全球热点问题，也是事关我国国家安全、社会稳定、经济发展、民族团结的重大问题。我国是统一的多民族国家，国家统一和民族团结是中华民族的根本利益所在。

在新的时代条件下，弘扬爱国主义精神，必须把维护祖国统一和民族团结作为重要着力点和落脚点。维护和推进祖国统一，是中华民族走向伟大复兴的题中之义。解决台湾问题、实现祖国完全统一，是不可阻挡的历史进程，也是全体中华儿女的共同心愿。要从中华民族整体利益的高度把握两岸关系大局，在认清历史发展趋势中把握两岸前途，坚持增进互信、良性互动、求同存异、务实进取，促进两岸关系发展取得更多积极成果，努力增进两岸人民福祉，增进对两岸命运共同体的认知，不断拓宽两岸关系和平发展的道路。实现中华民族伟大复兴，是全体中国人共同的梦想。只要包括港澳台同胞在内的全体中华儿女顺应历史大势、共担民族大义，把民族命运牢牢掌握在自己手中，就一定能够共创中华民族伟大复兴的美好未来。大学生要看清两岸关系和平发展的形势，担当起实现民族伟大复兴的历史重任，为推动两岸关系和平发展、实现祖国统一做出自己的贡献。

多民族是我国的一大特色，也是我国发展的一大有利因素。各民族共同开发了祖国的锦绣河山、广袤疆域，共同创造了悠久的中国历史、灿烂的中华文化，造就了我国各民族在分布上的交错杂居、文化上的兼收并蓄、经济上的相互依存、情感上的相互亲近，形成了你中有我、我中有你、谁也离不开谁的多元一体格局。中华民族和各民族的关系，是一个大家庭和家庭成员的关系；各民族的关系，是一个大家庭里不同成员的关系。弘扬新时代的爱国主义精神，就要自觉维护全国各族人民大团结的政治局面，不断增强对伟大祖国、中华民族、中华文化、中国共产党、中国特色社会主义的认同，坚决维护国家主权、安全、发展利益，筑牢国家统一、民族团结、社会稳定的铜墙铁壁。

三、尊重和传承中华民族历史和优秀文化

在欧美同学会成立 100 周年庆祝大会上，习近平总书记指出，在中华民族几千年绵延发展的历史长河中，爱国主义始终是激昂的主旋律，始终是激励我国各族人民自强不息的强大力量。弘扬爱国主义精神，必须尊重和传承中华民族历史和文化。对祖国悠久历史、深厚文化的理解和接受，是人们培育和发展爱国主义情感的重要条件。中华优秀传统文化是中华民族的精神命脉，其中蕴含着中华民族世世代代形成和积累的思想营养和实践智慧，是中华民族得以延续的文化基因，也是我们在世界文化的激荡中站稳脚跟的根基。中华文化独一无二的理念、智慧、气度、神韵，增添了中国人民和中华民族内心深处的自信和自豪。我们必须尊重和传承中华民族历史和文化，以时代精神激活中华优秀传统文化的生命力，延续文化基因，萃取思想精华，推进中华优秀传统文化创造性转化和创新性发展，在传承与创新中树立和坚持正确的历史观、民族观、国家观、文化观，增强做中国人的骨气和底气。

习近平指出，历史是一面镜子，从历史中，我们能够更好看清世界、参透生活、认识自己；历史也是一位智者，同历史对话，我们能够更好认识过去、把握当下、面向未来。抛弃传统、丢掉根本，就等于割断了自己的精神命脉。历史和现实都表明，一个抛弃了或者背叛了自己历史文化的民族，不仅不可能发展起来，而且很可能上演一场历史悲剧。“灭人之国，必先去其史。”然而仍有一些人打着所谓“重评历史”的幌子，否定近现代中国革命历史、党的历史和中华人民共和国历史，抹黑英雄，诋毁

革命领袖，企图混淆视听、扰乱人心，从根本上否定马克思主义指导地位和中国走向社会主义的历史必然性，否定中国共产党的领导。我们不是历史虚无主义者，也不是文化虚无主义者，不能数典忘祖、妄自菲薄。祖国是人民最坚实的依靠，英雄是民族最闪亮的坐标。“天地英雄气，千秋尚凛然。”一个有希望的民族不能没有英雄，一个有前途的国家不能没有先锋。我们要对中华民族的英雄心怀崇敬，自觉传承好中华民族辉煌灿烂的历史文化。

四、坚持立足民族又面向世界

一个国家、一个民族，只有开放兼容，才能富强兴盛。习近平总书记强调指出，弘扬爱国主义精神，必须坚持立足民族又面向世界。“立足民族”强调爱国主义的民族性，而“面向世界”则是把爱国主义这一情感提升到更宽广的层次。

中国的命运与世界的命运紧密相关。经过改革开放 40 多年的发展，中国日益走近世界舞台的中央。当今社会逐渐成为你中有我、我中有你的命运共同体。

站在中国与世界关系历史性变迁的路口，世界秩序调整、国家实力消长、历史文化积淀，都投射到新兴大国的国际观、世界观中，沉淀和拓展着爱国主义的视野和胸怀。坚持新时代的爱国主义，要求我们正确处理好立足民族与面向世界的辩证统一关系，把弘扬爱国主义精神与扩大对外开放结合起来，具备世界胸怀和国际眼光。新时代所弘扬的爱国主义不是故步自封、唯我独尊的，而是在具有强烈的民族自信心和自豪感的同时，尊重各国的历史特点和文化传统，尊重各国人民所选择的发展道路和生活方式，善于从不同文明中寻求智慧、汲取营养，增强中华文明生机活力。新时代弘扬爱国主义，就是要积极地同世界各国求同存异、交流互鉴，积极促进人类和平与发展的崇高事业，共同推动人类文明发展进步。

弘扬新时代的爱国主义，必须坚持立足民族，维护国家发展主体性。经济全球化是世界经济发展的必然趋势，但其不等于全球政治、文化一体化。在经济全球化的条件下，国家仍然是民族存在的最高组织形式，是国际社会活动中的独立主体。只要国家继续存在，爱国主义就有坚实的基础。在参与经济全球化的过程中，必须坚定地捍卫自己国家的利益，这就更需要爱国主义的支撑。在经济全球化背景下，西方一些人极力鼓吹政治一体化和文化一体化，实际上是企图借经济全球化推行其政治制度和价值观念，损害他国的主权和尊严。世界是丰富多彩的，不能以一个或几个国家的政治制度、价值观念和意识形态来衡量多样性的世界。用一种政治制度、价值观念和意识形态去统一世界，不仅是对别国的侵害，而且是根本行不通的，只会危害世界的和平与发展。在参与经济全球化的过程中，我们一定要保持清醒，既充分利用经济全球化所提供的机遇发展自己，又坚决维护国家的主权和尊严，按照本国国情坚持和发展自己的政治制度和民族文化。

弘扬新时代的爱国主义，必须面向世界，构建人类命运共同体。坚持推动构建人类命运共同体，是新时代坚持和发展中国特色社会主义基本方略的重要内容。当今世界，没有哪个国家能够独自应对人类面临的各种挑战，也没有哪个国家能够退回到自我封闭的孤岛。建设一个持久和平、普遍安全、共同繁荣、开放包容、清洁美丽的世界，是全人类的共同价值追求。构建人类命运共同体的理念，源于中国，属于世界，是中国与世界的交响协奏曲。中国人民的梦想同各国人民的梦想息息相通，实现中国梦离不开和平的国际环境和稳定的国际秩序。当代中国的爱国主义继承并发扬了中华文化协和万邦、热爱和平的优秀传统，对内积极倡导社会主义的爱国主义，对外主张平等互利、和平共处的国际交往原则，积极维护国际和平与文明和谐。新时代弘扬面向世界的爱国主义精神，意味着我们要有更加宽广的世界胸怀和全球视野，为维护人类共同利益、推动人类文明发展进步提供中国智慧，始终做世界和平的建设者、全球发展的贡献者和国际秩序的维护者。

第二章 大学生爱国主义教育的指导思想

2019 年 11 月，中共中央、国务院印发的《新时代爱国主义教育实施纲要》指出，大学生爱国主义教育的指导思想应该为坚持以马克思列宁主义、毛泽东思想、邓小平理论、“三个代表”重要思想、科学发展观、习近平新时代中国特色社会主义思想为指导，增强“四个意识”，坚定“四个自信”，做到“两个维护”，着眼培养担当民族复兴大任的时代新人，始终高扬爱国主义旗帜，着力培养爱国之情、砥砺强国之志、实践报国之行，使爱国主义成为全体中国人民的坚定信念、精神力量和自觉行动。

第一节 坚持马克思列宁主义

马克思主义理论体系覆盖了马克思本人关于未来社会形态——科学社会主义的全部观点和学说。在人类思想史上，就科学性和影响力而言，没有一种思想理论能达到马克思主义的高度，也没有一种学说能像马克思主义那样对世界产生如此广泛而深远的影响。这充分体现了马克思主义对人们认识世界、改造世界和创造美好生活所起的不可替代的作用。在马克思主义指引下，中国共产党带领中国人民走上民族复兴之路。当前，中国特色社会主义进入了新时代，青年大学生立志成为能够担当民族复兴大任的时代新人，需要有宽广的视野、开阔的胸襟和高远的理想，需要关心国家的发展、民族的前途和人类的命运，需要对社会和人生有深刻的思考，为此就需要学习和运用马克思主义。

列宁主义，是帝国主义和无产阶级革命时代的马克思主义。无产阶级革命的伟大导师列宁同志在领导俄国革命的实践中，坚持将马克思主义与新的历史时代的无产阶级革命运动结合，深入研究了资本主义发展到帝国主义的规律，总结了无产阶级和资产阶级斗争的新经验，概括了 20 世纪初期社会科学、自然科学的最新发展成果，创造性地运用和发展了马克思主义，从而使马克思主义理论达到了一个新阶段。列宁主义作为马克思主义在帝国主义和无产阶级革命时代的新发展和新成果，开辟了马克思主义民族化之路，是毛泽东思想和中国特色社会主义理论体系的重要思想基础。

一、马克思主义是科学的世界观和方法论

（一）马克思主义的创立

马克思主义是由马克思和恩格斯创立并为后继者所不断发展的科学理论体系，是关于自然、社会和人类思维发展一般规律的学说，是关于社会主义必然代替资本主义并最终实现共产主义的学说，是关于无产阶级解放、全人类解放和每个人自由全面发展的学说，是指引人民创造美好生活的行动指南。

马克思主义是一个博大精深的理论体系。马克思主义哲学、马克思主义政治经济学和科学社会主义是其三个基本组成部分，它们有机统一并共同构成了马克思主义理论的主体内容。此外，马克思主义还包含其他许多知识领域，如历史学、政治学、法学、文化学、新闻学、军事学等，并随着实践和科学的发展而不断丰富自身的内容。习近平指出：马克思主义理论体系和知识体系博大精深，涉及自然界、人类社会、人类思维各个领域，涉及历史、经济、政治、文化、社会、生态、科技、军事、党建等各个方面。

面对时代提出的“资本主义向何处去、人类向何处去”的课题，当时占主流地位的资产阶级思想家无能为力。他们热衷于赞美资本主义，对尖锐的社会矛盾视而不见，无产阶级运动的兴起又使他们感到了巨大的威胁，因而其政治立场更趋保守和反动，竭力为资本主义辩护。时代课题吸引着马克思和恩格斯，工人运动召唤着马克思和恩格斯。两位胸怀伟大理想的年轻思想家以自觉的历史担当，迎接时代的挑战，成为新理论的创立者。

马克思和恩格斯是 19 世纪的德国人，都出生在当时普鲁士王国的莱茵省，那里是德国经济最发达的地区。马克思于 1818 年 5 月 5 日出生在德国的特利尔城，他的父亲是犹太人，是一位非常有名的律师，对于马克思丰富的思维、严密的逻辑和雄辩的演说才能影响很大。在马克思的家里，有较好的物质条件和充满文化气息的环境。他的母亲是荷兰人，贤淑善良，善于持家，对马克思父亲的工作帮助很大。中学毕业后，马克思先后在波恩大学和柏林大学读书。他博览群书，并取得博士学位。毕业后为《莱茵报》写稿并成为该报编辑，在报纸上为穷苦农民的利益辩护，反对封建专制的压迫。报纸被查封后，马克思前往巴黎，接触到新的思潮，同时参与了工人运动。恩格斯于 1820 年 11 月 28 日出生在德国巴门市的一个工厂主家庭，中学没有毕业就不得不遵从父命去学习经商。他酷爱学习，通过自学掌握了渊博的知识。在英国经商期间，恩格斯深入考察了英国工人阶级当时的状况，并参与工人运动。从优越的家庭条件和卓越的个人才华方面来说，马克思和恩格斯完全有可能跻身所谓的“上流社会”，求得令人羡慕的个人前程。但是，他们放弃了舒适安逸的生活，毅然选择了充满荆棘和坎坷的革命之路。

马克思和恩格斯并不是先知先觉的圣人，他们从小面对的也是一个充满矛盾的现

实世界，在家庭、学校和社会的影响下，也曾接受过那个时代的唯心主义和资产阶级民主主义思想。但是资本主义制度的弊端和劳动群众渴求解放的呼声，促使他们立志进行社会变革，并走上求索科学真理的道路。他们通过不倦的理论求索和实践体验，特别是通过对工人生活和斗争的考察和总结，实现了世界观和政治立场的彻底转变。马克思和恩格斯于1844年2月发表在《德法年鉴》上的论文表明，他们完成了从唯心主义向唯物主义、从革命民主主义向共产主义的转变，为创立马克思主义奠定了思想基础。

1844年8月底，马克思和恩格斯在巴黎会面。此前他们曾有过一面之缘，但这次会面使他们发现彼此的基本观点完全一致，并从此开始了毕生的合作。他们先是在巴黎合写了《神圣家族》一书，接着又在布鲁塞尔合写了《德意志意识形态》。《德意志意识形态》首次系统阐述了历史唯物主义的基本观点，实现了历史观上的伟大变革。马克思和恩格斯接受国际性工人组织“正义者同盟”的邀请，将其改组为“共产主义者同盟”，并为其起草了世界上第一个无产阶级政党的党纲——《共产党宣言》。1848年2月《共产党宣言》的发表，标志着马克思主义的公开问世。

《共产党宣言》发表的时候，正值1848年欧洲革命爆发。马克思和恩格斯领导共产主义者同盟投身于这场规模巨大的资产阶级革命。为了阐明无产阶级在资产阶级革命中的策略，指导工人的斗争，马克思和恩格斯回到德国科隆，创办了《新莱茵报》。报纸停刊后，他们到革命地区活动，恩格斯还参与了起义并受到通缉。革命失败后，他们流亡英国，总结了1848年革命的经验，丰富了无产阶级革命的理论。后来，马克思留在伦敦开展理论研究，指导革命运动；恩格斯进入父亲在曼彻斯特合股的企业，从经济上对马克思提供有力的支持，同时从事理论研究和革命活动。马克思进行了全面深入的政治经济学研究，撰写了《资本论》手稿并出版了第一卷，系统阐述了剩余价值学说，揭示了资本主义生产关系的秘密。唯物史观和剩余价值学说是马克思一生中两个伟大发现。

当沉寂多年的欧洲工人运动再次兴起的时候，国际工人协会（第一国际）于1864年9月在英国成立。马克思是协会的灵魂，为协会起草了大量重要文件。1871年3月，巴黎工人起义并成立巴黎公社，马克思代表第一国际写出了著名的《法兰西内战》，高度赞扬了巴黎工人的伟大创举，科学总结了巴黎公社的历史经验。该书与几年后他写的《哥达纲领批判》一起，进一步丰富了科学社会主义学说。1876—1878年，恩格斯写出了《反杜林论》，全面阐述了马克思主义理论体系。

长期繁重的工作损害了马克思的健康，但他即使在多病的晚年，也没有停止奋斗。他一边为各国工人运动组织担任顾问，一边继续写作《资本论》，同时还向新的知识领域进军，阅读了大量人类学和历史学著作并做了数量庞大的笔记。1883年3月14日马克思逝世后，恩格斯承担起指导国际工人运动的重任，并整理出版了《资本论》第二、第三卷，写出了《家庭、私有制和国家的起源》《路德维希·费尔巴哈和德国古典哲学的终结》等著作，进一步发展了马克思主义理论。1895年8月5日，恩格斯与世长辞。

（二）马克思主义占据着真理和道义的制高点

习近平总书记指出：马克思为创立科学理论体系，付出了常人难以想象的艰辛，最终达到了光辉的顶点。科学思想是人类独有的精神瑰宝。马克思主义穿越百年历史风云依然熠熠生辉，释放出强大思想力量。马克思主义的生命力来源于它的科学性、人民性、实践性和开放性。在人类思想史上，就科学性、真理性、影响力、传播面而言，没有一种思想理论能达到马克思主义的高度，也没有一种学说能像马克思主义那样对世界产生如此巨大的影响。无论时代如何变迁、科学如何进步，马克思主义依然占据着真理和道义的制高点，马克思至今依然被公认为“千年第一思想家”。

1. 科学性

马克思主义是科学的理论，创造性地揭示了人类社会发展规律。在马克思提出科学社会主义之前，空想社会主义者早已存在，他们怀着悲天悯人的情感，对理想社会有很多美好的设想，但由于没有发现社会发展规律，没有找到实现理想的有效途径，因此也就难以真正对社会发展产生推动作用。马克思创建了唯物史观和剩余价值学说，揭示了人类社会发展的一般规律，揭示了资本主义运行的特殊规律，为人类指明了从必然王国向自由王国飞跃的途径，为人民指明了实现自由和解放的道路。

2. 人民性

马克思主义是人民的理论，第一次创立了人民实现自身解放的思想体系。马克思主义博大精深，归根到底就是一句话：为人类求解放。在马克思之前，社会上占统治地位的理论都是为统治阶级服务的。马克思主义第一次站在人民的立场探求人类自由解放的道路，以科学的理论为最终建立一个没有压迫、没有剥削、人人平等、人人自由的理想社会指明了方向。马克思主义之所以具有跨越国度、跨越时代的影响力，就是因为它植根人民之中，指明了依靠人民推动历史前进的人间正道。

3. 实践性

马克思主义是实践的理论，指引着人民改造世界的行动。马克思认为，全部社会生活在本质上是实践的，哲学家们只是用不同的方式解释世界，问题在于改变世界。实践的观点、生活的观点是马克思主义认识论的基本观点，实践性是马克思主义理论区别于其他理论的显著特征。马克思主义不是书斋里的学问，不是一种纯粹解释世界的学说，而是为了改变人民历史命运而创立的，是在人民求解放的实践中形成的，也是在人民求解放的实践中丰富和发展的，为人民认识世界、改造世界提供了强大的精神力量。马克思主义具有突出的实践精神，始终强调理论与实践的统一，始终坚持与社会主义运动紧密结合。可以说，以马克思主义为指导的世界社会主义运动，本身就是马克思主义的实践形态。

4. 开放性

马克思主义是不断发展的开放的理论，始终站在时代前沿。马克思主义是不断发展的学说，具有与时俱进的理论品质。马克思主义是时代的产物，并随着时代、实践和科学的发展而不断发展。马克思主义理论体系是开放的，它不断吸取人类最新的文明成果来充实和发展自己。马克思一再告诫人们，马克思主义理论不是教条，而是行动指南，必须随着实践的变化而发展。一部马克思主义发展史就是马克思、恩格斯及他们的后继者们不断根据时代、实践、认识发展而发展的历史，是不断吸收人类历史上一切优秀思想文化成果丰富自己的历史。因此，马克思主义能够永葆活力，不断探索时代发展提出的新课题、回应人类社会面临的新挑战。

（三）马克思主义的当代价值

马克思主义自诞生以来，在世界上产生了巨大的影响，改变了世界的尤其是中国的历史进程。时代在变化，社会在发展，马克思主义基本原理依然是科学真理。马克思主义在当今世界不但没有过时，而且日益焕发出旺盛的生命力。

1. 观察当代世界变化的认识工具

马克思主义给予我们观察当代世界的宏大视野。我们不仅生活在当代中国，也生活在当代世界；中国不仅是世界的一部分，而且正日益走近世界舞台中央。我们需要立足中国、放眼世界，用更加宏大开阔的视野来观察社会。对我们来说，这种视野的形成和培养，离不开马克思主义理论的帮助。马克思主义是科学的世界观和方法论，是无产阶级和全人类解放的科学指南，它能够站在科学和时代的制高点上观察事物和现象。“不畏浮云遮望眼，自缘身在最高层。”用这样的胸怀、站位和视野来观察当代世界，我们就能超出自身狭隘的眼界，看到世界上多种多样的联系，把握当今世界整体上的真实，为自己确立合理的定位。

马克思主义给予我们透视时代风云的锐利目光。当今世界风云变幻，产生了大量深刻复杂的现实问题，提出了大量亟待回答的理论课题。要把握和澄清这些问题，就必须学会马克思主义中观察和分析问题的方法和原则。习近平总书记指出：我们看世界，不能被乱花迷眼，也不能被浮云遮眼，而要端起历史规律的望远镜去细心观望。马克思主义掌握了人类社会发展的规律，具有唯物辩证的科学方法，善于透过现象看本质，能够从扑朔迷离的复杂现象中把握住问题的实质，从众多支流中找到主流，从局部的变幻中把握住总体和大局。面对复杂多变的世界形势，我们要善于运用矛盾分析的方法，既能看到众多矛盾相互交织的复杂局势，又能从中找出具有决定性作用的主要矛盾，紧紧抓住问题的症结，掌握事物矛盾斗争转化的根本所在。要善于运用利益分析的方法，从国家间纷纭的说辞中看到国家间的利益博弈，在变幻莫测的国际风云中坚持正确的义利原则，坚定维护我国的主权和利益。

马克思主义给予我们展望未来世界的长远眼光和战略定力。观察当今世界局势和社会发展状况，不仅要看到现状，更要看到未来；不仅要把握变化脉络，更要观察演化趋势。只有眼光超前、先行一步，才能在世界的变化中掌握主动权，立于不败之地。运动、变化、发展是唯物辩证法的关键词，从运动中看到变化，从变化中看到发展，这是马克思主义辩证思想的深远眼光。用这样的眼光来观察当今世界，就会将世界的变化和发展尽收眼底，从中发现其运行和演化的趋势和方向。同时，面对纷繁复杂的当代世界形势，我们必须冷静观察、保持定力，不为流言所惑、不为现象所迷，同时又要积极参与、精心谋划，始终以处理好中国问题为立足点，坚定走我们自己的道路。

2. 指引当代中国发展的行动指南

马克思主义是指引当代中国发展的精神旗帜。近代以来，由于封建统治者的腐败无能和西方列强的欺凌，中华民族陷入灾难深重的境地。无数仁人志士为了挽救民族危亡、实现民族复兴而前仆后继，但都未能改变中国人民的悲惨命运。马克思主义传入中国，使中华民族在精神上从被动转为主动。中国共产党在马克思主义指导下，带领中国人民取得了革命、建设、改革的伟大胜利，我国社会发生了翻天覆地的历史性变化，中国人民实现了从站起来、富起来到强起来的伟大转变，中华民族伟大复兴呈现出光明灿烂的前景。我国现代化建设取得举世瞩目的伟大成就，是马克思主义的现实指导作用和当代价值最直接、最可靠的证明。在当代中国，马克思主义仍然是指引我们发展的旗帜。不论前进的道路上遇到怎样的困难和挑战，只要我们高举马克思主义的旗帜，高举中国特色社会主义伟大旗帜，就不会迷失方向，就不会失去信仰。

马克思主义是推动当代中国发展的精神动力。人民有信仰，民族就有希望，国家就有力量。对马克思主义的信仰是中国革命、建设、改革的强大精神动力。习近平指出，广大党员、干部要理想信念坚定、干事创业精气神足，人民群众精神振奋、发愤图强，就可以创造出很多人间奇迹。党的十九大强调了“不忘初心、牢记使命”的意义，指出中国共产党人的初心和使命，就是为中国人民谋幸福，为中华民族谋复兴。这种初心和使命是激励中国共产党人不断前进的根本动力。全党同志一定要永远与人民同呼吸、共命运、心连心，永远把人民对美好生活的向往作为奋斗目标，以永不懈怠的精神状态和一往无前的奋斗姿态，继续朝着实现中华民族伟大复兴的宏伟目标奋勇前进。

马克思主义是引领当代中国实践的行动指南。马克思主义是我们的“看家本领”，掌握了这一本领，就能够以更宽广的视野、更长远的眼光来思考和把握未来发展面临的一系列重大问题，应对重大挑战，抵御重大风险，克服重大阻力，解决重大矛盾。正是在马克思主义的指导下，中国共产党领导全国各族人民持续走向繁荣富强，我国综合国力和人民生活水平大幅提升。没有马克思主义的思想武器，就不会有我国改革开放和现代化建设的成功。今天，马克思主义已深深扎根于中国，它指导实践的威力已经得到了充分的证明，并将继续指引我们走向更加光明的未来。

3. 引领人类社会进步的科学真理

人类历史发展到今天，与马克思所处的时代相比已经发生了巨大而深刻的变化，但从人类历史发展的大视野来看，世界仍然处于马克思主义所指明的从资本主义走向社会主义的大时代。马克思主义所揭示的资本主义基本矛盾仍然存在，并且在近年来，西方的金融危机和社会危机呈现出激化的趋势。资本主义国家一些有识之士重新到马克思主义中寻求答案，马克思的《资本论》等著作在一些西方发达国家热销，关于马克思主义的研究和讨论也出现热潮。联系当代资本主义的变化和社会主义的发展，透过纷繁复杂的社会现象，我们看到：马克思主义所揭示的人类社会发展规律、所论述的社会主义代替资本主义的历史趋势，依然存在并发生作用。马克思主义仍然是当今时代的真理。

人类的未来仍然需要马克思主义的启迪和指引。社会是在矛盾中进步的，每一个时代的社会进步总是伴随着相应的社会问题，而不同时代的人们都面临着人类社会向何处去的困惑。当今世界科技发展日新月异，人类文明加速进步，同时，社会也面临着贫困、生态恶化、恐怖主义等尖锐复杂的问题。人类社会怎样面对和处理这些问题，才能走向更加美好的明天？对于这样的根本性问题，还是需要到马克思主义中寻找答案。马克思主义致力于探寻人类社会的奥秘，揭示人类历史的规律，指明人类前进的方向，它的基本结论和方法中所蕴含的历史洞见和历史智慧，所展现的真理魅力，所散发的真理光芒，对于人类走向未来具有重要的启示和引领价值。

二、列宁对马克思主义的继承和发展

19 世纪 70 年代到 20 世纪初，科学技术取得重要成果。科学技术的发展有力地推动了生产规模的扩大，使生产和资本日益集中，从而出现资本垄断的局面，资本主义从自由竞争阶段进入垄断阶段。垄断组织的迅速发展，加剧了资本主义各国之间经济政治发展的不平衡，并导致了第一次世界大战的爆发。战争加剧了帝国主义国家内部的矛盾，客观上形成了社会主义革命的有利形势。

俄国废除农奴制以后，资本主义得到了快速发展，同时仍带有封建农奴制的残余，因而成为一个军事的封建的帝国主义国家。第一次世界大战期间，俄国的社会矛盾十分尖锐，无产阶级、农民群众与沙皇专制制度、封建地主阶级、资产阶级的矛盾相互交织，资本主义与农奴制残余的矛盾、民族矛盾、俄国人民与西方帝国主义的矛盾，以及西方资产阶级革命运动与俄国军事封建帝国主义反动堡垒的矛盾等异常尖锐。沙皇的横征暴敛加重了这些矛盾。在这样的条件下，俄国成为帝国主义各种矛盾的焦点与集合点，并因此成为帝国主义体系中最薄弱的环节，从而为无产阶级革命首先在俄国发生并取得胜利提供了有利的条件。

马克思和恩格斯依据自由资本主义阶段的世界经济政治发展状况，曾提出过社会主义革命将首先在几个主要的资本主义国家同时发生的设想。马克思和恩格斯逝世后，资本主义进入了垄断阶段。列宁以一个真正马克思主义者的态度，深刻分析了 19 世纪末 20 世纪初世界历史条件的变化，认为资本主义发达国家已经发展到帝国主义阶段，出现了马克思和恩格斯生前不曾有的新变化、新特点，经济政治发展的不平衡已成为资本主义发展的绝对规律。除无产阶级和资产阶级的矛盾外，帝国主义和殖民地、半殖民地国家的民族矛盾成为资本主义社会的又一重大矛盾。由此，列宁科学地剖析了帝国主义的经济基础、深刻矛盾和统治危机，提出了社会主义革命可能在一国或数国首先发生并取得胜利的论断。1917 年，列宁和布尔什维克党不失时机地领导俄国工人阶级和革命人民夺取了十月社会主义革命的胜利，使社会主义从理想开始变为现实，从而开创了世界历史的新纪元。十月革命胜利后，对于经济文化相对落后的国家如何向社会主义过渡与如何建设社会主义，列宁和布尔什维克党又进行了有益的探索。列宁在领导俄国革命和建设的过程中，把马克思主义基本原理与俄国实际结合，创立了列宁主义，把马克思主义发展到一个新的历史阶段。

十月革命一声炮响，给中国送来了马克思列宁主义。十月革命帮助中国的先进分子用无产阶级的世界观作为观察国家命运的工具，重新考虑自己的问题。中国共产党从成立起，就把马克思列宁主义确立为指导思想，并在不断探索中把马克思主义基本原理同中国具体实际结合，领导全国各族人民取得了革命、建设、改革的伟大胜利，并不断推进马克思主义中国化，产生了毛泽东思想、邓小平理论、“三个代表”重要思想、科学发展观、习近平新时代中国特色社会主义思想，丰富和发展了马克思主义。

第二节　坚持毛泽东思想

思想理论是社会变革的先导。面对中国近代以来山河破碎、内忧外患的深重灾难，以毛泽东为主要代表的中国共产党人，胸怀远大理想，脚踏中国大地，开马克思主义中国化之先河，创立了毛泽东思想，在黑暗的中国高高擎起熊熊燃烧的火炬，引领中华民族以江河奔涌之势一路向前，让沉睡百年的“东方睡狮”站起来。毛泽东思想作为马克思主义中国化的第一个重大理论成果，至今依然闪耀着真理的光芒。要读懂近代中华民族的革命辉煌史，读懂中国共产党和中国人民的伟大奋斗史，离不开毛泽东思想这把金钥匙。

一、毛泽东思想的形成与发展

中国共产党自成立起，就以马克思列宁主义为指导，开始了全新的中国革命。以毛泽东为主要代表的中国共产党人，根据马克思列宁主义的基本理论，对中国革命实践中的一系列独创性经验做了理论概括，形成了适合中国国情的科学的指导思想——毛泽东思想。

（一）毛泽东思想形成与发展的条件

1. 时代条件

19 世纪末 20 世纪初，西方发达国家从自由资本主义阶段进入垄断资本主义阶段，即帝国主义阶段。在帝国主义时代，各资本主义列强之间的激烈争夺，引发了 1914 年至 1918 年的第一次世界大战。这次战争的后果之一就是欧洲各国走向衰落，美国和日本兴起。当欧洲国家忙于战争而暂时放松对中国的侵略时，美国和日本对华商品倾销和资本输出迅速增加。第一次世界大战结束后，英国势力卷土重来。其后，日本侵略势力日益构成对中国的主要威胁。

1917 年 11 月 7 日（俄历 10 月 25 日）俄国爆发的十月社会主义革命，开辟了人类历史的新纪元，为世界人民的解放事业开辟了广大的可能性和现实的道路，建立了一条从西方无产者经过俄国革命到东方被压迫民族的新的反对世界帝国主义的革命战线。

十月革命给中国送来了马克思列宁主义，中国的先进分子开始将无产阶级的世界观作为改变国家命运的工具，中国革命从此有了科学的指导思想。第二次世界大战后，中国经历了两大阵营的对立和斗争，西方国家不仅对我国实行持续的封锁禁运，还极力推行和平演变战略。毛泽东思想正是在这样的时代条件和国际环境下形成和发展起来的。

2. 实践基础

中国共产党成立之后，为中国人民谋幸福，为中华民族谋复兴，经历了千辛万苦的奋斗历程，有成功的宝贵经验，也有失败的惨痛教训。这些经验和教训促使以毛泽东为主要代表的中国共产党人更深入地思考中国革命和建设问题。毛泽东思想正是对这些经验和教训进行深刻总结形成的理论成果。没有中国革命和建设的丰富实践，没有对中国革命和建设经验的深刻总结，就不可能有毛泽东思想。正是经过长期的实践和反复比较，党和人民选择了毛泽东作为自己的领袖，选择了毛泽东思想作为自己的指导思想。中国共产党领导人民进行革命和建设的成功实践是毛泽东思想形成和发展的实践基础。

3. 集体智慧

毛泽东是毛泽东思想的主要创立者，在长期艰苦斗争中，毛泽东把辩证唯物主义和历史唯物主义运用于中国共产党的全部工作，形成了具有中国共产党人特色的立场、观点和方法，主要是实事求是、群众路线和独立自主。正是坚持了这些立场、观点和方法，他才能创造性地发展马克思列宁主义，提出系统、完整的关于中国革命的科学理论、战略策略和一系列路线方针政策。与此同时，毛泽东思想又是集体智慧的结晶，党的许多卓越领导人，如周恩来、朱德、刘少奇等，都对其形成和发展做出了重要贡献。它凝聚着中国共产党人的聪明才智，是党同人民群众进行伟大革命实践的经验总结。

（二）毛泽东思想形成与发展的过程

毛泽东思想是在我国新民主主义革命、社会主义革命和社会主义建设的实践过程中，在总结我国革命和建设正反两方面历史经验的基础上，逐步形成和发展的。

1. 毛泽东思想的形成

第一次国内革命战争时期，毛泽东以马克思列宁主义为指导，从中国的历史和社会状况出发，深入实际调查研究，在《中国社会各阶级的分析》《湖南农民运动考察报告》等作品中，分析了中国社会各阶级在革命中的地位和作用，提出了新民主主义革命的基本思想。

土地革命战争时期，以毛泽东为主要代表的中国共产党人，坚持马克思列宁主义必须与中国革命具体实际相结合的基本原则，在探索中国革命新道路的具体实践中，在同党内一度盛行的把马克思主义教条化、把共产国际决议和苏联经验神圣化的错误倾向的斗争中，毛泽东对中国红色政权存在和发展的原因与条件及其在革命中的作用，对土地革命路线，对新型人民军队的建设与红军作战的战略战术原则，以及对农村与战争环境中的无产阶级政党建设等问题进行了科学阐述，逐步开辟了一条农村包围城市、武装夺取政权的革命新道路。毛泽东在《中国的红色政权为什么能够存在?》《井冈山的斗争》《星星之火，可以燎原》《反对本本主义》等作品中，提出并阐述了农村包围城市、武装夺取政权的思想，标志着毛泽东思想的初步形成。

2. 毛泽东思想的成熟

遵义会议以后，毛泽东系统地总结了党领导中国革命特别是全民族抗日战争以来的历史经验，深入分析中国革命具体实际，在《实践论》和《矛盾论》两部著作中，运用马克思主义的认识论和辩证法，从哲学方面总结党的历史经验，系统阐述了党内各种错误思想的根源。在《〈共产党人〉发刊词》《中国革命和中国共产党》《新民主主义论》《论联合政府》等作品中，科学阐述了新民主主义革命的对象、动力、领导力量、性质和前途等基本问题，提出了新民主主义革命的总路线，并制定了相应的经济、政治、文化纲领，指明了新民主主义革命的具体目标。毛泽东还详细论述了统一战线、武装斗争和党的建设的基本规律和内在联系，为新民主主义革命的胜利找到了正确方法。这一时期，新民主主义革命理论的系统阐述，实现了马克思主义与中国革命实践相结合的历史性飞跃，标志着毛泽东思想趋于成熟。1945 年党的七大将毛泽东思想写入党章，确立为中国共产党必须长期坚持的指导思想。

3. 毛泽东思想的继续发展

解放战争时期以及中华人民共和国成立以后，以毛泽东为主要代表的中国共产党人先后提出人民民主专政理论、社会主义改造理论、关于严格区分和正确处理两类矛盾的学说，特别是正确处理人民内部矛盾的理论。毛泽东明确提出了把马克思列宁主义的基本原理同中国革命和建设的具体实际进行“第二次结合，找出在中国怎样建设社会主义的道路”的任务，并为开辟适合中国国情的社会主义建设道路进行了艰辛探索。这一时期形成的关于社会主义革命和社会主义建设的重要思想，集中体现于《在中国共产党第七届中央委员会第二次全体会议上的报告》《论人民民主专政》《论十大关系》《关于正确处理人民内部矛盾的问题》等作品中，是毛泽东思想的丰富和发展。

二、毛泽东思想的科学体系

毛泽东思想紧紧围绕中国革命和建设的主题，提出了一系列相互关联的重要的理论观点，构成了完整的科学思想体系。毛泽东思想以独创性的理论丰富和发展了马克思列宁主义，主要表现在以下几方面。

新民主主义革命理论。毛泽东从中国的历史状况和现实状况出发，深刻研究中国革命的特点和规律，发展了马克思列宁主义关于无产阶级在民主革命中的领导权思想，创立了无产阶级领导的，人民大众的，反对帝国主义、封建主义和官僚资本主义的新民主主义革命理论，开创出一条以农村包围城市、武装夺取政权的道路。毛泽东指出，“统一战线和武装斗争，是战胜敌人的两个基本武器”，加上党自身的建设，就成为中国共产党在中国革命中战胜敌人的三个主要的法宝。新民主主义革命理论，是反映新民主主义革命客观规律的完备的理论形态。

社会主义革命和社会主义建设理论。新民主主义革命胜利后，毛泽东领导中国共产党，采取社会主义工业化和社会主义改造并举的方针，实行逐步改造生产资料私有制的具体政策，从理论和实践上解决了在中国这样一个占当时世界人口近1/4、经济文化落后的大国建立社会主义制度这一重大问题。毛泽东提出的把对人民内部的民主和对敌人的专政结合起来就是人民民主专政的理论，丰富了马克思列宁主义关于无产阶级专政的学说。社会主义制度建立以后，毛泽东又领导全党和全国人民积极探索适合中国国情的社会主义建设道路，提出了一系列具有战略意义的正确思想和方针，对中国特色社会主义道路的探索具有重要的指导意义。

革命军队建设和军事战略的理论。毛泽东系统解决了如何把革命军队建设成为一支无产阶级性质的、具有严格纪律的、同人民群众保持亲密联系的新型人民军队的问题。他规定了人民军队的唯一宗旨，规定了是党指挥枪而不是枪指挥党的原则，制定了三大纪律、八项注意，强调实行政治、经济、军事三大民主，实行官兵一致、军民一致和瓦解敌军的原则，提出和总结了一套军队政治工作的方针和方法。他总结了中国长期革命战争的经验，系统地提出了建设人民军队的思想，提出了以人民军队为骨干，依靠广大人民群众，建立农村根据地，进行人民战争的思想。他把游击战争提到了战略的地位，认为中国革命战争在长时期内的主要作战形式是游击战和带有游击性质的运动战。他论述了要随着敌我力量对比的变化和战争发展的进程，正确地实行军事战略的转变。他为革命军队制定了在敌强我弱的形势下实行战略的持久战和战役、战斗上的速决战，把战略上的劣势转变为战役、战斗上的优势，集中优势兵力、各个歼灭敌人等一系列战略战术。他在解放战争中总结出著名的十大军事原则。这些都是毛泽东对马克思列宁主义军事理论极为杰出的贡献。在中华人民共和国成立以后，他提出必须加强国防，建设现代化革命武装力量和发展现代化国防技术的重要指导思想。

政策和策略的理论。毛泽东精辟地论证了革命斗争中政策和策略问题的极端重要性，指出政策和策略是党的生命，必须根据政治形势、阶级关系和实际情况及其变化制定党的政策，把原则性和灵活性结合起来。他在总结实践经验的基础上，提出了许多重要的政策和策略思想，其中包括：弱小的革命力量在变化着的主客观条件下能够最终战胜强大的反动力量；战略上要藐视敌人，战术上要重视敌人；要掌握斗争的主要方向，不要四面出击；对敌人要区别对待、分化瓦解，实行利用矛盾、争取多数、反对少数、各个击破的策略，并做到有理、有利、有节；在反动统治地区，把公开斗争和秘密斗争结合起来，在组织上采取隐蔽精干的方针；对被打倒的反动统治阶级成员和反动分子，只要他们不造反、不捣乱，都给予生活出路，让他们在劳动中改造，成为自食其力的劳动者；无产阶级及其政党要实现对同盟者的领导，必须率领被领导者向着共同的敌人作坚决斗争并取得胜利，并对被领导者给以物质利益，至少不损害其利益，同时给以政治教育；等等。

思想政治工作和文化工作的理论。毛泽东提出许多具有长远意义的重要思想。例如：关于思想政治工作是经济工作和其他一切工作的生命线，要实行政治和经济的统一、政治和技术的统一、又红又专的方针；关于发展民族的、科学的、大众的文化，实行百花齐放、百家争鸣，古为今用、洋为中用，吐故纳新、推陈出新的方针；关于知识分子在革命和建设中具有重要作用，知识分子要同工农结合，通过学习马克思列宁主义、学习社会和工作实践，树立无产阶级世界观的思想；等等。他提出：为什么人的问题，是一个根本的问题，原则的问题。他强调要全心全意为人民服务，对革命工作要极端负责，要艰苦奋斗，不怕牺牲。毛泽东关于思想政治文化的许多思想理论观点，至今仍有重要意义。

党的建设理论。毛泽东提出，要注重从思想上建党，形成理论和实践相结合的作风、和人民群众紧密地联系在一起的作风，以及自我批评的作风。针对历史上存在过的“左”的错误，他提出“惩前毖后、治病救人”的正确方针，强调在党内斗争中要达到既弄清思想又团结同志的目的。他创造了全党通过批评与自我批评进行马克思列宁主义思想教育的整风运动。中华人民共和国成立前后，他多次提出务必使同志们继续保持谦虚、谨慎、不骄、不躁的作风，务必使同志们继续保持艰苦奋斗的作风；要求全党警惕资产阶级思想的侵蚀，反对脱离群众的官僚主义。

除了上述几个方面外，毛泽东思想体系还包括关于国际战略和外交工作的理论等内容，它们都是党的宝贵精神财富。

1981 年党的十一届六中全会通过的《中国共产党中央委员会关于建国以来党的若干历史问题的决议》（以下简称《历史决议》）指出：贯串于毛泽东思想各个组成部分的立场、观点和方法，是毛泽东思想的活的灵魂，它们有三个基本方面，即实事求是、群众路线、独立自主。毛泽东把辩证唯物主义和历史唯物主义运用于无产阶级政党的全部工作，在中国革命的长期艰苦斗争中形成了具有中国共产党人特色的这些立场、观点和方法，丰富和发展了马克思列宁主义。它们不仅表现在毛泽东的全部著作中，也表现在中国共产党人的革命活动中。

三、毛泽东思想的历史地位

（一）毛泽东思想是马克思主义中国化的第一个重大理论成果

毛泽东是马克思主义中国化的伟大开拓者，是毛泽东思想的主要创立者。在中国共产党历史上，毛泽东第一个明确提出了“马克思主义中国化”的科学命题和重大任务，深刻论证了马克思主义中国化的必要性和极端重要性，系统阐述了马克思主义中国化的科学内涵和实现马克思主义中国化的正确途径，开辟了马克思主义在中国发展的宽广道路，为党领导的革命和建设事业的发展奠定了坚实的思想理论基础。毛泽东为实现马克思主义中国化的历史任务进行了艰苦的探索，使马克思主义在中国生根、开花、结果。毛泽东思想是马克思主义中国化第一次历史性飞跃的理论成果，毛泽东思想在新民主主义革命、社会主义革命和建设，革命军队建设、军事战略和国防建设，政策和策略，思想政治工作和文化工作，外交工作和党的建设等方面，以独创性的理论丰富和发展了马克思列宁主义。贯穿毛泽东思想科学体系的立场、观点和方法，是最能体现毛泽东思想理论本质特点的思想内容，属于哲学层面的概括和总结。实事求是、群众路线、独立自主是毛泽东把辩证唯物主义和历史唯物主义运用到中国革命和建设实践中所形成的具有中国共产党人鲜明特色的立场、观点、方法，是我们党进行革命、建设和改革的出发点、根本点和立足点。

在马克思主义中国化的历史进程中，毛泽东思想为中国特色社会主义理论体系的形成奠定了理论基础。尤其是毛泽东思想关于社会主义建设的理论，为开创和发展中国特色社会主义做了重要的理论准备。

此外，毛泽东思想的话语表达做到了理论的通俗化，以通俗的言语解释深刻道理；在表达方式上具有鲜明的民族特色，为广大人民群众所喜闻乐见。毛泽东思想所体现的独特理论风格为新时期党的理论创新、进一步推进马克思主义大众化具有重要的启迪作用。

毛泽东思想所确立的马克思主义中国化的奋斗方向、基本原则和基本方法，指导着我们党不断推进马克思主义中国化，不断开辟马克思主义中国化的新境界。

（二）毛泽东思想是中国革命和建设的科学指南

毛泽东思想是被实践证明了的关于中国革命和建设的正确的理论原则和经验总结。在毛泽东思想指引下，我们党领导全国人民找到了一条新民主主义革命的正确道路，完成了反对帝国主义、封建主义、官僚资本主义的任务，结束了中国半殖民地半封建社会的历史，建立了中华人民共和国；找到了一条从新民主主义向社会主义过渡的道路，确立了社会主义基本制度，实现了中国历史上最深刻、最伟大的社会变革。毛泽东对适合中国国情的社会主义道路进行了艰苦探索，并取得了重要的理论成果，提出了许多很有启发性的论断。他领导我们建立起独立的比较完整的工业体系和国民经济体系，为社会主义现代化建设奠定了重要的物质技术基础，为在中国这样落后的东方大国进行社会主义建设积累了重要经验。

毛泽东思想关于社会主义建设的基本思想观点，在现阶段仍具有重要的现实指导作用。关于正确认识和处理社会主义社会基本矛盾、两类不同性质的矛盾，尤其是人民内部矛盾的思想，关于社会主义发展阶段的认识，关于调动一切积极因素为社会主义事业服务的思想，关于走中国工业化道路的思想，关于完善社会主义政治制度、扩大社会主义民主等思想，关于实行百花齐放、百家争鸣的思想，关于从思想上建党、加强执政党建设等思想，对于建设和发展中国特色社会主义仍然具有十分重要的指导意义。

（三）毛泽东思想是中国共产党和中国人民宝贵的精神财富

毛泽东思想形成和发展的历史条件，与我们今天面临的形势和任务有很大的不同，但这丝毫没有减弱毛泽东思想的科学价值。毛泽东思想基本原理、原则和科学方法具有普遍的指导意义。毛泽东追求和倡导的中华民族重新屹立于世界民族之林的远大理想，实事求是的思想路线，全心全意为人民服务的奋斗宗旨，自力更生、艰苦奋斗的革命精神等，依然是中国人民不断奋进的强大精神动力，将长期激励和指导我们前进。

第三节　坚持邓小平理论、“三个代表”重要思想、科学发展观

一、邓小平理论是中国特色社会主义理论体系的开篇之作

立时代潮头，开改革之先。以邓小平为主要代表的中国共产党人，顺民意，挽狂澜，吹响改革开放号角，实现伟大历史转折，开辟中国特色社会主义道路，创立邓小平理论。思想解放的滚滚洪流，冲开了神州大地创新创造的闸门，中国人民以昂扬姿态踏上富起来的新征程。当代中国为何能发生沧桑巨变？改革开放如何改变了中国又改变了世界？新时期党和国家全部理论和实践的主题是什么？我们需要到邓小平理论中寻找这一切的初始密码。

（一）邓小平理论的形成与发展

邓小平理论是在和平与发展成为时代主题的历史条件下，在总结我国社会主义胜利和挫折的历史经验并借鉴其他社会主义国家兴衰成败历史经验的基础上，在我国改革开放和现代化建设的实践中，逐步形成和发展起来的。

党的十一届三中全会以后，邓小平始终站在时代要求、国家发展、人民期待的高度，同中央领导集体一起，领导我们党作出一系列重大决策，把改革开放和社会主义现代化建设一步一步推向前进。1982 年，邓小平在党的十二大开幕词中明确指出：把马克思主义的普遍真理同我国的具体实际结合起来，走自己的道路，建设有中国特色的社会主义，这就是我们总结长期历史经验得出的基本结论。从此，“中国特色社会主义”成为我们党的全部理论和实践的主题。这一重大命题的提出具有里程碑意义，是中国共产党人对科学社会主义发展的开创性贡献。

从党的十二大到十三大，伴随着我国改革开放和现代化建设实践的全面开展和深入发展，邓小平围绕着“什么是社会主义、怎样建设社会主义”的基本理论问题和实践问题进行深层次思考，提出了关于社会主义的许多重要的科学论断。1984 年，党的十二届三中全会通过了《中共中央关于经济体制改革的决定》，提出了社会主义经济是公有制基础上的有计划的商品经济。此后，从农村改革到城市改革，由经济体制改革

到各方面体制改革，展开了波澜壮阔的历史进程，形成了一系列新的方针政策及与此相对应的理论观点。

1987 年召开的党的十三大，第一次比较系统地论述了我国社会主义初级阶段理论，明确概括和全面阐发了党的“一个中心、两个基本点”的基本路线，从马克思主义哲学、政治经济学和科学社会主义等方面，第一次对中国特色社会主义理论的主要内容进行了系统概括。十三大报告初步回答了我国社会主义建设的阶段、任务、动力、条件、布局和国际环境等基本问题，规划了我们前进的科学轨道。这是我们党第一次对中国特色社会主义理论进行系统的概括，也标志着邓小平理论轮廓的形成。

1992 年邓小平南方谈话，在一系列重大的理论和实践问题上，提出了一系列重要论断，如社会主义的本质是解放生产力，发展生产力，消灭剥削，消除两极分化，最终达到共同富裕；两手抓，两手都要硬；等等。从理论上深刻地回答了当时困扰和束缚人们思想的一系列重大问题，推动改革开放和社会主义现代化建设进入新阶段，邓小平理论也逐步走向成熟。

1992 年召开的党的十四大系统总结了改革开放以来取得的巨大成就，并从九个方面概括了中国特色社会主义理论的主要内容，第一次比较系统地初步回答了中国这样的经济文化比较落后的国家如何建设社会主义、如何巩固和发展社会主义的一系列基本问题，用新的思想、观点，继承和发展了马克思主义。十四大报告系统阐释了这一理论的历史地位和指导意义，认为这一理论是马克思列宁主义基本原理与当代中国实际和时代特征相结合的产物，是对毛泽东思想的继承和发展，是全党全国人民集体智慧的结晶，是中国共产党和中国人民最可贵的精神财富。十四大报告还高度评价了邓小平对创新中国特色社会主义理论的杰出贡献，明确指出邓小平同志是我国社会主义改革开放和现代化建设的总设计师。他尊重实践，尊重群众，时刻关注最广大人民的利益和愿望，善于总结群众的经验和创造，敏锐地把握时代发展的脉搏和契机，既继承前人又突破陈规，表现出了开辟社会主义建设新道路的巨大政治勇气和开拓马克思主义新境界的巨大理论勇气，对建设有中国特色社会主义理论的创立做出了历史性的重大贡献。

1997 年召开的党的十五大正式提出“邓小平理论”这一概念，深刻阐述了邓小平理论的历史地位和指导意义，进一步论述了邓小平同志对这一理论的独创性贡献。十五大报告明确指出，实践证明，作为毛泽东思想的继承和发展的邓小平理论，是指导中国人民在改革开放中胜利实现社会主义现代化的正确理论。十五大还郑重地把邓小平理论同马克思列宁主义、毛泽东思想一起，确立为党的指导思想，并写入党章。1999 年的宪法修正案正式将邓小平理论载入宪法。

（二）邓小平理论的主题与科学体系

“什么是社会主义、怎样建设社会主义”，是邓小平在领导改革开放和现代化建设这一新的革命过程中，不断提出和反复思考的首要的基本理论问题。搞清楚什么是社会主义、怎样建设社会主义，关键是要在坚持社会主义基本制度的基础上进一步认清社会主义的本质。邓小平根据马克思主义的基本原理和社会主义的实践经验，对这个问题进行了不懈的探索，作出了科学的回答。在强调必须坚持社会主义基本制度的同时，邓小平总结了多年来离开生产力抽象地谈论社会主义，把许多束缚生产力发展的、并不具有社会主义本质属性的东西，当作“社会主义原则”加以固守的问题，把许多在社会主义条件下有利于生产力发展的东西，当作“资本主义复辟”加以反对的历史教训，经过深邃的思考，科学地、精辟地、创造性揭示了社会主义本质。1992 年初，邓小平在南方谈话中对社会主义本质进行了总结性理论概括：社会主义的本质，是解放生产力，发展生产力，消灭剥削，消除两极分化，最终达到共同富裕。

邓小平理论贯穿着解放思想、实事求是的思想路线，围绕着“什么是社会主义、怎样建设社会主义”的基本理论问题，第一次比较系统地初步回答了建设中国特色社会主义的一系列基本问题，涉及社会主义初级阶段理论、党的基本路线、社会主义根本任务、“三步走”战略、改革开放理论、社会主义市场经济理论、“两手抓、两手都要硬”、“一国两制”、中国问题的关键在于党等，形成了一个比较完备的科学体系。

“解放思想、实事求是”是我们党的思想路线。1978 年党的十一届三中全会召开前夕，在中共中央工作会议闭幕会上，邓小平发表《解放思想，实事求是，团结一致向前看》的讲话，成为全会的基本指导思想。解放思想、实事求是的思想路线，有力地推动和保证了改革开放的进行，体现了辩证唯物主义和历史唯物主义的世界观、方法论，体现了革命胆略和科学精神的统一，是邓小平理论的活的灵魂，是邓小平理论的精髓。

社会主义初级阶段理论。我国处在社会主义初级阶段，是邓小平和我们党对当代中国基本国情的科学判断。党的十三大明确指出，社会主义初级阶段就是指我国在生产力落后、商品经济不发达的条件下建设社会主义必然要经历的特定阶段，即从我国进入社会主义到基本实现社会主义现代化的整个历史阶段。社会主义初级阶段至少有上百年时间。党的十五大对社会主义初级阶段基本特征的阐述，充分体现了社会主义初级阶段历史发展的过程性特征。社会主义初级阶段论基于对中国国情的准确把握，揭示了当代中国的历史方位，是建设中国特色社会主义的总依据，是对马克思主义关于社会主义发展阶段理论的重大发展和重大突破。

党的基本路线。党的十三大报告提出了党在社会主义初级阶段的基本路线：领导和团结全国各族人民，以经济建设为中心，坚持四项基本原则，坚持改革开放，自力更生，艰苦创业，为把我国建设成为富强、民主、文明的社会主义现代化国家而奋斗。党的基本路线高度概括了党在社会主义初级阶段的奋斗目标、基本途径和根本保证、领导力量和依靠力量，以及实现这一目标的基本方针，既紧紧抓住了中国现阶段的主要矛盾，又体现了运用社会主义社会基本矛盾运动的规律，全面推动历史进步，实现民富国强、民族振兴的要求。党的基本路线是党和国家的生命线、人民的幸福线。

社会主义的根本任务。社会主义的根本任务是发展生产力。邓小平强调：贫穷不是社会主义，社会主义要消灭贫穷；我们要建设的中国特色社会主义，是不断发展社会生产力的社会主义；我们确定的基本路线，是以经济建设为中心，实现社会主义现代化的发展路线。

“三步走”战略。1987 年，党的十三大把邓小平“三步走”的发展战略构想确定下来：第一步，从 1981 年到 1990 年实现国内生产总值比 1980 年翻一番，解决人民的温饱问题；第二步，到 20 世纪末，使国内生产总值再增长一倍，人民生活达到小康水平；第三步，到 21 世纪中叶，人均国内生产总值达到中等发达国家水平，人民生活比较富裕，基本实现现代化。“三步走”的发展战略，把我国社会主义现代化建设的目标具体化为切实可行的步骤，为基本实现现代化明确了发展方向，展现了美好的前景，成为全国人民为共同理想而努力奋斗的行动纲领。

改革开放理论。新时期最鲜明的特点是改革开放。邓小平明确指出，改革是中国的第二次革命。改革作为一次新的革命，是社会主义社会发展的直接动力。开放也是改革，对外开放是建设中国特色社会主义的一项基本国策。

社会主义市场经济理论。建立社会主义市场经济体制是我们党的一个伟大创举，是我国经济体制改革在实践和理论上的重大突破。社会主义市场经济理论的要点：一是计划经济和市场经济不是划分社会制度的标志，计划经济不等于社会主义，市场经济也不等于资本主义；二是计划和市场都是经济手段，对经济活动的调节各有优势和长处，社会主义实行市场经济要把两者结合起来；三是市场经济作为资源配置的一种方式本身不具有制度属性，可以和不同的社会制度结合，从而表现出不同的性质。坚持社会主义制度与市场经济的结合，是社会主义市场经济的特色和优势。

“两手抓，两手都要硬”。社会主义精神文明是社会主义社会的重要特征。物质文明和精神文明都搞好，才是中国特色的社会主义。一手抓物质文明，一手抓精神文明，“两手抓，两手都要硬”，这是我国社会主义现代化建设的一个根本方针，坚持了辩证法的全面性，坚持了两点论和重点论的统一，为我们党的领导方法和工作方法充实了新的内容。

“一国两制”。完成祖国统一大业，是中华民族的根本利益所在，是全中国人民包括台湾同胞、港澳同胞和海外侨胞的共同愿望。“一国两制”是从中国的实际出发，解决台湾问题、香港问题和澳门问题，实现祖国和平统一的伟大构想，是对马克思主义国家学说的创造性发展。

中国问题的关键在于党。建设中国特色社会主义，关键在于坚持、加强和改善党的领导。没有中国共产党，就没有新中国。在中国这样一个大国，现代化建设、国家的统一、人民的团结、社会的安定、民主的发展，都要靠党的领导。为了坚持和加强党的全面领导，必须努力改善党的领导。除了改善党的组织状况以外，还要改善党的领导工作状况，改善党的领导制度。

（三）邓小平理论的历史地位

第一，邓小平理论是对马克思列宁主义、毛泽东思想的继承和发展，是对马克思列宁主义基本原理与当代中国实际和时代特征相结合的产物，是对马克思列宁主义、毛泽东思想的继承和发展，是全党全国人民集体智慧的结晶。邓小平是我国社会主义改革开放和现代化建设的总设计师，对邓小平理论的创立做出了历史性的重大贡献。

第二，邓小平理论是中国特色社会主义理论体系的开篇之作。邓小平理论紧紧抓住“什么是社会主义、怎样建设社会主义”的基本问题，响亮提出“走自己的道路，建设有中国特色的社会主义”的伟大号召，从此中国特色社会主义成为我们党全部理论和实践一以贯之的主题。邓小平理论第一次比较系统地初步回答了中国社会主义的发展道路、发展阶段、根本任务、发展动力、外部条件、政治保证、战略步骤、党的领导和依靠力量及祖国统一等一系列基本问题，指导我们党制定了在社会主义初级阶段的基本路线。它是贯通哲学、政治经济学、科学社会主义等领域，涵盖经济、政治、科技、教育、文化、民族、军事、外交、统一战线、党的建设等方面比较完备的科学体系。

第三，邓小平理论是改革开放和社会主义现代化建设的科学指南。邓小平理论是邓小平同志留给我们的最重要的思想遗产。邓小平理论经过改革开放和现代化建设实践的检验，已经被证明是指导中国人民建设中国特色社会主义、保证中国在改革开放中实现国家繁荣富强和全体人民共同富裕的系统的科学理论。邓小平理论是中国共产党和中国人民宝贵的精神财富，是改革开放和社会主义现代化建设的科学指南，是党和国家必须长期坚持的指导思想。

二、“三个代表”重要思想深化了对中国特色社会主义的认识

世纪交替、千年更始，国际局势风云变幻，改革开放和现代化建设波澜壮阔，如何坚持与时俱进，迎难而上？如何大力推进改革开放？如何大力推进党的建设新的伟大工程？以江泽民为主要代表的中国共产党人，在世界社会主义陷入低谷时，坚决捍卫中国特色社会主义，并成功将其推向21世纪。

（一）“三个代表”重要思想的形成

20世纪80年代末90年代初，国际上东欧剧变、苏联解体，世界社会主义出现严重曲折，我国社会主义事业的发展面临空前巨大的困难和压力，我们党和国家处在决定前途命运的重大历史关头。以江泽民为主要代表的中国共产党人，科学地判断了冷战结束后的国际局势，全面把握党的历史方位，总结历史经验，在建设中国特色社会主义的伟大实践中进行艰辛探索，从容应对困难和风险，全面推进社会主义现代化建设，开创了中国特色社会主义事业新局面。

“三个代表”重要思想是一个完整的思想体系，始终围绕着在实行改革开放和发展社会主义市场经济的条件下，“建设一个什么样的党、怎样建设党”的重大现实问题在理论和实践上不断探索和开拓，经历了一个酝酿、形成到逐步深化的过程。

党的十五大会议上，江泽民将新时期党的建设新的伟大工程的总目标高度概括为把党建设成为用邓小平理论武装起来、全心全意为人民服务、思想上政治上组织上完

全巩固、能够经受住各种风险、始终走在时代前列、领导全国人民建设中国特色社会主义的马克思主义政党。十五大以后，围绕这一重大的理论问题和重大的现实问题，江泽民就加强新时期党的建设进行了调研，对关系新时期党建工作全局的重大理论问题和现实问题作出了系统、科学的回答，提出了“三个代表”重要思想。

2000 年 2 月 25 日，江泽民在广东省考察工作时，首次对“三个代表”进行了比较全面的阐述。2000 年 5 月 14 日，江泽民在江苏、浙江、上海党建工作座谈会上，明确提出：推进党的思想建设、政治建设、组织建设和作风建设，都应贯穿“三个代表”的要求。“三个代表”重要思想所要回答和解决的正是“建设什么样的党、怎样建设党”的重大问题。

党的十五届五中全会上，江泽民就“改进党的作风”发表重要讲话，郑重地告诫全党务必要以“三个代表”作为检验我们各项工作是否合格的根本标准，保证我们党能够始终保持同人民群众的血肉联系。

2001 年 7 月 1 日，江泽民在庆祝中国共产党成立 80 周年大会上的讲话中全面阐述了“三个代表”重要思想的科学内涵和基本内容。

2002 年 5 月 31 日，江泽民在中央党校省部级干部进修班毕业典礼上深刻阐述了“三个代表”重要思想的内在联系，提出“贯彻‘三个代表’要求，关键在坚持与时俱进，核心在保持党的先进性，本质在坚持执政为民”。这就深刻揭示了“三个代表”重要思想作为一个完整理论体系的内在的逻辑联系。

在 2002 年 11 月 8 日召开的十六大的报告中，江泽民全面阐述了“三个代表”重要思想形成的时代背景、历史地位、精神实质和指导意义。十六大将“三个代表”重要思想与马克思列宁主义、毛泽东思想和邓小平理论一道确立为党必须长期坚持的指导思想，并写入党章。

（二）“三个代表”重要思想的核心观点

“中国共产党必须始终代表中国先进生产力的发展要求，代表中国先进文化的前进方向，代表中国最广大人民的根本利益。”这是对“三个代表”重要思想的集中概括。

1. 始终代表中国先进生产力的发展要求

社会主义的根本任务是发展社会生产力，马克思主义执政党必须高度重视解放和发展生产力。始终代表中国先进生产力的发展要求，大力促进先进生产力的发展，是我们党站在时代前列、保持先进性的根本体现和根本要求。我们党在建立时就是以中国先进生产力的代表走上历史舞台的；我们党领导人民进行革命、建设和改革，都是为了促进生产力特别是先进生产力的解放和发展。实现社会主义现代化，最根本的就是要通过改革，不断促进先进生产力的发展，使我国形成发达的生产力。促进先进生产力的发展，就要使生产关系和上层建筑的各个方面不断体现先进生产力的发展要求。必须敏锐把握我国社会生产力的发展趋势，坚持以经济建设为中心，制定和实施正确的路线方针政策，不断完善社会主义的生产关系和上层建筑，不断为生产力的解放和发展打开更广阔的通途，不断促进先进生产力的发展。

2. 始终代表中国先进文化的前进方向

大力发展社会主义先进文化，必须牢牢把握先进文化的前进方向，建设社会主义精神文明，不断满足人民群众日益增长的精神文化需求，不断丰富人民的精神世界，增强人民的精神力量。

发展社会主义先进文化，要建设社会主义精神文明，精神文明建设搞好了，人心凝聚，精神振奋，经济建设和其他各项事业就会全面兴盛；要发展面向现代化、面向世界、面向未来的，民族的、科学的、大众的社会主义文化；面对世界范围各种思想文化的相互激荡，必须把弘扬和培育民族精神作为文化建设极为重要的任务，纳入国民教育全过程，纳入精神文明建设全过程，使全体人民始终保持昂扬向上的精神状态；要加强社会主义思想道德建设，以为人民服务为核心、以集体主义为原则、以诚实守信为重点，加强社会公德、职业道德和家庭美德教育，广泛开展群众性精神文明创建活动，引导人们树立中国特色社会主义共同理想，树立正确的世界观、人生观和价值观，建立与社会主义市场经济相适应、与社会主义法律规范相协调、与中华民族传统美德相承接的社会主义思想道德体系。

3. 始终代表中国最广大人民的根本利益

人民是我们国家的主人，是决定我国前途和命运的根本力量，是历史的真正创造者。建设中国特色社会主义，是我国各族人民实现自己利益、创造美好生活的共同事业，是亿万人民群众广泛参与的创造性事业。我们全部工作的出发点和落脚点，就是不断实现好维护好发展好最广大人民的根本利益。我们党来自人民，植根于人民，服务于人民。党的全部任务和责任，就是为实现人民群众的根本利益而奋斗。党始终坚持人民的利益高于一切。党除了最广大人民的利益，没有自己特殊的利益。人民，只有人民，才是我们工作价值的最高裁决者。江泽民同志曾强调，我们想事情，做工作，想得对不对，做得好不好，根本的衡量尺度，就是人民拥护不拥护，人民赞成不赞成，人民高兴不高兴，人民答应不答应。党和国家的一切工作和方针政策，都要以是否符合最广大人民群众的利益为最高衡量标准。

（三）“三个代表”重要思想的历史地位

“三个代表”重要思想是中国特色社会主义理论体系的接续发展。紧密结合时代发展的新形势，进一步把理论和实践、继承和发展结合起来，坚持以我国改革开放和现代化建设的实际问题、以我们正在做的事情为中心，着眼于马克思主义理论的运用，着眼于对实际问题的理论思考，着眼于新的实践和新的发展，回应我国广大人民群众的新要求，创造性地运用了马克思列宁主义、毛泽东思想特别是邓小平理论，形成了富有独创性的新的理论成果。“三个代表”重要思想是对马克思列宁主义、毛泽东思想和邓小平理论的继承和发展，是中国特色社会主义理论体系的重要组成部分。科学地揭示了执政党建设的规律，赋予了党的指导思想、党的宗旨和党的任务，以鲜明的时代内容和时代特征，形成了崭新的马克思主义建党学说。这一思想把新时期党的建设的目标、任务和要求，提到了一个新的高度，具有鲜明的时代特征，从根本上回答了在充满希望与挑战的新世纪，要把我们党建设成为一个什么样的党和怎样建设党的重大历史性问题。

“三个代表”重要思想是加强和改进党的建设，推进中国特色社会主义事业的强大理论武器。“三个代表”重要思想提出了党的建设的新要求：必须使全党始终保持与时俱进的精神状态，不断开拓马克思主义理论发展的新境界；必须把发展作为党执政兴国的第一要务，不断开创现代化建设的新局面；必须最广泛最充分地调动一切积极因素，不断为中华民族伟大复兴增添新力量；必须以改革的精神推进党的建设，不断为党的肌体注入新活力，充分体现了共产党人的先进性和时代精神，为加强党的建设指明了方向，为改进党的领导方式和执政方式提供了基本遵循。

三、科学发展观是对经济社会发展一般规律认识的深化

进入21世纪，以胡锦涛同志为主要代表的中国共产党人，紧紧抓住我国发展的重要战略机遇期，形成了科学发展观，带领中国人民战胜一系列重大挑战，奋力把中国特色社会主义推进到一个新的发展阶段。

（一）科学发展观的形成

科学发展观是我们党坚持以邓小平理论和“三个代表”重要思想为指导，在深刻分析国际形势、顺应世界发展趋势、借鉴国外发展经验的基础上，在深入总结改革开放以来特别是党的十六大以来实践经验的基础上，深入分析我国基本国情和发展阶段性特征的基础上形成和发展起来的。

2003年10月，党的十六届三中全会通过的《中共中央关于完善社会主义市场经济体制若干问题的决定》指出：坚持以人为本，树立全面、协调、可持续的发展观，促进经济社会和人的全面发展。这是我们党的文件中第一次提出科学发展观。

2004年9月，党的十六届四中全会通过的《中共中央关于加强党的执政能力建设的决定》，把树立和落实科学发展观作为提高党的执政能力的重要内容。

2005年10月，党的十六届五中全会通过的《中共中央关于制定国民经济和社会发展第十一个五年规划的建议》强调，要坚定不移地以科学发展观统领经济社会发展全局，坚持以人为本，转变发展观念、创新发展模式、提高发展质量，把经济社会发展切实转入全面协调可持续发展的轨道。

2006年3月，全国人大十届四次会议指出，“十一五”时期促进国民经济持续快速协调健康发展和社会全面进步，要以邓小平理论和“三个代表”重要思想为指导，以科学发展观统领经济社会发展全局。

2007年，党的十七大对科学发展观的理论定位、理论依据、理论内涵进行了全面阐述，科学发展观进一步走向成熟。十七大报告提出了“中国特色社会主义理论体系”的科学概念，把科学发展观与邓小平理论、“三个代表”重要思想一道作为中国特色社会主义理论体系的重要组成部分，并把科学发展观与马克思列宁主义、毛泽东思想、

邓小平理论和“三个代表”重要思想一道写入党章，作为党必须长期坚持的指导思想。

（二）科学发展观的科学内涵

科学发展观是对新形势下“实现什么样的发展、怎样发展”等重大问题作出的科学回答。其第一要义是发展，核心立场是以人为本，基本要求是全面协调可持续，根本方法是统筹兼顾。这是对科学发展观的集中概括。

1. 推动经济社会发展是科学发展观的第一要义

必须坚持把发展作为党执政兴国的第一要务，要牢牢抓住经济建设这个中心，坚持聚精会神搞建设、一心一意谋发展，不断解放和发展社会生产力。着力把握发展规律、创新发展理念、转变发展方式、破解发展难题，提高发展质量和效益，实现又好又快发展，为发展中国特色社会主义打下坚实基础。

2. 以人为本是科学发展观的核心立场

要始终把实现好、维护好、发展好广大人民的根本利益作为党和国家一切工作的出发点和落脚点，尊重人民主体地位，发挥人民首创精神，保障人民各项权益，走共同富裕道路，促进人的全面发展，做到发展为了人民、发展依靠人民、发展成果由人民共享。

3. 全面协调可持续是科学发展观的基本要求

要按照中国特色社会主义事业总体布局，全面推进经济建设、政治建设、文化建设、社会建设，促进现代化建设各个环节、各个方面协调，促进生产关系与生产力、上层建筑与经济基础协调。

4. 统筹兼顾是科学发展观的根本方法

要正确认识和妥善处理中国特色社会主义事业中的重大关系，统筹个人利益和集体利益、局部利益和整体利益、当前利益和长远利益，充分调动各方面积极性。既要总揽全局、统筹规划，又要抓住牵动全局的主要工作、事关群众利益的突出问题，着力推进、重点突破。

科学发展观着眼于党和人民事业发展的全局，紧紧围绕建设中国特色社会主义这个主题，准确把握时代特征和中国国情，抓住重要战略机遇期，在全面建成小康社会进程中，认真研究和回答我国社会主义经济建设、政治建设、文化建设、社会建设、生态文明建设和党的建设所面临的一系列重大问题，丰富和发展了中国特色社会主义理论体系。

（三）科学发展观的历史地位

科学发展观是中国特色社会主义理论体系的接续发展。科学发展观是我们党坚持把马克思主义基本原理同当代中国实际和时代特征结合，在中华人民共和国成立以来特别是改革开放以来不懈探索的基础上，继续拓展中国特色社会主义实践、探索中国特色社会主义规律的必然结论，既贯穿了马克思主义立场观点方法，又把马克思主义中国化推进到新境界。科学发展观是对经济社会发展一般规律认识的深化，是马克思主义关于发展的世界观和方法论的集中体现，是中国特色社会主义理论体系的重要组成部分。

科学发展观是发展中国特色社会主义必须长期坚持的指导思想。党的十六大以来的实践昭示我们，科学发展观不仅是指导经济建设的理论，而且是指导各方面建设的理论；不仅是指导发展的理论，而且是指导党和国家各项工作的理论；不仅是指导实践、推动工作的有力武器，而且是帮助人们认识和把握社会发展规律的世界观方法论。实践充分证明，科学发展观是指导全面建成小康社会、发展中国特色社会主义的科学理论。

第四节　坚持习近平新时代中国特色社会主义思想

恩格斯说："每一个时代的理论思维，包括我们时代的理论思维，都是一种历史的产物，它在不同的时代具有完全不同的形式，同时具有完全不同的内容。"正如人们自己创造物质成果一样，人们也创造思想成果，但他们并不是随心所欲地创造，他们只能在所处的时代中创造。

一个国家、一个民族要振兴，就必须在历史前进的逻辑中前进、在时代发展的潮流中发展。

一、习近平新时代中国特色社会主义思想的形成逻辑

（一）历史逻辑

习近平新时代中国特色社会主义思想是"自己时代精神的精华"，是在当代中国的历史性实践中生成的，具有典型的内生性特质和鲜明的时代色彩。邓小平指出，我国发展起来以后的问题不比不发展时少。习近平总书记也强调，当前，全党面临的一个重要课题，就是如何正确认识和妥善处理我国发展起来后不断出现的新情况新问题。就是说，从经济社会发展水平看，从 1978 年我国改革开放说起，社会主义初级阶段大致可分为两个时期："欠发展"时期和"发展起来"时期。前二三十年，我国总体上处于"欠发展"时期；自从我国成为世界第二大经济体，尤其是党的十八大以来以习近平同志为核心的党中央作出"我国经济发展进入新常态"这一重大战略判断后，我国总体上正步入"发展起来"时期。这里所谓的"发展起来"，就是我国已经发展起来了，但还不是很强大，"发展"了但还不"发达"。因此，这时处在由大国成为强国的关键时期。

与我国"发展起来"时期在逻辑上密切相关的是，我国正处于实现中华民族伟大复兴的关键时期；正处于适应、引领、把握经济发展新常态时期；正处于推进政党治理、国家治理、社会治理和全球治理并建构新秩序时期；正处于进行具有许多新的历史特点的伟大斗争时期。习近平新时代中国特色社会主义思想就是在这样的历史方位、

历史情境和实践基础上提出来的。

当今中国正处在整体转型升级的新的历史起点上，其本质特征可概括如下：在价值理念上，由过去相对注重以物为本走向更加注重以人民为中心；在奋斗目标上，由实现“三步走”战略走向实现“两个一百年”奋斗目标和实现中华民族伟大复兴的中国梦；在生产力上，由“要素驱动”“投资规模驱动”走向更加注重“创新驱动”；在生产关系上，由“使一部分人先富起来”走向更加注重“共同富裕”；在国家权力运作方式上，由传统国家主导体制走向在中国共产党领导下更加注重推进国家治理体系和治理能力现代化；在社会发展上，由注重重点突破非均衡发展走向更加注重全面系统协调发展；在对外政策和国际战略上，由“回应挑战”走向更加注重“积极作为、合作共赢、提升国际话语权”；在国际地位上，由“世界大国”走向“世界强国”，走近世界舞台中央。习近平新时代中国特色社会主义思想鲜明体现了中国“发展起来”时期的历史逻辑及其本质特征。

（二）文化逻辑

习近平新时代中国特色社会主义思想在吸纳世界文明有益成果的同时，更深得中华优秀传统文化的滋养。中华优秀传统文化是民族的血脉，是人民的精神家园，是中华民族一切行为活动的基因。这种基因形成了一种文化传统。治理中国这样的大国，岂能没有文化传承意识？习近平新时代中国特色社会主义思想传承了中华传统文化的优质基因，升华了中华优秀传统文化的当代价值，弘扬了中华优秀传统文化的正能量，具有典型的中国色彩。习近平新时代中国特色社会主义思想继承了中华优秀传统文化的基因、血脉，以古鉴今、古为今用，反对简单复古，反对全盘否定，既实现了马克思主义基本原理与中国文化的有机结合，也实现了中华优秀传统文化的创造性转换和创新性发展。

（三）现实逻辑

世情、国情、党情、社情是习近平新时代中国特色社会主义思想的现实依据。习近平总书记指出，我们党现阶段提出和实施的理论和路线方针政策之所以正确，就是因为它们都以我国当代的社会存在为基础。

从世界范围来看，注重“全球治理”。当今的世界格局和国际秩序正在调整，这必然会引发各种矛盾和冲突，“霸权突出”和“全球治理滞后”等问题依然存在。当今的民族历史已经转变为世界历史，开放的中国必须走向世界。习近平新时代中国特色社会主义思想秉持兼容并蓄、文明互鉴、协和万邦的文明发展观，体现了开放的品格、自信的胸襟。习近平总书记指出，我们要虚心学习借鉴人类社会创造的一切文明成果，不同文明凝聚着不同民族的智慧和贡献，没有高低之别，更无优劣之分。文明之间要对话，不要排斥；要交流，不要取代。基于世界格局、国际秩序剧烈变化而全球治理相对滞后的世情，习近平总书记提出积极参与全球治理、构建人类命运共同体的思想。

从中国共产党的现状看，注重“政党治理”。我们党打的“铁”相当坚硬，但同时也存在的“我们自身还不是很硬”的问题。由此，习近平总书记强调“打铁必须自身硬”。党的十八大以来，习近平总书记把克服“四种危险”，并从精神、能力、作风、纯洁等方面使党自身硬，作为政党治理的突破口。

从我国现阶段的国情看，注重“国家治理”。我国正处在结构调整、利益博弈、转型升级阶段，正处于致力于实现中华民族伟大复兴的关键时期，这就要求注重全面协调、系统整体、战略重点兼顾。然而，存在的问题是“现代国家治理跟不上”。基于这种国情，习近平总书记提出“推进国家治理体系和治理能力现代化”、树立“新发展理念”、协调推进“四个全面”战略布局等思想。

从社会视域看，注重“社会治理”。社会本身的独立性、多样性、不确定性、复杂性不断增强，社会主体日趋多元，民众诉求日趋多样，然而我们的社会治理较为滞后。由此，习近平总书记提出积极推进社会治理体制创新。

（四）理论逻辑

思想在一定意义上就是思想史。习近平新时代中国特色社会主义思想以马克思列宁主义、毛泽东思想、中国特色社会主义理论体系为理论渊源，它是在对中国特色社会主义理论体系三大理论成果进行系统整合的基础上，逐步形成并发展起来的，同属于马克思主义、中国特色社会主义理论谱系。它既“不忘初心”，又“继续前进”，不忘本来，开辟未来。判断一种思想体系归属于何种理论谱系，不是看它同某一理论谱系是否“形似貌合”，而是看它们是否“志同道合”，是否有着一致的“初心”。中国特色社会主义是一棵大树，习近平新时代中国特色社会主义思想是由这棵大树生长和发展出来的，二者在理论渊源、理论主题、理论品质、理论基点、理论目标上都一脉相承。马克思主义是一个“有机的理论总体”，习近平新时代中国特色社会主义思想是这个“有机理论总体”的组成部分，沿袭了马克思主义的根本立场、理论传统、价值导向，沿袭了中国特色社会主义理论体系的学理脉络，写出了科学社会主义的“新版本”，写出了中国特色社会主义理论体系的“新篇章”。习近平总书记指出，马克思列宁主义、毛泽东思想一定不能丢，丢了就丧失根本。自中国共产党诞生以来，“马克思主义”始终是我们党不曾忘却的“初心”，始终是中国共产党高高擎起的思想旗帜，始终是我们牢牢坚守的理论基础，我们党不论走得多远，始终与“初心”连在一起。

习近平新时代中国特色社会主义思想同马克思列宁主义、毛泽东思想、中国特色社会主义理论体系，既一脉相承又与时俱进，是坚持与发展、继承与创新、源与流的关系。党的十八大以来，习近平总书记站在中国特色社会主义进入新时代这一新的历史方位，站在实现强起来新的历史起点上，立足当代中国实践发展新要求，返本开新，说了很多前人没有说过的“新话”：一是进一步深刻揭示了中国特色社会主义的历史必然性和价值合理性。强调中国特色社会主义第一次真正把理论变成实践和现实，具有理论基础、历史基础和实践基础；指出中国特色社会主义是科学社会主义理论逻辑和中国社会发展历史逻辑的辩证统一，是根植于中国大地、反映中国人民意愿、适应中国和时代发展进步要求的科学社会主义，是有500年历史的社会主义主张在世界人口最多的国家成功开辟出的具有高度现实性和可行性的正确道路；回答了中国特色社会主义“从哪里来”的问题。二是进一步对中国特色社会主义的“中国特色”给出了全面阐释。指出中国特色社会主义特就特在其道路、理论体系、制度，特就特在其实现途径、行动指南、根本保障的内在联系上，特就特在这三者统一于中国特色社会主义伟大实践上，也就是说，中国特色社会主义是道路、理论体系、制度三个方面的统一体，回答了中国特色社会主义“特在哪里”的问题。三是进一步亮明了我们党坚定的政治立场。旗帜鲜明地强调中国特色社会主义首先是社会主义而不是其他什么主义，科学社会主义的基本原则不能丢，丢了就不是社会主义，因而要毫不动摇地坚持中国特色社会主义方向，决不能在根本性问题上出现颠覆性错误；回答了中国特色社会主义的“社会主义本质”问题，回应了种种对中国特色社会主义的误解，为中国特色社会主义正了名。四是进一步鲜明强调中国特色社会主义的本质属性。指出中国特色社会主义最本质的特征是坚持中国共产党的领导，中国特色社会主义制度的最大优势是中国共产党领导，回答了中国特色社会主义的“根本特征及其独特优势”问题。五是第一次强调坚定中国特色社会主义的道路自信、理论自信、制度自信、文化自信，通过进行具有许多新的历史特点的伟大斗争，以不断夺取中国特色社会主义新胜利；是当代中国共产党人最核心的使命，回答当代中国共产党人的“核心使命”问题。六是进一步强调中国特色社会主义是全面发展的社会主义，发展对坚持和发展中国特色社会主义具有决定性意义，回答了“如何继续书写”中国特色社会主义的问题。七是进一步阐明了中国特色社会主义共同理想和实现共产主义远大理想之间的关系。指出坚持中国特色社会主义共同理想，就是为实现共产主义远大理想奠定坚实的现实基础，中国特色社会主义的发展方向，就是实现共产主义远大理想，党员干部要把践行中国特色社会主义共同理想和坚定共产主义远大理想统一起来，始终做“两个理想”的坚定信仰者和忠实践行者。这就回答了中国特色社会主义“向何处去”的问题，阐明了中国共产党人坚定共产主义理想信念的必然性和必要性，深化了对社会主义和共产主义理想信念的理解，有助于坚定中国共产党人的理想信念。

二、习近平新时代中国特色社会主义思想的主要内容和核心要义

时代风云变幻，实践发展多么波澜壮阔，理论创新、思想创造就多么博大精深。习近平新时代中国特色社会主义思想运用马克思主义立场观点方法，聚焦新的时代命题，凝结新的思想精华，总结开创性独创性的实践经验，提出一系列新思想、新观点、新论断，构建起新的理论体系。

习近平新时代中国特色社会主义思想，坚持马克思主义的立场、观点、方法，从理论和实践结合上系统回答了“新时代坚持和发展什么样的中国特色社会主义、怎样坚持和发展中国特色社会主义”的重大时代课题；创造性回答了“在中国特色社会主义进入了新时代的历史方位，如何把人民对美好生活的向往作为奋斗目标，依靠人民创造历史伟业”的实践课题；科学回答了涉及新时代坚持和发展中国特色社会主义的

总目标、总任务、总体布局、战略布局和发展方向、发展方式、发展动力、战略步骤、外部条件、政治保证等基本问题，并以“八个明确”和“十四个坚持”为主要内容构成其科学内涵，具有系统完整的逻辑体系。

（一）习近平新时代中国特色社会主义思想的丰富内涵

习近平新时代中国特色社会主义思想内涵十分丰富，最重要、最核心的内容就是党的十九大报告概括的“八个明确”。

第一，明确坚持和发展中国特色社会主义，总任务是实现社会主义现代化和中华民族伟大复兴，在全面建成小康社会的基础上，分两步走在21世纪中叶建成富强民主文明和谐美丽的社会主义现代化强国。第二，明确新时代我国社会主要矛盾是人民日益增长的美好生活需要和不平衡不充分的发展之间的矛盾，必须坚持以人民为中心的发展思想，不断促进人的全面发展、全体人民共同富裕。第三，明确中国特色社会主义事业总体布局是“五位一体”、战略布局是“四个全面”，强调坚定道路自信、理论自信、制度自信、文化自信。第四，明确全面深化改革总目标是完善和发展中国特色社会主义制度、推进国家治理体系和治理能力现代化。第五，明确全面推进依法治国总目标是建设中国特色社会主义法治体系、建设社会主义法治国家。第六，明确党在新时代的强军目标是建设一支听党指挥、能打胜仗、作风优良的人民军队，把人民军队建设成为世界一流军队。第七，明确中国特色大国外交要推动构建新型国际关系，推动构建人类命运共同体。第八，明确中国特色社会主义最本质的特征是中国共产党领导，中国特色社会主义制度的最大优势是中国共产党领导，党是最高政治领导力量，提出新时代党的建设总要求，突出政治建设在党的建设中的重要地位。这“八个明确”，高度凝练、提纲挈领地点明了习近平新时代中国特色社会主义思想的主要内容，构成了系统完备、逻辑严密、内在统一的科学体系。

（二）坚持和发展中国特色社会主义的基本方略

新时代是新思想得以产生的时代背景，新思想是新时代顺利前行的思想灯塔和行动指南。习近平新时代中国特色社会主义思想不但明确了新时代坚持和发展什么样的中国特色社会主义，也回答了新时代怎样坚持和发展中国特色社会主义的问题。党的十九大将其概括为“十四个坚持”，即新时代中国特色社会主义基本方略。

坚持党对一切工作的领导。党政军民学，东西南北中，党是领导一切的。必须增强政治意识、大局意识、核心意识、看齐意识，自觉维护党中央权威和集中统一领导，自觉在思想上政治上行动上同党中央保持高度一致，完善坚持党的领导的体制机制，坚持稳中求进工作总基调，统筹推进“五位一体”总体布局，协调推进“四个全面”战略布局，提高党把方向、谋大局、定政策、促改革的能力和定力，确保党始终总揽全局、协调各方。

坚持以人民为中心。人民是历史的创造者，是决定党和国家前途命运的根本力量。必须坚持人民主体地位，坚持立党为公、执政为民，践行全心全意为人民服务的根本宗旨，把党的群众路线贯彻到治国理政全部活动之中，把人民对美好生活的向往作为奋斗目标，依靠人民创造历史伟业。

坚持全面深化改革。只有社会主义才能救中国，只有改革开放才能发展中国、发展社会主义、发展马克思主义。必须坚持和完善中国特色社会主义制度，不断推进国家治理体系和治理能力现代化，坚决破除一切不合时宜的思想观念和体制机制弊端，突破利益固化的藩篱，吸收人类文明有益成果，构建系统完备、科学规范、运行有效的制度体系，充分发挥我国社会主义制度优越性。

坚持新发展理念。发展是解决我国一切问题的基础和关键，发展必须是科学发展，必须坚定不移贯彻创新、协调、绿色、开放、共享的发展理念。必须坚持和完善我国社会主义基本经济制度和分配制度，毫不动摇巩固和发展公有制经济，毫不动摇鼓励、支持、引导非公有制经济发展，使市场在资源配置中起决定性作用，更好发挥政府作用，推动新型工业化、信息化、城镇化、农业现代化同步发展，主动参与和推动经济全球化进程，发展更高层次的开放型经济，不断壮大我国经济实力和综合国力。

坚持人民当家作主。坚持党的领导、人民当家作主、依法治国有机统一是社会主义政治发展的必然要求。必须坚持中国特色社会主义政治发展道路，坚持和完善人民代表大会制度、中国共产党领导的多党合作和政治协商制度、民族区域自治制度、基层群众自治制度，巩固和发展最广泛的爱国统一战线，发展社会主义协商民主，健全民主制度，丰富民主形式，拓宽民主渠道，保障人民当家作主落实到国家政治生活和社会生活之中。

坚持全面依法治国。全面依法治国是中国特色社会主义的本质要求和重要保障。必须把党的领导贯彻落实到依法治国全过程和各方面，坚定不移走中国特色社会主义法治道路，完善以宪法为核心的中国特色社会主义法律体系，建设中国特色社会主义法治体系，建设社会主义法治国家，发展中国特色社会主义法治理论，坚持依法治国、依法执政、依法行政共同推进，坚持法治国家、法治政府、法治社会一体建设，坚持依法治国和以德治国相结合，依法治国和依规治党有机统一，深化司法体制改革，提高全民族法治素养和道德素质。

坚持社会主义核心价值体系。文化自信是一个国家、一个民族发展中更基本、更深沉、更持久的力量。必须坚持马克思主义，牢固树立共产主义远大理想和中国特色社会主义共同理想，培育和践行社会主义核心价值观，不断增强意识形态领域主导权和话语权，推动中华优秀传统文化创造性转化、创新性发展，继承革命文化，发展社会主义先进文化，不忘本来、吸收外来、面向未来，更好构筑中国精神、中国价值、中国力量，为人民提供精神指引。

坚持在发展中保障和改善民生。增进民生福祉是发展的根本目的。必须多谋民生之利、多解民生之忧，在发展中补齐民生短板、促进社会公平正义，在幼有所育、学有所教、劳有所得、病有所医、老有所养、住有所居、弱有所扶上不断取得新进展，深入开展脱贫攻坚，保证全体人民在共建共享发展中有更多获得感，不断促进人的全面发展、全体人民共同富裕。建设平安中国，加强和创新社会治理，维护社会和谐稳定，确保国家长治久安、人民安居乐业。

坚持人与自然和谐共生。建设生态文明是中华民族永续发展的千年大计。必须树立和践行绿水青山就是金山银山的理念，坚持节约资源和保护环境的基本国策，像对待生命一样对待生态环境，统筹山水林田湖草系统治理，实行最严格的生态环境保护制度，形成绿色发展方式和生活方式，坚定走生产发展、生活富裕、生态良好的文明发展道路，建设美丽中国，为人民创造良好生产生活环境，为全球生态安全做出贡献。

坚持总体国家安全观。统筹发展和安全，增强忧患意识，做到居安思危，是我们党治国理政的一个重大原则。必须坚持国家利益至上，以人民安全为宗旨，以政治安全为根本，统筹外部安全和内部安全、国土安全和国民安全、传统安全和非传统安全、自身安全和共同安全，完善国家安全制度体系，加强国家安全能力建设，坚决维护国家主权、安全、发展利益。

坚持党对人民军队的绝对领导。建设一支听党指挥、能打胜仗、作风优良的人民军队，是实现“两个一百年”奋斗目标、实现中华民族伟大复兴的战略支撑。必须全面贯彻党领导人民军队的一系列根本原则和制度，确立新时代党的强军思想在国防和军队建设中的指导地位，坚持政治建军、改革强军、科技兴军、依法治军，更加注重聚焦实战，更加注重创新驱动，更加注重体系建设，更加注重集约高效，更加注重军民融合，实现党在新时代的强军目标。

坚持“一国两制”和推进祖国统一。保持香港、澳门长期繁荣稳定，实现祖国完全统一，是实现中华民族伟大复兴的必然要求。必须把维护中央对香港、澳门特别行政区全面管治权和保障特别行政区高度自治权有机结合起来，确保“一国两制”方针不会变、不动摇，确保“一国两制”实践不变形、不走样。必须坚持一个中国原则，坚持“九二共识”，推动两岸关系和平发展，深化两岸经济合作和文化往来，推动两岸同胞共同反对一切分裂国家的活动，共同为实现中华民族伟大复兴而奋斗。

坚持推动构建人类命运共同体。中国人民的梦想同各国人民的梦想息息相通，实现中国梦离不开和平的国际环境和稳定的国际秩序。必须统筹国内国际两个大局，始终不渝走和平发展道路、奉行互利共赢的开放战略，坚持正确义利观，树立共同、综合、合作、可持续的新安全观，谋求开放创新、包容互惠的发展前景，促进和而不同、兼收并蓄的文明交流，构筑尊崇自然、绿色发展的生态体系，始终做世界和平的建设者、全球发展的贡献者、国际秩序的维护者。

坚持全面从严治党。勇于自我革命，从严管党治党，是我们党最鲜明的品格。必须以党章为根本遵循，把党的政治建设摆在首位，思想建党和制度治党同向发力，统筹推进党的各项建设，抓住“关键少数”，坚持“三严三实”，坚持民主集中制，严肃党内政治生活，严明党的纪律，强化党内监督，发展积极健康的党内政治文化，全面净化党内政治生态，坚决纠正各种不正之风，以零容忍态度惩治腐败，不断增强党自我净化、自我完善、自我革新、自我提高的能力，始终保持党同人民群众的血肉联系。

新时代中国特色社会主义基本方略，是习近平新时代中国特色社会主义思想的重要组成部分，也是落实习近平新时代中国特色社会主义的实践要求。

习近平新时代中国特色社会主义思想内容十分丰富，涵盖改革发展稳定、内政外交国防、治党治国治军等各个领域、各个方面，构成了一个系统完整、逻辑严密、相互贯通的思想理论体系。“八个明确”是指导思想层面的表述，重点讲的是怎么看，回答的是新时代坚持和发展什么样的中国特色社会主义的问题；“十四个坚持”是行动纲领层面的表述，重点讲的是怎么办，回答的是新时代怎样坚持和发展中国特色社会主义的问题。“八个明确”和“十四个坚持”体现了习近平新时代中国特色社会主义理论与实践的统一。

（三）习近平新时代中国特色社会主义思想的核心要义

坚持和发展中国特色社会主义，是习近平新时代中国特色社会主义思想的核心要义。坚持和发展中国特色社会主义，是改革开放以来党的全部理论和实践的主题，从党的十三大起，历次党的全国代表大会报告标题都有“中国特色社会主义”这个主题词。党的十八大以来，习近平总书记不断深化对中国特色社会主义的认识思考，提出了许多重大论断、重要思想。比如，强调要正确认识改革开放前后“两个 30 年”的关系，从历史维度、政治高度阐明了社会主义在中国建设和发展的连续性完整性；强调中国特色社会主义道路有“四个走出来”，将中国特色社会主义道路的开辟，从改革开放回溯到新中国成立，上溯到中国近代史乃至中华民族史，深刻揭示了中国特色社会主义的历史源流、民族基因和实践基础；强调中国共产党领导是中国特色社会主义最本质特征和最大制度优势，这是中国共产党、中国人民坚持和发展中国特色社会主义最重要的认识成果、最根本的规律总结；强调要坚持中国特色社会主义道路自信、理论自信、制度自信、文化自信，将“三个自信”扩展为“四个自信”，使我们对社会主义的认识在理论维度、实践维度、制度维度的基础上，又增加了更基本、更深沉、更持久的文化维度；等等。这些重要论述丰富拓展了中国特色社会主义的内涵和外延，也为我们立足广袤国土、聚合磅礴之力走好自己的路，提供了更具实践广度、现实深度、历史厚度的思想理论支撑。

1. 历史方位：中国特色社会主义进入新时代

在新的历史方位续写中国特色社会主义新篇章，是习近平新时代中国特色社会主义思想的逻辑起点和立论依据。

习近平新时代中国特色社会主义思想，是在回答新时代坚持和发展什么样的中国特色社会主义、怎样坚持和发展中国特色社会主义的重大时代课题进程中形成的。要续写中国特色社会主义新篇章，首先要把握其所处的历史方位，即新时代中国特色社会主义由何而来、从何出发、走向何方。这一历史方位，就是党的十八大以来，以习近平同志为核心的党中央把中国特色社会主义推入了新时代。党的十九大具有里程碑意义，党的十九大报告有一个重大政治论断足以表明这一点：经过长期努力，中国特色社会主义进入了新时代，这是我国发展新的历史方位。这一重大政治论断非常重要，关乎如何理解新时代这一中国发展新的历史方位。

第一，理解和把握中国特色社会主义新时代，首先要厘清中国特色社会主义进入新时代的根据。这需要从历史维度入手，通过“历史性成就”“历史性变革”和“历史性影响”三方面来理解。

“历史性成就”，是中国特色社会主义进入新时代的第一个根据。“历史性成就”，主要指党的十八大以后，我们党解决了许多长期想解决而没有解决的难题，办成了许多过去想办而没有办成的大事。这些历史性成就是全方位的、开创性的。

“历史性变革”，是中国特色社会主义进入新时代的第二个根据。这种历史性变革是深层次、根本性的，它从生产力到生产关系、从经济基础到上层建筑、从国内到国际，实现了全方位的整体转型升级。

——在生产力发展上，由注重“要素驱动、投资规模驱动”转向更加注重“创新驱动”。在我国“欠发展”时期，用“要素驱动”和“投资规模驱动”来拉动经济增长，具有一定的历史必然性。然而，“发展起来以后”时期，就必须更加注重“创新驱动”。习近平总书记明确提出的“新旧动能转换”“供给侧结构性改革”“经济发展新常态”等具体思路和对策，强调推动创新发展，实施创新驱动战略，反映了我国发展起来以后对发展生产力的新要求。

——在生产关系上，由“让一部分人和地区先富起来”转向更加注重“共同富裕”“使全体人民共享发展成果”。为解决效率问题，让一部分人先富起来，以先富带动后富，具有一定的历史必然性。但人们之间的收入差距日趋拉大，造成了一些社会不和谐、不稳定现象。当今，人民群众对公平正义的诉求日趋增强。为反映这种实践发展新要求，以习近平同志为核心的党中央提出了“促进公平正义，增进人民福祉”“坚持走共同富裕道路，使全体人民共享发展成果”“使全体人民拥有更多的获得感”“精准脱贫”等思想，体现了我国发展起来以后对生产关系的新要求。

——在国家权力运行方式上，由行政主导转向在中国共产党人领导下更加注重“推进国家治理体系和治理能力现代化”。“做大蛋糕”“追赶西方”的历史任务，决定了改革开放初期乃至相当一段时间，我国必须高度重视发挥政府这只“看得见的手”的重要作用。历史和实践证明，政府这只“手”确实具有独特的优势。当今，中国式现代化进入了各个利益主体表达各种诉求时期，破解社会矛盾和难题，仅仅靠“行政主导”已显得不够。党的十八大以后，习近平总书记强调要通过全面深化改革来推进国家治理体系和治理能力现代化。其实质就是在中国共产党领导下，更加注重“国家治理现代化”，为处理好政党、国家、市场、社会和公民之间的关系提供现代化的制度模式。这体现了我国发展起来以后对国家权力运行方式的理性自觉。

——在社会发展方式上，由相对注重重点突破的非均衡发展转向更加注重全面协调发展。在经济社会整体发展水平比较低的时候，为了尽快发展起来，我国实行的是“非均衡”发展战略，强调“重点”突破。在中国发展起来以后，即经济社会整体发展水平达到了相对较高水平时，为了补齐发展短板，必须更加注重全面协调发展。这体现了我国发展起来以后对社会发展方式的高度自觉。

——在国际战略上，由“挑战—回应”转向更加注重“主动谋划—积极作为”。十八大以来，习近平总书记站在我国“发展起来使大国成为强国”的历史进程上，既在某些方面坚持韬光养晦，又更加注重“积极作为”的外交新思路。如基于和平发展、合作共赢理念，积极实施“一带一路”倡议，主动参与全球治理，推动构建新型国际关系和人类命运共同体，以提升我国的国际话语权。

“历史性影响”，是中国特色社会主义进入新时代的第三个根据。历史性成就、历史性变革必然产生历史性影响，其最鲜明、最集中、最根本的影响，体现在推动社会主要矛盾的转化。从理论来看，社会主要矛盾体现着一定历史方位中人民的需求状况和社会的供给状况，社会主要矛盾中这两方面的总体状况反映着一个社会发展的整体状况。从历史来看，可运用历史发展过程的连续性和阶段性统一的辩证法，来解释社会主义初级阶段社会主要矛盾的转化。人民日益增长的物质文化需要同落后的社会生产之间的矛盾，是我国“欠发展”时期的社会主要矛盾；而人民日益增长的美好生活需要和不平衡不充分的发展之间的矛盾，则是我国“发展起来使大国成为强国”历史进程中的社会主要矛盾。这是社会主要矛盾发展变化的阶段性。同时，解决了人民日益增长的物质文化需要同落后的社会生产之间的矛盾，就为向人民日益增长的美好生活需要和不平衡不充分的发展之间的矛盾的转化提供了基础，后者是前者基础上的转型升级版，没有前者就没有后者，这是社会主要矛盾发展变化的连续性。从现实来看，十八大以来，人民的总体需求状况部分地发生了质的变化，由人民日益增长的物质文化需要升级为人民日益增长的美好生活需要，如对公平、正义、民主、法治、安全、环境等方面的需要；供给状况也部分地发生了质变，由落后的社会生产转化为不平衡不充分的发展。正是社会主要矛盾的转化，推动我国由“欠发展”进入“发展起来”，从而推动中国特色社会主义进入新时代。这种社会主要矛盾转化不是社会主要矛盾在根本性质上的转变，而是社会主要矛盾在形态上所发生的转化。

第二，中国特色社会主义进入新时代的标志。党的十九大报告中的“三个意味着”，实质上就是党的十八大以后中国特色社会主义进入新时代的根本标志。

中国特色社会主义进入新时代，意味着近代以来久经磨难的中华民族迎来了从站起来、富起来到强起来的伟大飞跃，迎来了实现中华民族伟大复兴的光明前景。第一个“意味着”，主题是“中华民族”，讲的是中华民族站在了实现强起来的新的历史起点上。中华人民共和国的成立使中国人民站起来，改革开放使中国人民逐步富起来，新时代中华民族要实现强起来的宏伟目标。从历史发展的连续性来看，不能把站起来、富起来、强起来割裂开来，后者都是以前者为基础的。从历史发展的阶段性来看，以毛泽东同志为主要代表的中国共产党人带领人民建立了中华人民共和国，着重解决了使中华民族站起来的问题，为中华民族富起来奠定了基础；1978 年进入新时期，中国共产党人带领人民在总体上基本解决了使中华民族富起来的问题，为中华民族强起来奠定了基础；党的十八大以后，以习近平同志为核心的党中央肩负起实现中华民族伟大复兴的历史使命，站在了实现中华民族强起来的新的历史起点上，进入了实现中华民族强起来的新时代。

中国特色社会主义进入新时代，意味着科学社会主义在21世纪的中国焕发出强大生机活力，在世界上高高举起了中国特色社会主义伟大旗帜。第二个“意味着”，主题是“中国特色社会主义”，讲的是中国特色社会主义站在了具有理论主体性、理论引领性的新的历史起点上。随着中国特色社会主义逐渐促进中国走向成功，我们在理论研究上多是为中国特色社会主义作“理论阐释”，即阐释中国道路、中国理论、中国制度、中国文化，强调讲述好中国故事，传播好中国声音。自从2008年国际金融危机发生和2010年中国成为世界第二大经济体以后，尤其是从党的十八大以来，中国特色社会主义焕发出强大的生机活力，中国特色社会主义伟大旗帜高高飘扬，我们日趋坚定了道路自信、理论自信、制度自信、文化自信，中国特色社会主义站在了具有理论自主性、主体性、引领性的新的历史起点上。至此，我们在理论研究上开始注重“理论引领”。党的十八大以后，人们因“中国特色”的自主性、主体性和引领性而充满战略自信和定力。

中国特色社会主义进入新时代，意味着中国特色社会主义道路、理论、制度、文化不断发展，拓展了发展中国家走向现代化的途径，给世界上那些既希望加快发展又希望保持自身独立性的国家和民族提供了全新选择，为解决人类问题贡献了中国智慧和中国方案。第三个“意味着”，主题是“中国现代化”，讲的是中国现代化站在了为解决人类问题贡献中国智慧、中国方案新的历史起点上。在改革开放进程中，“西方中心论”“历史终结论”“文明冲突论”等曾盛极一时，中国现代化建设一定程度上具有某些“跟跑”的特点。随着我国改革开放的深入推进，我国现代化建设开始超越“西式现代化模式”，注重内生性、独立性、自主性和世界性，从而使中国现代化建设具有了内在成长即内生的主体性和影响力。这主要体现在打破了“西方中心论”“历史终结论”“文明冲突论”等神话，拓展了发展中国家走向现代化的途径，给那些既希望加快发展又希望保持自身独立性的国家和民族提供了全新选择，甚至在一定意义上为某些领域解决人类问题贡献了中国智慧和中国方案，中国式现代化开始具有了“领跑”特点。

第三，中国特色社会主义进入新时代的目标。在党的十九大报告中，对新时代的五个表达，实质上就是中国特色社会主义进入新时代的奋斗目标。

这个新时代承前启后、继往开来，在新的历史条件下继续夺取中国特色社会主义伟大胜利。主题是中国特色社会主义，目标是夺取中国特色社会主义伟大胜利。习近平总书记关于中国特色社会主义建设的“前半程”和“后半程”的论述值得高度关注和深入挖掘。习近平总书记指出，中国特色社会主义建设前半程的主要历史任务，是建立社会主义基本制度，并在此基础上进行改革；后半程的主要历史任务就是完善和发展中国特色社会主义制度，为党和国家事业发展、为人民幸福安康、为社会和谐稳定、为国家长治久安提供一整套更完备、更稳定、更管用的制度体系。前半程已经走过了，现在主要是完成后半程的历史任务。要继续夺取中国特色社会主义伟大胜利，就必须完成中国特色社会主义建设后半程的历史任务，完善和发展中国特色社会主义制度，推进国家治理体系和治理能力现代化。

这个新时代是决胜全面建成小康社会，进而全面建设社会主义现代化强国的时代。主题是国家，目标是全面建成现代化强国。党的十八大以前，我们中国共产党人提出了“三步走”战略，即实现“温饱”“小康”和“基本现代化”。党的十九大报告强调中国特色社会主义进入了新时代，提出了全面建设社会主义现代化国家分两步走的构想：第一步，从2020年到2035年，基本实现社会主义现代化；第二步，从2035年到21世纪中叶，把我国全面建成富强民主文明和谐美丽的社会主义现代化强国。这意味着中国要在100年内走完发达国家几百年走过的现代化路程，这是中国特色社会主义新时代的必然要求和历史任务。

这个新时代是全国各族人民团结奋斗、不断创造美好生活、逐步实现全体人民共同富裕的时代。主题是人民，目标是使全体人民共同富裕、过上美好生活。以人民为中心的发展思想，是党的全心全意为人民服务的根本宗旨在新时代的具体体现。新时代不仅要国家富强，而且要人民幸福，在解决人民“从无到有”的需求之后，注重解决“从有到优”的需求，朝着创造美好生活、共同富裕的目标前进。

这个新时代是全体中华儿女勠力同心、奋力实现中华民族伟大复兴中国梦的时代。主题是中华民族，目标是实现伟大复兴。经过党的十八大以来的历史性变革，今天我们比历史上任何时期都更加接近、更有信心和能力实现中华民族伟大复兴的目标。在新时代，凝聚起全体中华儿女共筑中国梦的力量，中华民族必将以更加昂扬的姿态屹立于世界民族之林。

这个新时代是我国日益走近世界舞台中央、不断为人类做出更大贡献的时代。主题是中国在世界上的地位，目标是努力使中国在世界上强大起来，并为人类做出更大贡献。中国梦与世界各国人民祈和平、求发展的梦是相通的，实现中国梦离不开世界和平发展的国际环境，世界的发展也需要中国。作为世界上最大的发展中国家和第二大经济体，作为安理会常任理事国，新时代的中国既有责任也有能力为人类繁荣与进步做出新的更大贡献。

历史车轮滚滚向前，只有与历史同步伐、与时代共命运，才能赢得光明的未来。做出中国特色社会主义进入了新时代的重大政治论断，彰显了中国共产党与时代共同进步的先进性本色，以及把握历史规律和历史趋势的高度自觉和高度自信。这一重大政治论断，符合中国特色社会主义实际，是改革开放以来我国社会发展进步的必然结果，是我国社会主要矛盾运动的必然结果，也是我们党团结带领全国各族人民开创光明未来的必然要求。

2. 民族复兴：新时代中国共产党的历史使命

以习近平同志为核心的党中央治国理政，在新的历史方位，围绕根本主题，首先需要确定奋斗目标。马克思指出，人类始终只提出自己能够解决的任务，因为任务本身只有在解决它的物质条件已经存在或者至少是在生成过程中才会产生。一般来说，历史方位不一样，提出的奋斗目标往往也不一样。在中国特色社会主义进入新时代这一我国发展的新的历史方位，坚持和发展中国特色社会主义的宏伟目标，就是实现中华民族伟大复兴。从必须完成中华民族伟大复兴历史任务这一责任担当的角度讲，这就是历史使命，就好比一座高楼大厦的“第一块基石”。

对实现中华民族伟大复兴这一思想，我们需要从三个方面来把握。

第一，从新的历史方位来把握。新时代或新的历史方位需要担当新的历史使命。在我国“欠发展”时期，解决“温饱”和“小康”是当务之急。党的十八大以后，站在我国发展起来使大国成为强国新的历史起点上，实现中华民族伟大复兴就是中国共产党人必须肩负的新的历史使命。

第二，从紧迫感、责任感与使命意识、担当意识来把握。习近平总书记指出，今天我们比历史上任何时期都更接近实现中华民族伟大复兴的目标，我们完全有信心、有能力实现这个目标。所以，党的十八大以后，习近平总书记格外注重并多次强调实现中华民族伟大复兴的中国梦。尤其是在关键时候、关键场合，都着重强调中国梦思想。实现中华民族伟大复兴中国梦，是贯穿习近平新时代中国特色社会主义思想的一条主线，表达了习近平总书记的紧迫感、责任感与使命意识、担当意识。

第三，从推进“四个伟大”来把握。实现伟大梦想，必须进行伟大斗争，必须建设伟大工程，必须推进伟大事业。伟大梦想，就是国家富强、民族振兴、人民幸福。这“四个伟大”有其形成的历史逻辑和实践逻辑，是分别从奋斗目标、必由之路、精神状态、领导力量来讲的。“四个伟大”相互贯通、相互作用，构成一个有机整体，进而更加显得“伟大”。“四个伟大”是对我国改革开放和社会主义现代化建设实践经验的根本总结，是十八大以来以习近平同志为核心的党中央治国理政的战略框架，是习近平新时代中国特色社会主义思想产生的实践基础。

3. 人民中心：民族复兴的价值取向

实现中华民族伟大复兴的价值取向，就是为中国人民谋幸福。人民中心是习近平新时代中国特色社会主义思想的价值取向。

我们党始终坚持以人民为中心的价值追求和执政为民的责任担当，为把新时代中国特色社会主义推向前进提供了价值遵循。

第一，实现民族复兴的落脚点是人民幸福。人民幸福是实现民族复兴的核心本质和价值取向。习近平总书记指出：中国梦归根到底是人民的梦。

第二，中国共产党人的初心是为中国人民谋幸福。党的十九大报告强调：中国共产党人的初心和使命，就是为中国人民谋幸福，为中华民族谋复兴。

第三，习近平总书记把为人民服务、担当起该担当的责任作为执政理念，把人民放在心目中最高的位置。为政之要，在于为民。习近平总书记系列重要讲话中讲得最多的是人民，关键时候讲得最多的还是人民。2012 年 11 月 15 日，刚刚当选中共中央总书记的习近平面对中外记者发表演讲，主题就是“人民对美好生活的向往，就是我们的奋斗目标”。《习近平谈治国理政》第一卷的开篇之作讲的主题是人民，收尾之作讲的主题也是人民。俄罗斯记者采访习近平主席时问道："你的执政理念是什么？"习近平主席明确回答："为人民服务，担当起该担当的责任。"

第四，"以人民为中心"可凝练概括为把人民当作主体，坚持人民主体地位，依靠人民"共创"发展成果；把人民当作目的，坚持共同富裕道路，使人民"共享"发展成果；把人民根本利益当作尺度，坚持人民至上，依靠人民"共同治理"国家事务和社会事务。

4. 发展理念：大国成为强国的根本之道

在我国发展新的历史方位上，要实现中华民族伟大复兴，真正落实以人民为中心的发展思想，就必须以新发展理念为引领。新发展理念属于"道"，好比在"两大基石"上立起的"第一根柱子和栋梁"。

第一，历史背景。"创新、协调、绿色、开放、共享"新发展理念，是在我国发展起来使大国成为强国这一新的历史方位上提出来的。

第二，内涵及其实质。新发展理念，是我们党在总结国内外发展的经验教训和思想资源，整合以往我们党关于发展思想的基础上，我国发展起来以后的新实践提出来的，具有历史基础、理论基础和实践基础；是针对我国经济发展进入新常态、世界经济复苏低迷的形势而提出的根本应对之道；是中国特色社会主义进入新时代使大国迈向强国的发展之道。新发展理念，既是大国成为强国的根本路径，也是大国成为强国的衡量标准。

第三，牢固树立并落实新发展理念，引领我国发展全局的深刻变革。由于它既关乎涵盖发展动力、发展方式、发展基础、发展空间、发展目的，又关乎我国发展命运，还直指我国发展短板，所以牢固树立并落实新发展理念，会引起我国发展全局的深刻变革。由此可以看出，新发展理念的地位不只限于经济发展领域。

5. 两大布局：实现强起来的总体方略

在我国发展的新的历史方位，要实现中华民族伟大复兴，真正落实以人民为中心的发展思想，贯彻落实新发展理念，就必须统筹推进"五位一体"总体布局和协调推进"四个全面"战略布局"两大布局"。这"两大布局"是实现强起来即中华民族伟大复兴的总体方略，属于"术"，好比在"两大基石"上立起的"第二根柱子和栋梁"。

可着重从四个方面掌握习近平"两大布局"思想。

第一，实现强起来与施政方略紧密相关。推进"五位一体"总体布局和"四个全面"战略布局，关系社会主义现代化强国和中华民族伟大复兴目标的实现。富有战略眼光的中国共产党，在现代化建设进程中十分注重战略谋划。从 1953 年起，中国开始实施"五年计划"，为国民经济发展远景规定方向和目标。为强化国家发展蓝图的引领作用，中国共产党于 1950 年至 1960 年提出了"四个现代化"的国家战略目标。改革开放后，受"四个现代化"战略的启发，邓小平在改革开放之初提出了"三步走"发展战略，规划了 20 世纪 80 年代至 21 世纪中叶中国的发展步骤。在战略规划中，中国特色社会主义建设的内容和方略日益清晰，如从物质文明、精神文明“两位一体”，到物质文明、精神文明、政治文明“三位一体”，再到加入社会建设的“四位一体”，以及今天的经济建设、政治建设、文化建设、社会建设和生态文明建设“五位一体”总体布局。为更好推进总体布局，我们党又提出“四个全面”战略布局。

第二，从“五位一体”总体布局中可提炼概括出习近平新时代中国特色社会主义的经济思想、政治思想、文化思想、社会思想、生态思想。

第三，用哲学思维即历史思维、辩证思维、系统思维、战略思维，理解和把握习近平“四个全面”战略布局的形成、内涵和实质。习近平总书记指出：治大国如烹小鲜。这在“四个全面”战略布局中充分体现出来了。

第四，“四个全面”战略布局是“五位一体”总体布局的根本、核心。

6. 战略安排：建设现代化强国的“两步走”战略

战略安排，是我们党治国理政的一条基本经验。我们党和国家已站在实现强起来的新的历史起点上，开启了迈向实现现代化强国和民族复兴即实现强起来的新实践新征程。对这一新征程作出战略安排，直接关乎社会主义现代化强国和中华民族伟大复兴目标的实现。毛泽东指出，领导干部要有“战略头脑”，否则“一着不慎，满盘皆输”。习近平总书记强调，战略问题是一个政党、一个国家的根本性问题。战略上判断得准确，战略上谋划得科学，战略上赢得主动，党和人民事业就大有希望。建成社会主义现代化强国，党的十九大报告从实践上对中国特色社会主义发展作出了“两步走”的战略安排，这属于“行”，好比在“两大基石”上立起的“第三根柱子和栋梁”。

需要从三个方面把握习近平战略安排思想。

第一，实现强起来的一个关键期，即决胜全面建成小康社会。在决胜全面建成小康社会关键期，要坚决打好“三大攻坚战”，即防范风险、精准脱贫、污染防治。

第二，全面建成社会主义现代化强国的第一步，是从2020年到2035年，奋斗15年，基本实现社会主义现代化。这15年，在推进我国全面发展的同时，重点是紧紧围绕树立并落实新发展理念，集中解决人民日益增长的美好生活需要和不平衡不充分发展之间的矛盾。

第三，全面建成社会主义现代化强国的第二步，是从2035年到21世纪中叶，奋斗15年，把我国全面建成富强民主文明和谐美丽的社会主义现代化强国。这一战略安排谋划得很科学，能使我们赢得主动。

7. 强军战略：遵循总体国家安全观，建成世界一流军队

没有强大的世界一流军队，就谈不上强国。深入推进“两大布局”和实施“两步走”战略安排，实现强起来，须以相应的强大国防和军队作保障。这好比一座高楼大厦中的“围墙和房顶”。有了“铜墙铁壁”和“挡风遮雨”的房顶，住在其中就具有了安全感。

把握习近平强军思想，着重从三个方面入手：

第一，强国必须强军，富国必须强兵，国防、军队强大是强国的重要标志。因此，

要把发展与安全统一起来。在国家战略结构中，发展战略是重心，强军战略是保障；发展战略是导向思维，强军战略是底线思维。强军不是为了称霸世界，而是为了维护国家繁荣、世界和平。发展是安全的基础，安全力量的强大又能保障发展成果。发展与安全需要一个平衡点，这就是强军战略。

第二，注重政治建军、改革强军、科技强军、依法治军，人才强军。

第三，注重军民融合。它将安全与发展战略统一起来，将竞争优势与比较优势统一起来，这是符合中国国情的战略安排。军民融合，一方面是寓安全于发展。中国在全球的安全取决于中国的发展。从历史和战略角度看，雄厚持久的战略力量存在于经济和社会之中，军民融合的基础是民。另一方面是寓发展于安全。中国的发展需要安全保障，需要安全来扩展发展的内涵和外延，从而扩大发展空间。在中国，军民融合既是加快军民高科技方面的融合，进而形成竞争优势；又是发挥中国军民各自的比较优势，进而形成融合的比较优势。

8. 命运共同：构建人类命运共同体，为解决人类问题贡献中国方案

实现强起来，也需要营造一个以合作共赢、和平发展为核心的国际环境。这好比一座高楼大厦的“进出门口”和“外部环境”。

理解和把握习近平构建人类命运共同体思想，可以从以下两方面入手。

第一，当今世界发展面临的三大困境及其深层原因。在人类文明发展长河中，就文明对世界的影响力而言，从欧洲发轫的西方文明尤为耀眼，它使近代西方强大起来了。这与近代西方文化所强调的人的主体性，即注重人的利益、人的能力、人的理性和人的自立有关。

然而，进入21世纪，西方文明自身有了危机，2008年国际金融危机的爆发，更是把世界推入乱象丛生的境地。当今世界，人类面临困扰人类生存与发展的一系列全球性难题。习近平总书记指出，当今世界经济存在的三大突出矛盾都未得到有效解决：一是全球增长动能不足，难以支撑世界经济持续稳定增长；二是全球经济治理滞后，难以适应世界经济新变化；三是全球发展失衡，难以满足人们对美好生活的期待。这些困境，在经济领域体现为实体经济不振，在政治领域体现为调节无力，在社会领域体现为贫富差距拉大，在意识形态领域体现为普世价值的虚伪性暴露。这意味着影响世界发展的动力、平衡、治理三大根本机制出了问题。其深层原因，是西方文化过度强调主体统治客体的主体性。首先，西方中心论是西方文化的逻辑起点，这是导致世界困局的理论根源。西方中心论奉行“一元论”“主体统治客体”等极端主体性思维，蕴含着“对抗”的基因，世界被切割成相互冲突的对立体。因此，国际秩序很难持续下去。其次，自由主义是西方文明的精神支柱，这是导致世界困局的人性根源。自由主义主张个人利益和自由最大化，鼓吹私有制，纵容物欲横流的消费主义，它蕴含着“利己”的基因。它把“自我”看作主体，把“他人”看作客体。在这种基因支配下，西方一些国家过多考虑本国的利益，很少关切发展中国家的利益。最后，资本扩张是西方文明的行动旨趣，这是导致世界困局的制度根源。它把“资本”看作主体，把

“劳动”看作客体。其中蕴含着“扩张”的基因。世界进入近代以来，资本就像脱缰的野马横行于世，推动资本主义从商业资本主义到垄断资本主义再到金融垄断资本主义的升级。资本扩张必然造成各种冲突和矛盾。

如此来看，身为世界困局之始作俑者，西方文化很难化解当今世界困局，西方中心论、历史终结论终要破产，人类呼唤新理论新文明。

第二，习近平构建人类命运共同体思想的核心要义。习近平总书记以大国担当的勇气和自信，提出构建人类命运共同体这一具有战略意义和世界意义的思想。其核心要义表现在以下五个方面：

在世界观方面，强调世界既具有多样性又具有统一性，超越了西方国家宣扬的“别无选择论”。人类社会、世界各国在历史、传统、文化、国情、制度等方面都具有差异性和多样性。同时，世界各国之间也具有统一性，即具有共同性，都要遵循社会历史发展规律，对美好愿景具有共同追求。统一，是在承认和尊重世界多样性前提下的统一；多样，是统一性中的多样。强调统一不要忽视多样，强调多样也不要忽视统一。世界是多样性的统一，也是统一性的多样。这样来认识和把握世界既有利于使世界充满活力，又有利于使世界充满和谐。只强调统一而不注重多样，就容易走向霸权主义；只强调多样而不注重统一，就会导致世界的对立和分裂。习近平总书记在多样中寻求共同，他所提出的构建人类命运共同体思想既尊重世界差异性，又注重世界统一性。这就克服了西方所谓“别无选择论”的方法论弊端。

在国家观方面，强调国家平等，超越了“西方中心论”。习近平总书记提出，构建人类命运共同体，重在强调国家之间在主权、权利、机会、规则上的平等；主张和而不同，而不是居高临下强加于人，甚至不惜诉诸武力；主张国家不分大小、强弱、贫富，都是国际社会上平等的成员。这就克服了“西方中心论”的方法论弊端。

在文明观方面，强调文明互鉴，超越了“文明冲突论”。习近平总书记强调，中国是一个学习型大国，要以开放的胸襟和世界的眼光学习世界上一切国家先进文明的有益成果。也就是说，要注重不同文明的互学互鉴。这就超越了西方所谓的“文明冲突论”。

在发展观方面，强调包容发展，超越了“西方模式论”。习近平总书记强调，各国相互联系、相互依存的程度空前加深，人类生活在同一个地球村里，生活在历史和现实交汇的同一个时空里，越来越成为你中有我、我中有你的命运共同体。因此，各国要树立命运共同体意识，真正在竞争中合作，在合作中共赢，在包容中发展，尊重其他国家自主选择的发展模式和发展道路。

在义利观方面，强调互利普惠，超越了“你输我赢论”。习近平总书记围绕构建人类命运共同体这一主题，多次在国际重要场合发表主旨演讲，提出“秉持普惠原则”“建设一个包容、普惠的经济全球化”“打造平衡普惠的发展模式”等重要思想。习近平总书记提出“普惠”的概念，把“普惠”作为建设持久和平世界的根本原则，作为推动建设经济全球化的核心理念，作为打造人类发展的一种模式。贯穿其中的哲学核心理念，就是倡导普惠价值。

习近平总书记的构建人类命运共同体思想的实质，就是避免“修昔底德陷阱”，追求合作共赢、和平发展。这实际上也是中国为解决人类问题所贡献的中国理论和中国方案。

9. 深化改革：实现强起来的强大动力

解决中国的一切问题，全面深化改革是根本抓手，要实现强起来，全面深化改革是强大的推动力。这好比一座高楼大厦的“建筑师”。

理解和掌握习近平全面深化改革思想，可着重从五方面入手。

第一，改革的根源和缘由：问题倒逼发展出题目、改革做文章。改革是要解决发展过程中出现的问题的。改革所要解决的问题，既有宏观的，也有中观的，还有微观的；既有一般性的具体问题，也有决定中国发展命运的“命运性问题”。改革首先要解决其“命运性问题”，解决这种“命运性问题”的改革决定当代中国发展的命运。有三大“命运性问题”，即经济社会的动力问题、经济社会的平衡问题、国家治理现代化问题。

第二，地位和作用：关键一招与强国之路。改革开放是坚持和发展中国特色社会主义的必由之路，是决定当代中国命运的关键一招，是决定实现“两个一百年”奋斗目标、实现中华民族伟大复兴的关键一招，是经济社会发展的强大动力，也是强国之路。

第三，方向和道路：老路邪路与中国道路。既不走封闭僵化的老路，也不走改旗易帜的邪路，要坚定不移地走中国特色社会主义道路。

第四，目标和取向：制度与治理。党的十八大以后全面深化改革的总目标，就是完善和发展中国特色社会主义制度，推进国家治理体系和治理能力现代化。这种改革是全面性改革、治本性改革，是要进行顶层设计的改革。

第五，主体和目的：依靠人民与为了人民。全面深化改革既要依靠人民，又要为了人民，还要以维护好、发展好、实现好最广大人民的根本利益为尺度。

可见，全面深化改革在习近平新时代中国特色社会主义思想中具有十分重要的地位。习近平总书记治国理政的突破口，首先是从协调推进“四个全面”战略布局切入的，全面深化改革是其核心内容之一。习近平同志刚就任中共中央总书记不久，首次离京进行考察、调研，就是到改革开放的前沿阵地——深圳，主题就是全面深化改革。2013 年 11 月召开的十八届三中全会，是习近平总书记格外重视的一次全会，主题也是全面深化改革。2013 年 12 月，“中共中央全面深化改革领导小组”成立，习近平总书记亲自担任组长。改革开放是党的基本路线的一个核心内容，而党的基本路线是党和国家的生命线、人民的幸福线。习近平总书记特别强调我们党要积极进行具有许多新的历史特点的伟大斗争，而改革是进行伟大斗争的基本方式和重要方面。总之，在革命年代，“革命”是核心话语；在建设和改革时期，“改革”就成为核心话语。

10. 强大政党：坚持党领导一切和全面从严治党相统一

打铁必须自身硬。办好中国的事情，关键在党。中国共产党的领导是中国特色社会主义最本质的特征，是中国特色社会主义制度的最大优势。因此，要理解中国共产党成立以来，尤其是十八大以来中国的一切问题，首先要理解中国共产党；要解决我国发展起来以后使大国成为强国的一切问题，首先要把中国共产党建设好、治理好。这好比要建好一座高楼大厦所必需的“设计师”，要设计出一幅高楼大厦的美好蓝图，并组织好、实施好。

习近平党建思想内涵丰富，关键是要把握其五大核心要义。

第一，党建的总体思路：围绕“打铁必须自身硬”，即处理好改造客观世界和主观世界、客体和主体、“打铁”和“自身硬”的关系，来思考党的建设。这就是：办好中国的事情，关键在党。

第二，党建的总体框架：围绕“四个伟大”推进党的建设。党的十九大报告中指出：推进伟大工程，要结合伟大斗争、伟大事业、伟大梦想的实践来进行。

第三，党建的主体维度：党领导一切。党政军民学，东西南北中，党是领导一切的。党的十九大给党的建设以前所未有的地位，强调党领导一切。这涉及哲学上的主客体关系。党领导一切，党是领导一切的主体，在中国特色社会主义建设中具有主体地位。这种领导的实质在于：确保党始终总揽全局、协调各方。

第四，党建的客体维度：全面从严治党。如上所说，打铁还需自身硬。党要把一切领导好，首先要把自身建设好。这就要勇于自我革命，刀刃向内，向自身所存在的问题开刀。全面从严治党，党是治理的客体，在中国特色社会主义建设中是被治理的对象。全面从严治党，既要把党的政治建设摆在首位，又要增强“八种本领”。这叫作“政治过硬、本领高强”。这里实际上讲的是“两个全面”，即全面领导一切和全面从严治党。

第五，党建的落脚点：要把党建设得更加坚强有力，把中国共产党建设成世界上最强大的政党，具有政党自信。只有做到上述“两个全面”，才能真正把中国共产党建设得更加坚强有力，也才能真正把中国共产党建设成世界上最强大的政党。建设强大政党，是习近平党建思想的实质。

上述十个方面构成习近平新时代中国特色社会主义思想的核心要义。这十个方面可分别概括为历史方位论、民族复兴论、人民中心论、发展理念论、两大布局论、战略安排论、强军战略论、命运共同论、深化改革论、强大政党论。这十个方面具有内在逻辑关系：历史方位论好比一座高楼大厦的坚实“地基”；民族复兴论和人民中心论既是初心又是使命，分别是坚持和发展中国特色社会主义的根本目标和价值取向，体现着历史尺度和价值尺度，因而好比一座高楼大厦“地基”中牢固的“两大基石”；发展理念论、两大布局论、战略安排论，分别体现“道、术、行”，是在“两大基石”上立起的三根顶天立地的“柱子”和“栋梁”；强军战略论，好比一座高楼大厦的“铜墙铁壁”和挡风遮雨的“房顶”；命运共同论，好比一座高楼大厦的“进出门口”

和“外部环境”；深化改革论，好比建造一座高楼大厦的“建筑师”；强大政党论，好比建造一座高楼大厦的“设计师”。以上十个方面是从不同角度讲如何实现“强起来”的，因此，习近平新时代中国特色社会主义思想在本质上就是实现“强起来”的强国理论。

三、习近平新时代中国特色社会主义思想是当代中国的马克思主义、21世纪的马克思主义

党的十八大以来，国内外形势变化和我国各项事业发展都给我们提出了重大时代课题，即必须理论和实践结合，系统回答新时代坚持和发展什么样的中国特色社会主义、怎样坚持和发展中国特色社会主义。围绕重大时代课题，中国共产党进行了艰辛的理论探索，取得了重大理论创新成果，创立了习近平新时代中国特色社会主义思想。习近平新时代中国特色社会主义思想在马克思主义发展史、中华民族复兴史、人类文明进步史上都具有重大而深远的意义。

（一）习近平新时代中国特色社会主义思想开辟了马克思主义中国化的新境界

习近平在党的十九大报告中指出，新时代中国特色社会主义思想，是对马克思列宁主义、毛泽东思想、邓小平理论、“三个代表”重要思想、科学发展观的继承和发展，是马克思主义中国化的最新成果，是党和人民实践经验和集体智慧的结晶，是中国特色社会主义理论体系的重要组成部分。习近平新时代中国特色社会主义思想以全新的视野深化了对共产党执政规律、社会主义建设规律、人类社会发展规律的认识，开辟了马克思主义中国化的新境界。

习近平新时代中国特色社会主义思想以一系列具有原创性的新思想、新观点、新论断，在理论上实现了重大突破、重大创新、重大发展，写出了马克思主义新版本，对马克思主义在21世纪的发展做出了重大原创性贡献，以全新视野深化了对共产党执政规律、社会主义建设规律和人类社会发展规律的认识，充分彰显了科学理论的强大生命力和中国共产党人的理论创造力，是当代最现实最鲜活的马克思主义。

习近平新时代中国特色社会主义思想开辟了中国特色社会主义新境界。以一系列具有原创性的新思想、新观点、新论断，形成了系统完备、逻辑严密、内在统一的科学体系，把中国特色社会主义和实现社会主义现代化、实现中华民族伟大复兴有机贯通起来，聚焦“从哪里来、到哪里去”的历史追问，系统阐述了民族复兴的深刻内涵、历史方位、实现路径和战略步骤，为实现中华民族伟大复兴的中国梦提供了强大精神力量，标注了正确前进方向，充分体现了中国特色社会主义理论自信，也向世界展示了社会主义的光明图景。

习近平新时代中国特色社会主义思想对人类文明进步具有重要意义。中国开辟的新型现代化之路、提供的新型经济全球化方案、发起的“一带一路”倡议、制定的世界经济复苏方案、提出的“人类命运共同体”理念和共商共建共享原则等思想，拓展

了发展中国家走向现代化的途径，为世界上那些既希望加快发展又希望保持自身独立性的国家和民族提供了全新选择，为应对全球性挑战、解决全球性问题贡献了中国智慧和中国方案，为人类文明思想宝库增添了绚丽夺目的瑰宝。

（二）习近平新时代中国特色社会主义思想是新时代的精神旗帜

旗帜问题至关重要，事关党的正确方向，决定着党的凝聚力、引领力、战斗力，关乎国家前途命运和人民根本利益。新时代、新任务、新实践需要新思想来指引。这一思想坚持以社会主义现代化建设进程中的实际问题、以我们正在做的事情为中心，着眼统揽伟大斗争、伟大工程、伟大事业、伟大梦想，大智慧谋划大格局，大手笔续写大文章，是实践探索、经验总结、理论升华凝结而成的思想结晶。这一思想既立足于现实的中国，又植根于历史的中国，具有无比深厚的历史底蕴。紧紧围绕强国梦想，贯通党的使命、国家的前途、人民的福祉、民族的命运，贯通中国的过去、现在和未来，体现科学社会主义理论逻辑与中国社会发展历史逻辑的辩证统一，成为当今时代最富中国味、最具中国魂的科学理论。这一思想必将以强大的解释力、创造力、凝聚力，激励全党全国各族人民朝着共同的目标团结奋进，不断创造新辉煌。

党的十九大通过的党章修正案把习近平新时代中国特色社会主义思想确立为党的指导思想，第十三届全国人民代表大会第一次会议把这一思想载入宪法。

（三）习近平新时代中国特色社会主义思想是经过实践检验、富有实践伟力的强大武器

实践是检验真理的唯一标准。科学理论的价值就在于回答时代课题、推动实践发展。习近平新时代中国特色社会主义思想，是在实践经验的基础上提炼、升华而成的，在指导实践、推动实践中发挥出巨大威力。

习近平新时代中国特色社会主义思想，聚焦的是实现中华民族伟大复兴的中国梦，规划的是全面建成小康社会、全面建设社会主义现代化国家。习近平总书记反复强调，中华民族伟大复兴绝不是轻轻松松、敲锣打鼓就能实现的。一以贯之坚持和发展中国特色社会主义，一以贯之推进党的建设新的伟大工程，一以贯之增强忧患意识、防范风险挑战，统筹推进社会革命和自我革命，必须把这一思想作为强大武器，保持政治定力、战略定力，攻坚克难、披荆斩棘，走好自己的路，办好中国的事，实现我们的宏伟目标。

习近平新时代中国特色社会主义思想，以其深刻的理论性、实践性和鲜明的战略性、前瞻性，从根本上引领党和国家事业全面开创新局面。习近平新时代中国特色社会主义思想与实践的关系，就是新时代催生新思想，新思想引领新时代、指导新实践。这是新思想与新时代相互作用的内在逻辑和发展进程，二者相生相成、共进同行。习近平新时代中国特色社会主义思想是在新的时代背景和实践条件下创立并不断发展的，也正是这一思想的真理力量和实践伟力，开启和引领了中国特色社会主义的新时代、新发展。随着社会实践进一步生动展开、不断拓展，这一思想将持续发展、更加丰富、更加完善。

第三章　大学生爱国主义教育要坚持以中国特色社会主义道路为旗帜引领

党的十八大报告中明确指出：我们坚定不移高举中国特色社会主义伟大旗帜，既不走封闭僵化的老路，也不走改旗易帜的邪路。

方向决定前途，道路决定命运。习近平总书记在庆祝中华人民共和国成立70周年大会上的讲话中明确指出：前进征程上，我们要坚持中国特色社会主义道路。这是对近代以来尤其是中华人民共和国成立以来中华民族历史命运进行的规律性总结，又是在全面把握大局大势的基础上对“中国向何处去”作出的科学回答。中华人民共和国成立70余年来，中国共产党坚持把马克思主义基本原理同中国具体实际和时代特征结合起来，历经千辛万苦，付出各种代价，在实践中奋力探索开辟出中国特色社会主义道路。这是一条植根于中国大地、反映中国人民意愿、适应中国和时代发展进步要求的道路，是实现国家富强、民族振兴、人民幸福的康庄大道，是实现中华民族伟大复兴的必由之路。

第一节　中国道路形成和发展的逻辑

中国道路的形成和发展符合人类社会发展规律、社会主义建设规律和共产党执政规律。中国共产党领导中国人民立足中国基本国情和时代发展条件，以中国历史的发展潮流为前提，以科学社会主义一般原理与现代化一般规律相结合的理论逻辑为基础，以解决中国现实问题为目的，以世界现代化历史进程为坐标，开创和发展了中国道路。中国道路在历史前进的逻辑中前进，在时代发展的潮流中发展，中国继续在坚持和发展中国特色社会主义道路上探索，把社会主义现代化和中华民族伟大复兴大业、世界社会主义运动和人类社会进步事业不断推向前进。

一、中国道路形成和发展的历史逻辑

中国道路是时代变迁的产物，是在新的历史时期开创的，也是在中华人民共和国成立70多年的持续探索中开创的，是在中国共产党百年来艰苦奋斗的基础上开创的，

是在对中国近代以来180多年中华民族发展历史的深刻总结中开创的，是在对中华民族5000多年悠久文明的历史传承中开创的。马克思说过：人们自己开创自己的历史，但是他们并不是随心所欲地创造，并不是在他们选定的条件下创造，而是在直接碰到的、既定的、从过去承继下来的条件下创造。

中国道路的形成和发展也是如此，是近代以来中国社会各阶级探索资本主义现代化道路的梦想与失败、中国共产党领导中国人民探索社会主义现代化道路所创造的条件与积累的经验的基础上开创和发展的，是近代中国社会发展状况的历史逻辑。

鸦片战争后，为了解决民族危机和社会危机，实现民族独立和国家富强，社会各阶级各阶层不断寻找“独立”与“富强”的真理，开启了资本主义现代化的探索历程。以洪秀全、洪仁玕为代表的农民阶级的探索，虽然提出了发展资本主义的现代化纲领，但与历史上其他的农民起义一样，未能完成反帝反封建任务。以曾国藩等为主要代表的地主阶级，主办了历时30多年的洋务运动，推动了中国物质层面的现代化历史进程。他们想在不触动封建专制制度的前提下，主要通过引进西方武器装备、机器生产和学习西方科学技术，摆脱落后挨打的局面，实现富国强兵的目标，但失败了。以康有为、梁启超等为主要代表的资产阶级维新派，以载泽、张謇等为主要代表的晚清立宪派，开启了中国制度层面的现代化历史进程。最终，维新运动惨遭失败，晚清立宪运动半途而废。1911年，中国爆发了辛亥革命，以孙中山、黄兴等为主要代表的资产阶级革命派，推翻帝制，建立“中华民国”，为中国又一次启动现代化创造了制度条件。但是，辛亥革命只在表面上建立起现代化所需要的政治制度，辛亥革命之后有两次帝制复辟，一是袁世凯称帝，二是张勋复辟，而后又陷入军阀混战，整个社会四分五裂，孙中山制定的现代化蓝图根本无法启动。近代知识分子反思辛亥革命的成功与失败，学习西方思想启蒙运动，高喊“民主”与“科学”口号，开启了中国思想文化层面的现代化历史进程。1927年4月，国民党在南京建立国民政府，中国形式上的统一使人们看到了开启现代化的希望。虽然从1927年到1936年，中国社会经济呈现快速上升趋势，但是这些成就未能阻止日本侵略中国的野心，日本发动了全面侵华战争，中国现代化进程再一次中断。事实证明，旧式改朝换代的农民战争、不触动封建根基的自强运动和改良主义、照搬西方资本主义的种种现代化方案，虽然在一些表层上推进了现代化，但不仅不能完成实现现代化的历史任务，而且连国家对外独立和对内统一的实现现代化的基本前提条件也不能建立。

俄国十月革命后，中国一些知识分子开始用无产阶级世界观作为观察国家命运的工具，重新思考中国现代化道路，开启了社会主义道路的探索。中国共产党领导中国人民取得了新民主主义革命胜利，建立了主权独立、国家统一的中华人民共和国，为实现现代化奠定了基本前提条件。1956年社会主义改造基本完成，社会主义制度得以确立，标志着中国共产党和中国人民作出了自己的选择，开始社会主义现代化道路的探索。1954年，毛泽东提出，准备在几个五年计划之内，将我们这样一个经济上文化上落后的国家，建设成为一个工业化的具有高度现代文化程度的伟大的国家。同年，周恩来在第一届全国人大《政府工作报告》中明确提出了实现现代化的目标。对于如何实现现代化，经历了“师法苏联”到“以苏为鉴”的探索过程。中华人民共和国成立之初，毛泽东说过：苏联共产党是我们最好的先生，我们必须向他们学习。通过向苏联学习，借助苏联援助，积极调动人民群众主人翁热情，充分发挥计划经济体制的高度资源动员能力，中国在“一五”期间就奠定了工业化的初步基础。1953 年 3 月斯大林逝世后，特别是 1956 年苏联共产党第二十次代表大会与波匈事件后，毛泽东看到了苏联模式的弊端，发现了苏联经验不符合中国实际，于是提出了“以苏为鉴”，开始探索适合中国国情的现代化道路。中国共产党在艰难坎坷的探索中，取得了独创性的理论成果和巨大成就，使中国人民站起来了，为中国道路的开辟提供了宝贵经验、理论准备、物质基础。

党的十一届三中全会以后，中国共产党吸取社会主义建设的经验和教训，于 1982 年明确提出“建设有中国特色的社会主义”的科学命题，成功地开创了中国特色社会主义道路，解答了在经济文化落后的国家如何实现现代化的历史性课题。1979 年 3 月，邓小平旗帜鲜明地指出：我们当前以及今后相当长一个历史时期的主要任务是什么？一句话，就是搞现代化建设。能否实现四个现代化，决定着我们国家的命运、民族的命运，现在要搞建设，也要适合中国的情况，走出一条中国式的现代化道路。1982 年 9 月，邓小平在党的十二大上致开幕词时，第一次明确提出，我们的现代化建设，必须从中国的实际出发，把马克思主义的普遍真理同我国的具体实际结合起来，走自己的道路，建设有中国特色的社会主义。党的十二大报告中强调，要坚定不移地走中国特色社会主义道路，逐步实现工业、农业、国防和科学技术现代化，把我国建设成为高度文明、高度民主的社会主义国家。自党的十二大以后，七次党代会报告的题目都定在“中国特色社会主义”上，主调不变，不断推进和深化对中国道路的认识。习近平在庆祝中国共产党成立 95 周年大会上的讲话中指出，中国特色社会主义道路是实现社会主义现代化的必由之路，是创造人民美好生活的必由之路。他在党的十九大报告中进一步指出，我们党团结带领人民进行改革开放新的伟大革命，破除阻碍国家和民族发展的一切思想和体制障碍，开辟了中国特色社会主义道路，使中国大踏步赶上时代。

二、中国道路形成和发展的理论逻辑

中国道路不是少数“天才人物”冥想的产物，也不是所谓“理论家”闭门造车进行创新的产物，而是基于中国基本国情和时代发展条件，围绕社会主义、市场经济、现代化相结合的核心课题，把科学社会主义一般原理与现代化一般规律辩证统一起来的逻辑展开。邓小平明确指出，建设中国特色社会主义，就是要“坚持社会主义”，“把四个现代化建设作为重点”，要求“内部要继续改革，对外进一步开放”。

“什么是社会主义”，是建设中国特色社会主义的最基本的理论问题，弄清这个问题是中国道路形成和发展的理论前提。我国现代化建设在改革开放前经历曲折和失误，以及改革开放以来在现代化建设中遇到一些困惑和问题，归根到底就在于对这个问题没有完全搞清楚。1985 年 8 月 28 日，邓小平在会见津巴布韦非洲民族联盟（爱国阵线）主席、政府总理穆加贝时指出：我们总结了几十年搞社会主义的经验。社会主义是什么，马克思主义是什么，过去我们并没有完全搞清楚。过去我们往往离开生产力抽象地谈论社会主义，把许多束缚生产力发展的并不具有社会主义本质属性的东西当作“社会主义原则”加以固守，把很多在社会主义条件下有利于生产力发展的东西当作“复辟资本主义”加以反对；认为只要改变生产关系，不断扩大公有制和按劳分配的范围，提高公有制和按劳分配的程度，就能更好地建设社会主义。针对上述问题，邓小平反复思考，于 1992 年创造性地提出了社会主义本质理论。社会主义的本质是解放生产力，发展生产力，消灭剥削，消除两极分化，最终达到共同富裕。社会主义本质理论从生产力与生产关系方面综合对“什么是社会主义”进行精辟的概括，揭示了实现社会主义目标与建设社会主义道路之间的内在逻辑关系，有助于破除对社会主义的偏见、误解和教条化理解，厘清中国特色社会主义道路形成的理论前提。之后，中国共产党领导人继续深化对社会主义本质的认识，相继把“人的全面发展”“社会和谐”“公平正义”“党的领导”作为中国特色社会主义的本质特征。

社会主义初级阶段理论是中国道路形成和发展的理论依据，是党制定正确路线、方针、政策的出发点和立足点。早在民主革命时期，毛泽东就指出：认清中国的国情，乃是认清一切革命问题的基本的根据。认识国情，最重要的是弄清楚现实社会的社会性质和发展阶段，认识社会主要矛盾及其变化。搞革命是这样，搞社会主义现代化建设也是这样。社会主义制度建立以后，有一个如何认清基本国情的问题，在社会主义现代化初步探索时期，在此问题上，我们的认识还不是非常清楚，导致了一些失误。党的十一届三中全会以后的一段时期，我国社会主义建设取得了显著的成效，尤其是以邓小平同志为核心的党中央明确提出了“建设有中国特色的社会主义道路”。但是由于对中国国情没有清晰准确的认识，一些人怀疑改革开放路线和政策是否符合马克思主义，另一些人则否定坚持社会主义方向和道路的必要性。要避免种种失误，解决种种矛盾，澄清种种疑惑，关键在于对基本国情要有统一认识和准确把握。党的十一届三中全会以后，党中央对我国社会主义所处的历史阶段进行了新的探索，逐步作出我国还处于并将长期处于社会主义初级阶段的科学论断。党的十三大报告第一次明确提出社会主义初级阶段理论，阐述了社会主义初级阶段的科学含义，制定了社会主义初级阶段基本路线。党的十五大报告制定了社会主义初级阶段的基本纲领。只有确立了社会主义初级阶段理论，才能正确认识和准确把握中国社会的主要矛盾，才能以“社会主义初级阶段”为总依据，制定正确的路线、方针和政策，开创中国道路，推进社会主义现代化建设。党的十六大、十七大、十八大都强调，我国仍然处于并将长期处于社会主义初级阶段的基本国情没有变，我国社会主要矛盾没有变。党的十九大报告指出，虽然我国社会的主要矛盾已经发生变化，但是没有改变我们对我国社会主义所处历史阶段的判断，我国仍然处于并将长期处于社会主义初级阶段的基本国情没有变，全党要牢牢坚持党的基本路线这个党和国家的生命线、人民的幸福线，为把我国建设成为社会主义现代化强国而奋斗。

社会主义市场经济理论的确立和发展，是中国道路形成和发展的重要理论资源。中国道路是根据中国基本国情，在贯彻科学社会主义一般原则中探索的中国现代化道路。传统社会主义现代化模式认为，计划经济是社会主义的基本特征，市场经济是资本主义的基本特征，因此排斥把市场经济作为实现现代化的基础性制度架构。20世纪50年代，中国学习苏联模式，充分发挥计划经济体制的优势，在短短几年中就医治好了战争创伤，奠定了工业化的初步基础。然而，计划体制资源配置效率低的弊端很快显现，虽然1958年至1976年间有过几次行政分权的改革，但都不能根本解决计划经济体制的弊端。党的十一届三中全会后，中国开始探索社会主义与市场经济如何结合的问题。邓小平在1985年会见美国时代公司组织的美国高级企业家代表团时指出，社会主义和市场经济之间不存在根本矛盾，在某种意义上说，只搞计划经济会束缚生产力的发展。把计划经济和市场经济结合起来，就更能解放生产力，加速经济发展。从党的十二届三中全会突破了把计划经济同商品经济对立起来的传统观念，到邓小平在南方讲话中回应在市场经济问题上的姓“资”姓“社”的质疑，再到党的十四大明确提出我国经济体制改革的目标是建立社会主义市场经济体制，以及党的十四届三中全会阐明建立社会主义市场经济的基本框架，解决了社会主义同市场经济相结合的重大理论问题，在市场经济条件下建立了社会主义现代化的基本制度构架。社会主义市场经济理论确立后，中国开始全面推动市场化改革，逐步建立起具有现代市场经济特征的经济体制，既发挥市场对资源配置的基础性作用，又利用政府对经济的调控作用，取得了中国经济快速增长的奇迹。社会主义市场经济理论将社会主义一般原则与市场经济一般理论有机结合起来，在充分发挥市场经济激发微观经济主体活力的同时，用社会主义制度保障以人民为主体和发展成果共享，不断推进社会主义现代化建设。

三、中国道路形成和发展的现实逻辑

中国道路的起点是基于客观现实的存在，中国道路的发展也不能脱离客观现实的延展。中国道路是基于全面认识中国社会发展的历史与现实，充分利用和平发展时代提供的空间与机会，准确把握人类社会发展的规律与趋势，这些是在不断解决现实问题的过程中逐步形成和发展的。

党的十一届三中全会以后，党领导人民在各条战线上拨乱反正，有步骤地解决中华人民共和国成立以来遗留的历史现实问题，制定了一系列走中国特色社会主义道路的路线、方针和政策，实现了对苏联传统社会主义现代化模式的全面突破，在思想理论上和实践政策上拨乱反正、与时俱进、不断拓展。从“以阶级斗争为纲”到“以经济建设为中心”；从相对封闭的状态到实行对外开放的新政策；从“战争与革命”的时代判断到“和平与发展”的时代新判断；从一般性坚持社会主义道路到坚持中国特色社会主义道路；从“革命是解放生产力”到“改革也是解放生产力”；从单纯的公有

制到“以公有制为主体、多种所有制为补充”；从平均主义到“让一部分人、一部分地区先富起来”；从计划经济到社会主义市场经济；从“不搞科学技术，生产力无法提高”到“科学技术是第一生产力”；从提出“四个现代化”的建设目标到“两个文明一起抓”；从“发扬民主”到“民主的制度化、法律化”；从革命统一战线到爱国统一战线；从“一纲四目”到“一国两制”；等等。正是以邓小平同志为代表的中国共产党人的解放思想，指引中国特色社会主义现代化建设，才取得了令世人瞩目的伟大成就，中国人民开始富起来了。

20 世纪 80 年代末，在世情、国情、党情新变化的背景下，以江泽民同志为主要代表的中国共产党人制定了坚持和发展中国特色社会主义道路的路线、方针和政策。从“社会主义可以搞市场经济”到经济体制改革的目标是建立和完善社会主义市场经济体制；从“以公有制为主体、多种所有制为补充”到“以公有制为主体、多种所有制共同发展，是社会主义初级阶段的基本经济制度”；从“按劳分配为主体、多种分配方式为补充”到“按劳分配为主体、多种分配方式并存的分配制度”；从“发展是硬道理”到确立可持续发展战略；从“科学技术是第一生产力”到实施科教兴国战略；从走传统工业化道路到走新型工业化道路；从“两个文明一起抓”到“三位一体”布局；从“两个大局”到西部大开发；从“民主的制度化、法律化”到把“依法治国，建设社会主义法治国家”载入宪法；从“引进来”的对外开放战略到“引进来”和“走出去”相结合的对外开放战略；从“三步走”的发展战略到“新三步走”的发展战略；从“关键在党”到提出“三个代表”重要思想；等等。中国共产党人的与时俱进，把中国特色社会主义现代化建设事业推向 21 世纪，使中国人民进一步富起来。

党的十六大后，我国进入了全面建成小康社会、加快推进社会主义现代化的发展阶段。为了解决发展不全面、不平衡、不可持续的矛盾，以胡锦涛同志为主要代表的中国共产党人制定了继续坚持和发展中国特色社会主义道路的路线、方针和政策。从“稳定压倒一切”到“建立和谐社会”；从确立可持续发展战略到全面落实科学发展观、“发展必须科学”；从“效率优先”到“更加注重公平”；从“以经济建设为中心”到“以人为本”、和谐社会建设；从“摸着石头过河”到“全面制度建设”；从“三位一体”布局到“四位一体”布局；从“两元结构”到“多元化融洽”；从“不争论”到“不折腾”；等等。中国共产党人的求真务实，把中国特色社会主义现代化建设事业不断推向前进，使中国人民开始走向富裕。

党的十九大报告指出：经过长期努力，中国特色社会主义进入了新时代。以习近平同志为主要代表的中国共产党人，清醒认识世情、国情、党情、民情的变与不变，制定了新时代坚持和发展中国特色社会主义道路的路线、方针和政策。从社会的主要矛盾为“人民日益增长的物质文化需要同落后的社会生产之间的矛盾”转化为“人民日益增长的美好生活需要和不平衡不充分的发展之间的矛盾”；从“发展必须科学”到坚持“创新、协调、绿色、开放、共享”的新发展理念；从“全面建设小康社会”到“精准扶贫”“全面建成小康社会”；从“以人为本”到“以人民为中心”；从“深化改革”到“四个全面”的战略布局；从“生态良好”到“美丽中国”；从“维护世界和平，促进共同发展”到“推动构建人类命运共同体”；从“建成富强民主文明和谐的社会主义现代化国家”到“建成富强民主文明和谐美丽的社会主义现代化强国”，实现中华民族伟大复兴的中国梦；等等。正是以习近平同志为主要代表的中国共产党人坚持辩证唯物主义和历史唯物主义的世界观和方法论，才把中国特色社会主义现代化建设事业推向新时代，迎来了实现中华民族伟大复兴的光明前景。

时代在发展，形势在变化，在建成社会主义现代化强国和实现中华民族伟大复兴的进程中，时刻都在产生新情况、新问题、新矛盾，中国道路将在不断研究新情况、解决新问题、应对新矛盾中不断深化和拓展。

四、中国道路形成和发展的世界逻辑

中国道路的形成和发展，既是不断学习、借鉴、吸收其他国家现代化的经验和成果的过程，也是同其他国家分享中国现代化的经验和成果的过程，还是为解决世界现代化带来的世界性问题而贡献中国力量和中国智慧的过程。

中国道路是在世界格局发生重大变化、和平发展成为时代主题的背景下，在改革开放的条件下，在立足中国国情的基础上，博采众长，学习其他国家现代化成功经验的基础上形成的。邓小平同志指出，实现四个现代化，就要善于学习。现在的世界是开放的世界，任何一个国家要发展，孤立起来，闭关自守是不可能的，不加强国际交往，不引进发达国家的先进经验、先进科学技术和资金，是不可能的。他进一步强调，要重视广泛的国际交往，同什么人都可以打交道，在打交道的过程中趋利避害。改革开放以来，我们就向南斯拉夫、匈牙利等国家学习，向欧美等发达资本主义国家学习，向第三世界发展中国家学习。在不断学习其他文明的优点和长处、吸收人类社会创造的文明成果、借鉴其他国家现代化的经验的过程中，开辟了中国道路。在坚持和发展中国道路的过程中，中国用几十年时间完成了其他国家几百年走过的发展历程，实现了从一个封闭半封闭的落后国家到经济社会取得全面进步的开放大国的跨越，从物资极度匮乏、产业百废待兴到成为世界经济增长的主要稳定器和动力源、世界制造业第一大国、货物贸易第一大国、外汇储备第一大国、商品消费第二大国、外资流入第二大国的跨越，实现了从参与和遵守现有国际机制、国际规则到推动现有国际机制、国际规则的改革和改良的跨越。

中国道路作为一条实现现代化的新路，既包含特殊的历史和国情所决定的特色，也蕴含解决人类社会发展问题的普遍性价值。邓小平指出，现在我们干的是中国几千年从未干过的事，我们的改革不仅在中国，而且在世界范围内也是一种试验，我们相信会成功。我们如果成功了，那么就可以对世界上的社会主义事业和不发达国家的发展提供某些经验。中国在“摸着石头过河”、不断深化改革开放中，开创和发展中国道路，推动中国社会发生了翻天覆地的变化。

40多年来，按照可比价格计算，中国国内生产总值年均增长约为9.5%，成为世界第二大经济体；2019年人均国内生产总值超过1万美元，中国人民生活从短缺走向充裕，从贫困走向小康，按现行联合国标准，有7亿多贫困人口脱贫，对全球减贫贡献率超过70%。为此，西方有人提出“北京共识”和“中国模式”。这说明，中国道路既是一条有别于西方国家的现代化道路，也具有某种普遍性价值。有美国学者认为，中国道路对发达国家来说，它的价值有限，但在发展中国家可能魅力无穷。习近平在党的十九大报告中指出，中国道路拓展了发展中国家走向现代化的途径，给世界上那些既希望加快发展又希望保持自身独立性的国家和民族提供了全新选择。中国道路是通向现代化的新路，它的成功实践为发展中国家的现代化道路提供了有益启示和经验借鉴，丰富了世界现代化理论。

中国道路是世界现代化进程中不可分割的一部分，中国必须面对和解决世界现代化历史进程所带来的全球问题。中国道路的形成和发展的实践证明，中国的发展离不开世界，世界的进步也离不开中国的发展，所谓中国问题也是世界问题，世界问题也是中国问题，中国与世界处于你中有我、我中有你的紧密联系中。习近平总书记指出：这个世界，各国相互联系、相互依存的程度空前加深，人类生活在同一个地球村里，生活在历史和现实交汇的同一个的时空里，越来越成为你中有我、我中有你的命运共同体。伴随着工业化和现代化的深入发展，世界各国面临日益增多的全球问题。面对全球问题，没有哪个国家能够独自应对，也没有哪个国家能够独善其身，这就要求世界各国同舟共济，应对挑战。中国与世界各国齐心协力，开展全球性协作，推动构建人类命运共同体，为全球治理新格局的发展贡献中国力量和中国智慧。

中国道路的探索还在路上。我们在创造“中国式奇迹”的同时，仍有一些“中国式难题”亟待破解。我们要有直面问题和战胜困难的勇气和魄力。我们在坚定道路自信、思考中国道路普遍性价值、为解决全球问题承担更多国际责任和义务时，要保持高度的清醒与理性。中国不会走西方曾经走过的老路，中国继续在坚持和发展中国特色社会主义道路上探索，把社会主义现代化和中华民族复兴大业、世界社会主义运动和人类社会进步事业不断推向前进。

第二节　中国道路内涵解读

党的十八大报告指出，中国特色社会主义道路，就是在中国共产党领导下，立足基本国情，以经济建设为中心，坚持四项基本原则，坚持改革开放，解放和发展社会生产力，建设社会主义市场经济、社会主义民主政治、社会主义先进文化、社会主义和谐社会、社会主义生态文明，促进人的全面发展，逐步实现全体人民共同富裕，建设富强民主文明和谐的社会主义现代化国家。

一、中国道路与相近概念辨析

（一）“中国道路”与“中国模式”

由于缺乏对中国道路的有力阐释，虽然中华人民共和国成立尤其是改革开放以来我国经济社会实现了快速发展，但是我国仍然在国际社会缺乏足够的话语权，或者说我国的话语权和目前所取得的经济社会发展成就不匹配，也因此产生了对中国道路的种种误解、质疑甚至非议。自 2004 年美国高盛公司高级顾问乔舒亚·库珀·雷默提出“北京共识”这一概念以来，“中国模式”“中国道路”被普遍认为是“北京共识”的别称，强调中国发展道路的特殊性，并迅速在学术界、政商界流行起来。但“中国模式”提出之初主要是用来解释中国经济发展奇迹的，偏重于经济发展模式。通常，“模式”一词有稳定、定型、可复制的含义，使用“中国模式”这一概念，容易让人产生中国的发展道路已经定型、固化的感觉，也会使人产生中国要推广、复制中国发展道路的错觉。使用“中国道路”这一概念不仅表明了中国发展道路的独特性、综合性，而且体现了中国发展道路的开放性、动态性，它是一个兼具规范性和开放性的学理概念。

（二）“中国道路”与“中国经验”

“经验”一词通常指人们在同客观事物直接接触的过程中，通过感觉器官产生的有关事物表象和外部联系的认识。使用“中国经验”一词，不仅缺乏学理性，而且容易使人们认为对中国所走过的发展道路的认识仅仅是一些不系统的、还未上升为理性认识的感性认识，还会使人们认为它仅仅适用于中国，淡化和降低对其他发展中国家的借鉴意义。

（三）“中国道路”与“中国方案”

“中国方案”这一概念的语境主要是外交和全球治理领域，针对的是为解决全球治理难题提供“中国方案”。“方案”一词多指进行某项工作的具体计划或规定，通常指从目标、要求、方式、方法、步骤等方面对某项工作所做出的工作计划，侧重于具体操作层面。用“中国方案”一词，容易使人们将中国发展道路误解为仅仅是解决中国特定问题的具体计划，不能充分反映中国发展道路的理论意义和价值取向。

对“中国道路”和“中国模式”“中国经验”“中国方案”进行学理辨析，并不是说除了“中国道路”这一概念外，别的术语就不能使用，事实上，在不同的语境之中，完全可以灵活使用上述术语。但是从学术话语体系建构的角度来看，应该赋予“中国道路”这一概念更加确定的含义，以加深人们对这一问题的认识。

二、中国道路的核心要义

中国道路，就广义而言，主要包括中国革命的道路、中国社会主义建设的道路、社会主义现代化建设的道路与和平发展的道路；就狭义而言，主要是指当代中国致力于实现社会主义现代化、实现中华民族伟大复兴的中国特色社会主义道路。在这里，按照一个完整的逻辑框架，从五个维度揭示中国道路尤其是狭义的中国特色社会主义道路的核心要义。

（一）定性：坚持中国共产党的领导

揭示中国道路，首先要对中国道路进行定性，主要是回答“谁来领航”“往哪领航”的问题。这一维度讲的是中国道路的本质逻辑。性质决定着方向，方向决定着道路。方向问题是中国道路的首要问题。

走中国道路在性质上既不是走资本主义的邪路，也不是走封闭僵化的老路。中国共产党领导是中国特色社会主义最本质的特征，中国共产党领导是中国特色社会主义制度最大的优势。中国共产党探寻并开创了中国道路。显然，坚持中国共产党领导是中国道路最本质的特征，它体现着中国道路的根本性质。

中国共产党自登上中国历史舞台，就开始探寻中国革命的道路问题；1956 年，中国共产党开始主动探究在中国建设社会主义的道路问题；1978 年改革开放以后，中国共产党开始探寻并开创了中国特色社会主义道路。由于找到了正确的道路，中国发生了翻天覆地的变化。历史的逻辑确实如此：没有中国共产党，就没有新民主主义革命的胜利；没有中国共产党，就没有新中国；没有中国共产党，就没有改革开放。中国共产党正是在探寻中国道路并创造历史成就的过程中呈现出领导力的，也是在运用总体方略实现战略目标的历史进程中实现其领导力的。因此，只有读懂中国共产党，才能理解中国道路；只有理解中国道路，才有助于理解中国共产党。在中国道路上，之所以必须要坚持中国共产党领导，是因为不仅中国共产党是中国道路的真正探寻者、开创者与领航者，而且其指导思想具有引领力、奋斗目标具有感召力、组织资源具有动员力、实现蓝图具有恒定力、自我革命具有净化力。在中国道路的核心要义中，坚持中国共产党领导具有总体性地位与核心性作用。

（二）定位：立足历史方位

在搞清楚“谁来领航”“往哪领航”之后，逻辑上就必须进一步为中国道路定位，即搞清楚“我在哪里”（“我在何处”）。这一维度讲的是中国道路的历史逻辑，实际上是关于中国道路的历史坐标问题，即中国道路所处的历史方位。确定历史方位至关重要，只有首先搞清楚“我在哪里”，才能进一步搞清楚“走向何方”。这实质上是中国道路的总依据、立足点问题。

历史方位既然是历史坐标，就确定了中国道路所处的历史阶段。在不同历史阶段，中国道路有不同走法。中国道路是中国共产党在不同历史阶段为解决不同的社会主要矛盾和根本问题的进程中开创出来的。在 1978 年改革开放初期，即在我国“欠发展”的历史方位，我们党主要是解决人民日益增长的物质文化需要同落后的社会生产之间的矛盾，由此所要解决的根本问题或首要根本任务，就是解放和发展社会生产力，解决的方法是发展科学技术，利用市场机制。党的十八大以后，中国特色社会主义进入了新时代，我国发展进入了“发展起来以后”新的历史方位。此时，我们党与时俱进地把人民日益增长的美好生活需要和不平衡不充分的发展之间的矛盾作为社会主要矛盾，由此把逐步实现全体人民共同富裕、不断促进人的全面发展作为全面建成社会主义现代化强国、实现中华民族伟大复兴的根本支柱，作为新时代新的历史使命和奋斗目标，把贯彻落实新发展理念、实施“两大布局”作为总体方略。显然，中国道路既具有相对稳定性，也具有开放性和未完成性，具有与时俱进的品格，它不是封闭保守僵化的，而是开放创新发展的，是向世界开放的。

立足历史方位的中国道路具有三大实践功能。第一，保持清醒的头脑，不冒进、不保守。明确历史方位，知道“我在何处”。人类始终只提出自己能够解决的任务，因为只要仔细考察就可以发现，任务本身，只有在解决它的物质条件已经存在或者至少是在生成过程中的时候，才会产生。我们只能根据自己所处的历史方位来确定奋斗目标。这样，既不会冒进，也不会保守。第二，坚持与时俱进，不停滞、不封闭。随着历史进步和实践发展，我们要与时俱进地确定奋斗目标，并全力以赴地实现这一奋斗目标，中国道路也将随之得以拓展。比如，随着民族历史日趋成为世界历史，中国道路的世界维度会日益展现。只有这样，才会不停滞、不封闭。第三，明确工作重点，不迷失、不折腾。明确工作重点，就可以紧紧围绕工作重点做好工作，并以抓重点带好面上的工作。这样，既不迷失方向，也可避免瞎折腾。中国共产党人十分重视历史方位问题，并以此来与时俱进地拓展中国道路，推进中国发展。

（三）定标：目标追求和价值取向

揭示中国道路，在搞清楚“我在何处”之后，逻辑上就需要对中国道路进行“定标”，回答“走向何方”的问题。确定“我在何处”，就是为了明确“走向何方”。这一维度讲的是中国道路的目标逻辑。道路自然包含道路所指向和最终要达到的战略目标。战略目标是中国道路的题中应有之义。没有战略目标的道路不能称为道路。

确定战略目标，既要以实事求是地把握社会主要矛盾和所解决的根本问题为基础和前提，也要以对“历史方位”的定位为基础和前提，确定战略目标，与确定历史方位直接相关，这叫作“定位”决定“定标”。什么样的历史方位，就确定什么样的战略目标。也就是说，我们党所确定并实现的战略目标是历史的、与时俱进的。在“欠发展”的历史方位，邓小平同志首先判定我国的社会主义依然处在“初级阶段”，因而其首要根本任务和奋斗目标就是“解放和发展生产力”。习近平总书记把中国特色社会主义确定为进入了新时代，我国发展进入了新的历史方位，即我国“发展起来以后”的历史方位。由此，他把逐步实现全体人民共同富裕，建设富强民主文明和谐美丽的社会主义现代化强国、实现中华民族伟大复兴、促进人的全面发展，作为新时代中国共产党的战略目标。这样的逻辑次序可归结为：解放和发展生产力—逐步实现全体人民共同富裕—促进人的全面发展。解放和发展生产力、逐步实现全体人民共同富裕和促进人的全面发展，从根本上影响着实现社会主义现代化、实现中华民族伟大复兴。

所以，在中国道路上，解放和发展生产力、逐步实现全体人民共同富裕和促进人的全面发展，是实现社会主义现代化、实现中华民族伟大复兴的三大根本支柱。

中国道路中的战略目标，主要表达的是中国道路的目标追求和价值取向。解放和发展生产力、逐步实现全体人民共同富裕、促进人的全面发展，都是社会主义的目标追求和价值取向。这种战略目标超越了以资本为主导的逻辑，走出了一条把物的发展和人的发展统一起来的以人民为中心的全面现代化道路，这是中国道路的核心。因为现代化首先是解决“物”的问题，然后在逻辑上进一步解决“人”的问题；这种战略目标凝聚着中国共产党和中国人民的共同目标追求，突显了社会主义和现代化的本质属性，从而使社会主义和现代化互相促进、相辅相成；它注重共同富裕和每个人的全面发展，更具有感召力和凝聚力；它所呈现出的现代化是全面发展的现代化，涉及经济、政治、文化、社会、生态等方面。它具有三大实践功能，一是明确前进方向，激发人们的主动性、能动性；二是明确奋斗目标，振奋人心、鼓舞斗志；三是画出最大同心圆，具有凝心聚力作用。

（四）定法：总体方略

把贯彻落实新发展理念并实施“两大布局”作为总体方略。

揭示中国道路，接下来的逻辑就是对中国道路进行“定法”，回答“如何走法”的问题。这一维度讲的是中国道路的实践逻辑。所谓定法，就是确定实现战略目标的根本路径和方法，亦称总体方略。这是中国道路的一个核心内容。

战略目标确定之后，在逻辑上就要确定实现战略目标的总体方略。为实现战略目标，必须进一步确定好实现战略目标的总体方略。为实现上述所讲的战略目标，习近平提出了贯彻落实新发展理念，统筹推进“五位一体”总体布局、协调推进“四个全面”战略布局。这实际上讲的就是实现战略目标的总体方略。在这一总体方略中，统筹推进“五位一体”总体布局是“总框架”，新发展理念是“路线图”，“四个全面”战略布局是“牛鼻子”。统筹推进“五位一体”总体布局，意味着中国道路在我国经济、政治、文化、社会和生态领域都有具体的体现。新发展理念在中国道路中具有十分重要的地位，从“路线图”的高度来讲如何使大国成为强国进而实现中华民族伟大复兴，体现了中国特色和社会主义本质的有机统一，体现了经济社会发展和生态文明建设的有机统一，体现了国内发展和国际发展的有机统一，体现了中国视野和世界眼光的有机统一，是对我国发展起来以后的发展新格局作出的顶层设计和战略谋划。协调推进“四个全面”战略布局，意味着要紧紧扭住“四个全面”战略布局这个“牛鼻子”，统筹推进“五位一体”总体布局，贯彻落实新发展理念。

（五）定力：推动力量

整合推动力量，使党的领导力量、市场配置力量和人民主体力量形成合力。

揭示中国道路，在逻辑上还要进一步揭示中国道路所蕴含的推动力量，即蕴含的“定力”，回答“动力何来”的问题。这一维度讲的是中国道路的制度逻辑。所谓定力，就是揭示实现战略目标的推动力量。道路是走出来的，这就需要力量来推动。没有力量推动，战略目标及总体方略都实现不了。推动力量是中国道路中不可或缺的一项重要内容。这种推动力量可概括为积极整合党的领导力量、市场配置力量和人民主体力量并形成合力。其中，党的领导力量是根本，市场配置力量是手段，人民主体力量是目的。

把推动力量作为中国道路的核心要义之一有其重要依据。第一，具有历史依据。现代化的本质是“社会结构转型”，即由传统的社会结构转向现代的社会结构。当代中国通过开创中国特色社会主义以实现社会主义现代化的进程，本质上就是中国“社会结构转型”的进程。改革开放以后，我国开创了有中国特色的社会主义。1992 年，我国正式明确要建立社会主义市场经济体制。社会主义市场经济体制的出现，逐渐改变了我国传统的社会结构，使中国传统社会结构发生转型。这种转型，首先体现在市场配置的力量增长方面。随着市场配置力量的增长，最直接的影响，就是人民的主体力量也不断增长。市场配置力量的增长会不断增强人民的利益、能力、自立意识，以及主体、独立、自主、平等、民主意识，进而会使人民的各种诉求不断觉醒和增强。当前，人民的能力、自立、自主、民主意识的增强，就是人民主体力量增强的具体体现。随着市场配置力量、人民主体力量的不断增强，内在要求政府转变传统职能，向在中国共产党领导下且仍具有主导作用的公共服务型、治理型政府转变。这样，整个中国的社会结构就会发生如下变化：逐渐形成以党的领导力量、市场配置力量和人民主体力量为核心要素而构成的新型社会结构。这种结构，构成中国特色社会主义道路中的本质力量结构。

第二，具有理论依据。中国特色社会主义首先是社会主义，科学社会主义的基本原则不能丢，丢了就不是社会主义。科学社会主义的基本原则是坚持劳动人民立场，它把人民群众当作社会历史发展的主体，当作社会历史发展的动力，当作推动社会历史发展的力量源泉，当作社会历史发展的目的。由此，中国道路必须注重人民主体力量。这是中国特色社会主义之所以称为社会主义的本质或根据。离开这一点，就不是社会主义，也谈不上中国特色社会主义道路。中国特色社会主义的“中国特色”在经济上主要体现为市场经济。因为在科学社会主义的基本原则中，在马克思和恩格斯对社会主义的理解中，是找不到市场经济的。由于中国特殊的国情，由于中国要集中力量解放和发展生产力，也由于只有解放和发展生产力才能真正实现社会主义，因此，我们就利用了市场经济和市场机制，这就使中国的社会主义具有了“中国特色”。注重市场配置力量，就成为中国道路之“中国特色”的一个核心要义。不仅如此，中国特色社会主义的“中国特色”在政治上主要体现为党的领导。坚持中国共产党领导（以及更好发挥政府的作用），是中国特色社会主义的本质特征和根本要求，是中国特色社会主义制度的最大优势。历史和实践表明，在 1978 年以来的中国特色社会主义建设实践中，在正确决策的前提下，党和政府集中一切资源和力量解难题、办大事、加速度，大力解放和发展生产力，是中国特色社会主义之“中国特色”最鲜明的本质特征。实际上，中国特色社会主义体现在经济、政治和社会领域，分别是建立社会主义市场经济体制、坚持中国共产党领导和充分发挥人民群众的主体力量。换一种表述就是注重市场配置力量、党的领导力量和人民主体力量。

第三，具有实践依据。党政军民学，东西南北中，党是领导一切的。所以，在中国道路所蕴含的核心力量结构中，党的领导力量是首要的。人民是中国共产党执政的最大底气，人民是中国共产党最根本的依靠力量，人民对美好生活的向往就是我们党的奋斗目标，为中国人民谋幸福是中国共产党人的初心。民心是最大的政治，要把人民放在我们党心目中最高的位置。由此，只有读懂人民，才能真正读懂中国共产党。在中国道路所蕴含的核心力量结构中，人民主体力量是必不可少的。在党的基本路线中，坚持以经济建设为中心，就必须坚持改革开放，而改革重点之一的经济体制改革之大方向是建立社会主义市场经济体制，其目的是让市场在资源配置中发挥决定性作用，更好发挥政府的作用。市场配置力量在经济领域至关重要，应成为中国道路所蕴含的核心力量结构中的一个重要因素。因此，党的领导力量、市场配置力量和人民主体力量构成中国道路中的三种根本力量。中国道路不仅注重党的领导力量、市场配置力量和人民主体力量，而且注重整合这三种力量并形成合力。只有它们形成合力，才能真正实现战略目标，也才能真正显示出中国道路的独特优势和重大作用。

要正确处理政党、市场和人民的关系，就需要从制度上给出合理的设计。在制度设计上，中国共产党要有效合理利用和驾驭资本，坚持以人民为中心，解放和发展生产力。制度上的合理设计，能够避免阶级分化和社会冲突，能够更好地促进公平正义和维护社会和谐。可见，从制度角度看，中国道路的核心，就是要构建一套既能让中国共产党驾驭市场经济，又能保证政治权力为人民谋幸福的制度体系，它构成中国道路的制度支撑。从根本上说，中国道路的制度逻辑，就是构建政党、市场、人民三大核心要素之间的制度体系。

综上所述，从学理上可以把中国道路的核心要义及其形成机制概括为坚持中国共产党领导，立足历史方位，把解放和发展生产力、逐步实现全体人民共同富裕和促进人的全面发展，作为实现社会主义现代化、实现中华民族伟大复兴的三大根本支柱，自觉贯彻落实新发展理念，实施“两大布局”，整合党的领导力量、市场配置力量和人民主体力量并形成合力。这些核心要义具有严密的内在逻辑，构成一个有机整体。

三、中国道路的哲学原理

（一）中国道路的理论根基：唯物史观

关于中国道路的内涵，最为关键和基础的问题是：中国道路的概念在学理上何以可能？简言之，就是要理顺中国道路的“学理性”。中国道路的理论根基就是马克思和恩格斯所创立的唯物史观。唯物史观认为，人类社会的发展遵循一定的、不以人的意志为转移的客观规律。也可以表述为生产力决定生产关系，经济基础决定上层建筑，社会存在决定社会意识；同时，后者（生产关系、上层建筑、社会意识）对前者（生产力、经济基础、社会存在）起一定的反作用，两者构成一定的张力关系进而推动社会的不断发展；但从根本上讲，前者居于更加基础的地位。对此，马克思在《政治经济学批判》序言中作出过经典表述：人们在自己生活的社会生产中发生一定的、必然的、不以他们的意志为转移的关系，即同他们的物质生产力的一定发展阶段相适应的生产关系。这些生产关系的总和构成社会的经济结构，即有法律的和政治的上层建筑竖立其上并有一定的社会意识形式与之相适应的现实基础。物质生活的生产方式制约着整个社会生活、政治生活和精神生活的过程。不是人们的意识决定人们的存在，相反，是人们的社会存在决定人们的意识。简言之，就是"物质生产力"处于"决定性"的地位，作用更为基础，社会关系特别是生产关系由此相应地衍生和发展起来，而不是相反。

唯物史观作为中国道路的理论根基，体现在中国道路的具体发展历程中。以邓小平同志为代表的中国共产党人勇敢地站出来，提出要从中国的实际情况出发，走一条有中国特色的社会主义建设道路。对于改革开放以来的中国道路，习近平总书记在党的十九大报告中给予了明确评价：中国特色社会主义是改革开放以来党的全部理论和实践的主题，是党和人民历尽千辛万苦、付出巨大代价取得的根本成就。正是吸收了初步探索阶段的经验和教训，才有改革开放后的"发展奇迹"。改革开放以来的中国道路具有两个基本要素：其一，必须继续坚持走社会主义道路——生产关系的根本原则仍然是社会主义；其二，要以中国的实际特别是生产力发展实际为依据——不能超越中国社会的生产力发展阶段来建设社会主义。显然，与马克思和恩格斯设想的理想状态的社会主义社会生产力状况（超越资本主义社会之后的生产力高度发展）相比，中国当时还有很大差距。对此，邓小平同志作出了精准判断：现在虽说我们也在搞社会主义，但事实上不够格。只有到了21世纪中叶，达到了中等发达国家的水平，才能说真的搞了社会主义。所谓的"不够格"，主要就是指生产力发展程度的"不够格"，即不达标。因此，解决生产力发展"不够格"的问题，就成了中国道路必须首先面对的重大问题。为此，邓小平同志在1992年南方谈话中再次明确强调：中国只要不搞社会主义，不搞改革开放、发展经济，不改善人民的生活，走任何一条路，都是死路。而要发展经济、逐步改善人民的生活水平，促使我国必须改变初步探索阶段实施的理想化的或"够格的"全面公有制的社会主义生产关系，就必须引入适合的、能激活社会生产力发展的非公有制经济（关系），建立一种与中国相对落后的生产力状况相适应的生产关系。改革开放发展至今的实践表明，建立以公有制为主体、多种所有制共同发展，以按劳分配为主体、多种分配方式并存的生产关系，正是过去40多年中国实现"解放生产力、发展生产力"目标，进而不断提高人民生活水平的最根本原因。也就是说，与中国社会生产力相适应的生产关系反过来又成了促进中国社会生产力快速发展的最大动因。

因此，中国道路走过的实际历程正是唯物史观在中国大地“行走”的生动体现，中国道路蕴含唯物史观的客观规律；唯物史观作为科学的历史观，构成了中国道路内涵的理论根基。概言之，中国道路之所以最具合法性，最根本在于它的唯物史观理论内核，唯物史观可谓中国道路的第一重也是最重要的一重内涵。

（二）中国道路的演进逻辑：实践辩证法

在唯物史观的理论根基之上，中国道路究竟按照怎样的一种方式不断演进和发展，使其具有强大生命力呢？

中国道路蕴涵一种稳定的、普遍的运行模式或演进逻辑，即马克思和恩格斯所说的实践辩证法。马克思在《资本论》中曾作过经典论述：辩证法，在其合理形态上，引起资产阶级及其夸夸其谈的代言人的恼怒和恐怖，因为辩证法在对现存事物的肯定的理解中同时包含对现存事物的否定的理解，即现存事物的必然灭亡的理解；辩证法对每一种既成的形式都是从不断的运动中，因而也是从它的暂时性方面去理解；辩证法不崇拜任何东西，从其本质来说，它是批判的和革命的。马克思的辩证法吸收了黑格尔辩证法的“合理内核”，但是将人类的物质实践而非黑格尔所说的意识观念提到了基础和前提的地位，因此，马克思的辩证法可以说是实践辩证法；实践辩证法是一种否定性的运动，因此，它本质上是批判的、革命的。在马克思所处的资本主义时代，实践辩证法的主体就是广大无产阶级，无产阶级通过物质实践既改造外部物质世界，也改变他们所处的社会世界（资本主义的社会制度、社会关系等），最终实现自身与全人类的解放。实践的唯物主义者所做的一切工作，就是在现实的物质基础上，不断地改变现存的事物与世界，使之不断地趋向更加合理和完善的状态，概括起来就是不断地进行实践辩证法运动。

纵观中华人民共和国成立以来的发展历程，从某种程度上讲，中国道路相对稳定、普遍的运行模式就是实践辩证法，即以现实问题为导向，不断地尝试、变革与创新。中国道路的实践辩证法遵循两个基本原则：一是以物质实践为前提，祛除意识观念优先的唯心主义幻想，拒绝神秘，一切从实际出发，从中国的国情出发；二是以自我否定和自我革命为路径，打破故步自封、夜郎自大的牢笼，拒绝固化，一切从探索创新出发，从中国的变革实际出发。具体而言，中国道路的实践辩证法演进逻辑，最为集中地体现在过去40多年的改革开放上。

第一，改革的实践辩证法演进逻辑。改革开放以来，中国道路演进的最大特点之一就是实施不断的改革。这种不断的改革是由点到面、由浅到深、由局部到全局、由单项表层改革到全面深化改革，一直在不停息地推进。从改革的演进点来看，完全符合实践辩证法的逻辑：其一是每次改革的基础和前提都以我国实际的生产力为依据，改革的目的都首先指向经济社会的发展，或者说，改革就是为了更好地发展。这个特点无论对于我国实施的改革大战略还是各项具体的改革策略来说都是吻合的。改革大战略成为“决定当代中国命运的关键一招”；首先在农村兴起的家庭联产承包责任制和稍后在城市发展的非公有制经济的改革策略，均指向改变当时中国农村和城市生产力极端低下的现实；十八届三中全会以来，党中央推行的全面深化改革战略布局，则主要是针对我国社会进入中等收入水平之后如何解决“新常态”条件下继续发展的问题。因此，可以说邓小平同志的“发展才是硬道理”揭示了中国改革实践之真谛。其二，每次改革都是对既有基础的一次自我革命和自我完善。中国的改革大战略，就是对中国道路初步探索误入迷途的一次深刻“自我革命”；家庭联产承包责任制和非公有制经济等改革策略，是对计划经济陷入困境的一次深刻“自我革命”；十八届三中全会以来的全面深化改革，则是对过去快速发展积累的综合弊病的一次深刻“自我革命”。纵观过去的40多年，改革从未停止。正如习近平总书记曾多次强调的那样：“改革只有进行时，没有完成时。”因此，可以说中国道路的改革演进逻辑就是实践辩证法的生动体现。

第二，开放的实践辩证法演进逻辑。过去的40多年，中国发展成今天日益“走向世界舞台中心”的“世界经济引擎”式开放国家。个中缘由，正如习近平总书记曾指出的：实践证明，过去40多年中国经济发展是在开放条件下取得的，未来中国经济实现高质量发展也必须在更加开放的条件下进行。这是中国基于发展需要作出的战略抉择，同时也是在以实际行动推动经济全球化造福世界各国人民。对于中国自身而言，中国道路过去40多年的成就，离不开开放；中国道路的继续向前发展，同样离不开继续开放这个条件。对于世界而言，各国人民当今及未来享有越来越多的福利，同样也离不开中国继续不断扩大开放这个重要条件。以习近平总书记关于开放中国重要性之双重逻辑为依据，同样可以找到中国开放的实践辩证法之演进逻辑。其一，就中国自身而言，开放依然是基于对社会生产力的考量。40多年前的开放主要是向西方学习、借鉴经验和引入发展社会生产力的资源。对此，邓小平同志曾指出：任何一个国家要发展，孤立起来，闭关自守是不可能的。要实现我们的第一步和第二步目标，不开放不行，不加强国际交往不行，不引进发达国家的先进经验、先进科学成果和资金不行，关起门来是不行的。这叫对外开放。40多年后的今天，扩大开放是为了实现中国经济高质量的发展，适应经济发展新常态同样是为了更好地发展社会生产力。就开放政策的根本目的而言，始终不变的前提依然是实践辩证法的物质实践。其二，就世界而言，中国不断扩大开放，“引进来”和“走出去”并举，其主要目的是在现有物质条件下继续推动中国和世界经济的不断发展，为人类带来更多的福利。就其根本功能而言，体现的依然是实践辩证法的逻辑。

综上所述，实践辩证法揭示了中国道路运行的基本规则，尤其体现在改革开放的战略上。因此，实践辩证法也是中国道路内涵的重要维度。

（三）中国道路的发展目标：中国现代性

首先，中国道路的发展目标是实现现代化。早在1954年，毛泽东同志在第一届全国人大会议上就明确指出：准备在几个五年计划之内，将我们现在这样一个经济上文化上落后的国家，建设成为一个工业化的具有高度现代文化程度的伟大的国家。后来，这个目标被细化为工业、农业、国防和科学技术“四个现代化”。改革开放后，邓小平同志强调：我们的政治路线就是搞社会主义现代化建设。因此，不管怎样表述，中国道路的发展目标实质是搞四个现代化，最主要的是搞经济建设，发展国民经济，发展社会生产力。其次，中国道路的现代化是中国式的现代化，而不是其他现代化。对此，邓小平同志明确指出：我们搞的现代化，是中国式的现代化。我们建设的社会主义，是有中国特色的社会主义。我们主要是根据自己的实际情况和自己的条件，以自力更生为主。再次，中国道路的现代化是循序渐进的现代化，不可能一蹴而就。对此，中华人民共和国成立初期，我们将社会主义分为“不发达”和“发达”两个阶段；改革开放后，制定了“三步走”发展战略，预计在21世纪中叶达到基本实现现代化的目标。在1992年南方谈话中，邓小平同志不仅重申了第三步战略目标，而且提出了“抓住时机，发展自己，关键是发展经济”“总要力争隔几年上一个台阶”“在今后的现代化建设长期过程中，出现若干个发展速度比较快、效益比较好的阶段，是必要的”等中国现代化发展要求和构想。结合中华人民共和国成立以来的发展实际和未来愿景，中国道路的发展目标可称为中国现代性，它具有以下特征。

第一，中国现代性是一种“后现代性”。所谓“后现代性”，就是既要完成先于中国践行现代性的国家所要完成的任务，又要克服这些国家现代性的弊端。现代性最早始于近代西方国家，具体地说，就是西方国家为了超越传统宗教、农业社会而开展资本主义工业化运动，创造了人类社会的发展奇迹。较之于当今的西方发达国家，中国的现代性发轫较晚，最早可以追溯到第一次鸦片战争，但那时的现代性是被动的，其结果不彻底，更无法实现国家的富强。依近代以来的历史进程来看，中国现代性真正发端于中国共产党取得政权之后，即始于中国道路的初步探索阶段，但由于各种主客观原因，这个阶段的现代性同样不彻底。因此，只有在改革开放政策实施之时起，中国现代性才得以全面持续地开展。此时，西方现代性已经走过了近200年历程，既取得了巨大成就，也伴随着巨大危机与挑战。因此，中国现代性注定了其要承担既借鉴又超越西方现代性的历史使命。正如有些学者指出的那样：在世界范围内，中国现代性仍然是滞后的、未完成的，这是一个基本国情。这主要表现为市场经济体制尚未完善，政治体制改革尚未完成，现代化建设也没有实现，传统政治体制和意识形态仍居于统治地位。因此，中国当前的历史任务仍然是走出传统社会主义体制，建设现代性，而不是批判现代性。这意味着中国仍然需要启蒙主义，需要提倡科学、民主，进行政治体制改革，建立现代意识形态，完成五四运动开启的现代性任务。显然，中华人民共和国成立尤其是改革开放以来，我国的主要任务就是参考西方现代性来实现自身现代性的发展；在超越西方现代性方面，中国从一开始就具有十分清醒的认识，即提出要“走出一条中国式的现代化道路”。

既要完成西方已经完成的现代性任务，又要超越西方现代性，中国现代性的这种“后现代性”特质注定要经历不凡与更多挑战。

第二，中国现代性是一种全面的现代性。因为中国现代性是一种既借鉴又超越西方现代性的“后现代性”样式，所以它有别于西方必然带来各种弊端的片面现代性，中国现代性是一种全面的现代性。从中华人民共和国成立之初毛泽东同志提出的领导全国人民克服一切困难，进行大规模的经济建设和文化建设，扫除旧中国所留下来的贫困和愚昧，逐步改善人民的物质生活和提高人民的文化生活，强调物质生活和文化生活的协调发展；到改革开放之初邓小平同志提出的物质文明和精神文明要"两手抓""两手都要硬"，强调社会主义现代化建设要"两条腿"走路；到江泽民同志提出的不断发展先进生产力和先进文化，归根到底都是为了满足人民群众日益增长的物质文化生活需要，不断实现最广大人民的根本利益，突出物质文明、精神文明和政治文明同时并进；到胡锦涛同志提出社会主义现代化建设由"三位一体"（经济、政治、文化）到"四位一体"（经济、政治、文化、社会）到"五位一体"（经济、政治、文化、社会、生态文明）不断完善的总体布局；再到中国特色社会主义进入新时代的今天，习近平同志提出"决胜全面建成小康社会，开启全面建设社会主义现代化国家新征程"，并明确 2035 年"基本实现社会主义现代化"和 2050 年"把我国建成富强民主文明和谐美丽的社会主义现代化强国"的现代性建设目标，这些都是中国不断追求全面现代性的体现。由此可见，中国道路强调现代性的全面性意在避免现代性建设的片面性，尽力防止出现西方现代性弊病。

从某种程度上讲，中国现代性开创了现代性的另外一种可能，因为现代性有多种可能，这便是自反性现代化的回答。根据中华人民共和国成立以来的发展实际来看，中国现代性正是以"中国现代性"来克服"西方现代性"的典型。

第三，中国现代性是一种发展的现代性。作为中国道路发展目标的中国现代性在不断地发展和完善。中华人民共和国成立之初，中国共产党明确提出要实现"四个现代化"的宏伟目标。改革开放之后，邓小平同志提出建设"小康之家"的"中国式现代化"建设目标，并在 1979 年 12 月 6 日会见日本首相大平正芳时指出：我们要实现的四个现代化，是中国式的四个现代化；我们的四个现代化的概念，不是像你们那样的现代化概念，而是"小康之家"；到 20 世纪末，中国的四个现代化即使达到了某种目标，我们的国内生产总值人均水平也还是很低的，要达到第三世界中比较富裕一点的国家的水平，比如国内生产总值人均 1000 美元，也还得付出很大的努力；就算达到那样的水平，同西方来比，也还是落后的；所以，中国到那时也还是一个小康的状态。而所谓小康，就是"可以吃得好，穿得好，用得好"。很显然，中国道路发展初期的现代性目标，更多倾向于生产力的积累和解决人民的温饱问题等物质层面。从 20 世纪 90 年代起，党和国家对现代性的发展目标有了进一步认识，并对"第三步战略"作出了详细的发展性规划：1997 年，党的十五大报告中首次提出 21 世纪初开始"进入和建设小康社会"，并对第三步战略目标作出了具体部署，即第一个十年实现国内生产总值比 2000 年翻一番，使人民的小康生活更加宽裕，形成比较完善的社会主义市场经济体制；再经过十年的努力，到建党一百年时，使国民经济更加发展，各项制度更加完善；到 21 世纪中叶中华人民共和国成立一百年时，基本实现现代化，建成富强民主文明的社会主义国家。2002 年，党的十六大将"全面建设小康社会"设定为大会主题，提出

“全面建设小康社会”的奋斗目标，除国内生产总值和综合国力的目标外，还包含“社会主义民主更加完善”“社会主义法制更加完备”“全民族的思想道德素质、科学文化素质和健康素质明显提高”“可持续发展能力不断增强”等重要内容。2007 年，党的十七大又对“全面建设小康社会”的内容进行了充实和调整，提出了转变发展方式取得重大进展，在优化结构、提高效益、降低消耗、保护环境的基础上，实现人均国内生产总值到 2020 年比 2000 年翻两番，实质是将“科学发展”列入“全面建设小康社会”的标准和要领之中。2012 年，党的十八大对我国现代性发展目标的表述作了较大调整和完善，将“全面建设小康社会”的提法改变为“全面建成小康社会”，并具体明确为“经济持续健康发展，人民民主不断扩大，文化软实力显著增强，人民生活水平全面提高，资源节约型、环境友好型社会建设取得重大进展”。2017 年，党的十九大将原定于 21 世纪中叶实现的“基本实现现代化”目标提前到 2035 年完成，对 21 世纪中叶的目标作出重大的调整，即调整为把我国建设成富强民主文明和谐美丽的社会主义现代化强国，并指出：到那时，我国物质文明、政治文明、精神文明、社会文明、生态文明将全面提升，实现国家治理体系和治理能力现代化，成为综合国力和国际影响力领先的国家，全体人民共同富裕基本实现，我国人民将享有更加幸福安康的生活，中华民族将以更加昂扬的姿态屹立于世界民族之林。

由此可见，中国现代性的发展目标由“四个现代化”“小康之家”“建设小康社会”“全面建设小康社会”“全面建成小康社会”到“建成社会主义现代化强国”，一直处于不断调整、完善的发展过程之中。简言之，中国现代性随着世情、国情、党情的变化发展而不断地发展和丰富，永无止境，其本质是一种发展的现代性。这种“中国式现代性”是中国道路发展的目标和归宿，也是中国道路的重要内容。

（四）中国道路的价值坐标：社会主义

任何发展道路都应该遵循一定的价值坐标（原则）来运行和发展，关系到“为了谁发展”或者“发展为了谁”这个事关道路属性的重大问题，而这个价值坐标也就构成了发展道路的重要内涵。对于中国道路而言，无论从执政党、国家性质，还是从中华人民共和国发展的历史和现实来看，其最根本的价值坐标就是社会主义，它使中国道路从根本上区别于其他国家，尤其是西方发达资本主义国家。

所谓社会主义的价值坐标，就是坚持“以人民为主体”“坚持一切发展为了人民”的根本原则。正如邓小平同志所言：社会主义的目的就是要全国人民共同富裕，不是两极分化。如果我们的政策导致两极分化，我们就失败了。而在马克思主义经典作家那里，社会主义的价值坐标则最高体现为共产主义，对此，马克思指出：共产主义是私有财产即人的自我异化的积极的扬弃，因而是通过人并且为了人而对人的本质的真正占有；因此，它是人向自身、向社会的人的复归，这种复归是完全的、自觉的，而且保存了以往发展的全部财富；这种共产主义，作为完成了的自然主义，等于人道主义，而作为完成了的人道主义，等于自然主义，它是人和自然之间、人和人之间的矛盾的真正解决，是存在和本质、对象化和自我确证、自由和必然、个体和类之间的斗争的真正解决。换言之，在社会主义的高级阶段即共产主义社会，在财富发展最大化的基础上实现了人类对财富的共同占有（消灭私有制与阶级），实现了人的全面自由发展，实现了人类解放，人与自然、人与人之间的矛盾均得到彻底解决。显然，社会主义和共产主义就是中国道路的根本价值追求。虽然我国社会主义建设尚处在初级阶段，远未达到共产主义的高标准要求，但是我国从来就没有动摇过对社会主义价值坐标的遵循和坚守，这在中国道路的历史、现实与未来三个向度中，均得到了集中体现。

第一，从历史向度来看，中国道路的发展可以分为两个阶段：其一是 1949 年之后、改革开放之前的中国道路初步探索阶段；其二是改革开放至今的中国道路成型和发展阶段。在第一阶段，虽然有各种原因导致中国道路初步探索的后期面临巨大困难，但是我国坚持社会主义的价值坐标一直没有变，这也是中国共产党作为执政党的“本色特征”。正如毛泽东同志所言：共产党就是要奋斗，就是要全心全意为人民服务，不要半心半意或者三分之二的心三分之二的意为人民服务。基于“解放和发展生产力”的“策略”和“工具”需要，是中国道路之“器”而不是“道”，真正的“道”是实现共同富裕。为此，1992 年的南方谈话中邓小平同志特别强调：社会主义本质，是解放生产力，发展生产力，消灭剥削，消除两极分化，最终达到共同富裕。因此，从 1982 年党的十二大到 2012 年党的十八大期间，即中国道路不断创造发展奇迹的重要阶段，“执政为民”“改善民生”一直是党和国家的核心价值追求。首先，从党的指导思想来看，邓小平理论、“三个代表”重要思想、科学发展观，无一不是将人民的根本利益和福祉当作最终归宿和目的；其次，从国家政策来看，家庭联产承包责任制、民营与个体经济发展、西部大开发战略、国有企业改革、社会建设战略、全面取消农业税及探索新农村合作医疗制度等，无一不是将改善民生、提高老百姓的福利当作政策实施的基本要求。

第二，从现实向度看，党的十八大至今，对于社会主义价值坐标的坚守，最为集中地体现在党和国家推行的一系列新思想新战略上。首先，在党的建设层面，“执政为民”的理念得到充分重视和执行。党的十八大以来，中国共产党进行了深刻的自我革命：全面、客观地审视了党内存在的一些严重问题，如腐败、“四风”、脱离群众、理想信念缺失等。为此，中国共产党出台中央八项规定，开展“两学一做”“群众路线”“三严三实”“不忘初心、牢记使命”等主题教育，特别在反腐败工作方面，决心之坚、动作之大、成果之丰，可谓前所未有。对此，习近平总书记指出：对腐败分子，我们决不能放过去，放过他们就是对人民的犯罪、对党不负责任！我们这么强力反腐，对腐败采取零容忍的态度，目的是什么呢？是为了赢得党心民心。此外，党的建设问题也得到了前所未有的重视，取得了巨大的实践成果，并上升为党的重大战略，“全面从严治党”已成为“四个全面”战略布局不可缺少的重要组成部分。全面从严治党战略布局的根本目的就是提高党执政为民的针对性和有效性，使人民群众拥有更多获得感，得到更多实惠。同时，全面从严治党战略布局在实现“执政为民”价值目标的基础上，也从根本上提高了党的执政地位和发展能力。其中的“辩证法”，正如习近平总书记所指出的：如果管党不力、治党不严，人民群众反映强烈的党内突出问题得不到解决，那我们党迟早会失去执政资格，不可避免地被历史淘汰。其次，在国家建设和发展层面，人民主体地位得到了充分的彰显和尊重。党的十八大以来，我国以全面建成小康社会作为近期奋斗目标，以“五大新发展理念”作为国家建设和发展的根本指导思想。五大新发展理念均与民生建设直接相关，特别是以“共享”作为最终归宿和落脚点，这一切都体现了人民主体地位的社会主义价值坐标。最后，在具体政策执行层面，“发展为了人民”的群众观点更为直接、实在。党的十八大以来，全国推行的“精准扶贫”政策，全面覆盖和不断改善的低保制度、农民福利制度等，均是正在不断向前发展的中国道路遵循“以人民为中心”的社会主义价值坐标之重要体现。

第三，从未来向度看，对于中国道路来说，未来发展遵循的价值坐标依然是社会主义。其一，从中国道路的定位和执政党的追求来看，社会主义价值坐标必然伴随未来中国的发展。1949 年以来的历史表明，社会主义是中国道路自身不可缺少的价值之维，离开了社会主义，中国道路就不能称为“中国道路”了；中国共产党作为执政党，已在党的十九大报告中明确了未来三十年的国家发展目标，并分“两个十五年”逐步完成，最终要在 21 世纪中叶建成社会主义现代化强国，这也明确了中国道路未来发展的社会主义价值坐标。其二，从人类社会的发展规律来看，高度发展的社会主义在未来必然能够到来。根据唯物史观理论，人类社会遵循一定的客观规律不断地发展和进步。从人的“自由性”发展角度来看，这种发展进步体现在人的自由和全面发展诉求将随着社会生产力的发展而得到不断满足。对此，马克思在《1857—1858 年经济学手稿》中曾明确指出：人的依赖关系（起初完全是自然发生的），是第一种社会形式，在这种社会形式下，人的生产能力只是在狭小的范围内和孤立的地点上发展着。以物的依赖性为基础的人的独立性，是第二大形式，在这种形式下，形成了普遍的社会物质交换、全面的关系、多方面的需求以及全面的能力的体系。建立在个人全面发展和他们共同的、社会的生产能力成为从属于他们的社会财富这一基础上的自由个性，是第三个阶段。显然，根据这个社会发展基本规律，新时代的中国正在跨越“以物的依赖性为基础的人的独立性”阶段，未来必然走向人的全面发展和自由个性阶段。人的自由全面发展的实现，就是中国道路未来终极的社会主义价值坐标。

第三节　坚定道路自信

中华人民共和国 70 多年接续奋斗的历史经验充分证明，道路关乎党的命脉、国家前途、民族命运、人民幸福。70 多年奋斗历程最重要的就是走出了一条中国特色社会主义发展道路，必须一以贯之坚持并不断发展创新。

一、中国道路是实现社会主义现代化之路

“周虽旧邦，其命维新”，中华民族充满变革和开放精神。“天行健，君子以自强不息；地势坤，君子以厚德载物”的变革和开放精神，使中华文明成为人类历史上唯一一个绵延五千多年至今未曾中断的灿烂文明。中国人民具有伟大的创造精神，博大精深的中华文明是中国人民创造的，中华人民共和国70多年的光辉成就是中国人民创造的，40多年改革开放的伟大奇迹也是中国人民创造的。改革开放和中国特色社会主义使中国人民的创造精神、创新活力前所未有地迸发出来，经过长期努力，中国特色社会主义进入了新时代。

1956年4月发表的《论十大关系》、1956年9月的中国共产党第八次全国代表大会、1957年2月发表的《关于正确处理人民内部矛盾的问题》，集中体现了20世纪50年代以毛泽东同志为代表的中国共产党人关于中国社会主义发展道路探索的积极成果。《论十大关系》强调调动一切积极因素，把我国建设成为一个强大的社会主义国家。党的八大提出在我国社会主义基本制度建立后，主要矛盾已经是人民对于经济文化迅速发展的需要同当前经济文化不能满足人民需要的状况之间的矛盾。《关于正确处理人民内部矛盾的问题》阐述了必须区分敌我矛盾和人民内部矛盾两类不同性质的矛盾，强调正确处理人民内部矛盾是国家政治生活的主题。从“以苏为鉴”到中国道路，从“经济文化”到“美好生活”，从“两类矛盾”到国家治理，70多年来社会主义发展道路的内在逻辑清晰地展现出来。

1978年的十一届三中全会后，中国进入了社会主义现代化建设的新时期。1978年的改革是从农村开始的，久困于穷，冀以小康，这就是邓小平在那个年代一再强调贫穷不是社会主义，发展才是硬道理的原因。1979年12月，邓小平会见日本首相大平正芳时首次使用小康这一概念，用“小康之家”“小康的状态”“小康的国家”表述中国式的现代化。1980年1月，邓小平在一次中共中央召集的干部会议上又提出“小康水平”，为“三步走”战略奠定了基础。从“解决温饱”到“小康水平”，从“总体小康”到“全面小康”，从“全面建设”到“全面建成”，表明小康社会奋斗目标不断明晰，中国社会主义现代化不断发展。

2012年党的十八大以来，党和国家事业发生历史性变革，取得历史性成就。中国特色社会主义进入新时代，这是我国发展的新的历史方位。习近平总书记在党的十九大报告中指出，紧扣我国社会主要矛盾变化，统筹推进经济建设、政治建设、文化建设、社会建设、生态文明建设，坚定实施科教兴国战略、人才强国战略、创新驱动发展战略、乡村振兴战略、区域协调发展战略、可持续发展战略、军民融合发展战略，突出抓重点、补短板、强弱项，特别是要坚决打好防范化解重大风险、精准脱贫、污染防治的攻坚战，使全面建成小康社会得到人民认可，经得起历史检验。“小康”讲的是发展水平，“全面”讲的是发展的平衡性、协调性、可持续性。在这个意义上说，全

面建成小康社会就是要解决发展不平衡不充分的问题，把人民日益增长的美好生活需要变成现实，努力使经济发达（经济高质量发展）、政治清明（各方面制度更加成熟更加定型）、文化繁荣（国民素质与社会文明程度显著提高）、社会和谐（共建共治共享）、生态文明（生态环境质量总体改善）、科技领先（提升自主创新能力）、军事强大（建成世界一流军队）。在 2020 年全面建成小康社会的基础上，2035 年基本实现社会主义现代化，2050 年建成富强民主文明和谐美丽的社会主义现代化强国。

中国特色社会主义不断取得重大成就，从中华民族的历史维度看，意味着近代以来历经磨难的中华民族迎来了从站起来、富起来到强起来的历史性飞跃；从社会主义的发展来看，意味着社会主义在中国焕发出强大生机活力并不断开辟发展新境界；从中国道路的世界意义来看，意味着中国特色社会主义拓展了发展中国家走向现代化的途径，为解决人类问题贡献了中国智慧、提供了中国方案。

中华人民共和国成立初期，毛泽东曾感叹：现在我们能造什么？能造桌子椅子，能造茶碗茶壶，能种粮食，还能磨成面粉，还能造纸，但是，一辆汽车、一架飞机、一辆坦克、一辆拖拉机都不能造。70 多年沧海桑田，地覆天翻。今天的中国，是世界第二大经济体，制造业第一大国、货物贸易第一大国、外汇储备第一大国。中国多年来对世界经济增长的贡献率超过 30%。中国 7 亿多农村贫困人口脱贫，对全球减贫贡献率超过 70%。全世界超过 2/3 的高铁轨道铺设在中国，高速公路总里程位居世界第一。从温饱不足走向全面小康，从一穷二白走向繁荣富强，从百废待兴走向伟大复兴，中国人民创造了彪炳史册的伟大奇迹，谱写了感天动地的奋斗史诗。从“四个现代化”到“三步走”发展战略，从基本实现社会主义现代化到建成社会主义现代化强国，“现代化”始终是关键词，中国道路是实现社会主义现代化之路。

70 多年社会主义现代化发展道路贯通从确立中国社会主义基本制度到中国特色社会主义再到新时代中国特色社会主义的伟大实践和历史进程。伟大奇迹不是天上掉下来的，也不是别人恩赐的，是中国共产党和中国人民推进理论创新、制度创新、科技创新、文化创新及其他各方面的创新取得的。改革创新，就是要革故鼎新，守正创新，我们开创了中国特色社会主义新局面，开辟了 21 世纪马克思主义、当代中国马克思主义新境界。

二、中国道路是站起来富起来强起来之路

1914 年第一次世界大战爆发。1919 年召开的巴黎和会通过了《凡尔赛和约》，其中竟然决定把第一次世界大战的战败国德国在中国山东的特权转让给日本。强权压倒公理，消息传到国内，青年知识分子义愤填膺，呼吁中国代表绝不能在和约上签字，并决定 5 月 4 日举行游行来表达诉求。习近平总书记在纪念五四运动 100 周年大会上的讲话中指出：五四运动时，面对国家和民族生死存亡，一批爱国青年挺身而出，全国民众奋起抗争，誓言“国土不可断送、人民不可低头”，奏响了浩气长存的爱国主义壮

歌。其中所引用的两句话出自北京大学哲学系的学生罗家伦起草的《北京学界全体宣言》。当年5月4日游行中最重要的一个口号“外争主权，内除国贼”就是《北京学界全体宣言》中的原话。《北京学界全体宣言》结尾写道：中国的土地可以征服而不可以断送！中国的人民可以杀戮而不可低头！国亡了！同胞起来呀！

五四运动一开始是学生运动，但从1919年6月起许多工人加入其中，最终五四运动发展成一场全社会参与的群众性反帝爱国运动。6月28日，北洋政府迫于社会各界的压力，没有出席巴黎和会的签字仪式，声势浩大的五四运动最终取得了胜利。五四精神的主要内容是爱国、进步、民主、科学。其中，爱国主义精神是五四运动的最大底色。五四运动促进了马克思主义在中国的传播，为1921年中国共产党的成立准备了条件。

1919年《北京学界全体宣言》的最后一个词是“起来呀”；1935年《义勇军进行曲》的第一个词是“起来”。它们首尾呼应，一以贯之，主题就是“起来”。

中国人应该如何“起来”？党的十九大报告中阐述了“站起来、富起来、强起来”。在这三个“起来”中，“站起来”是前提。1949年以毛泽东同志为代表的中国共产党人创建了崭新的中国，中国人民从此站起来了；1978年以邓小平同志为代表的中国共产党人实行改革开放，中国人民在改革开放新时期开始富起来；2012年十八大以来，以习近平同志为代表的中国共产党人进一步坚持和发展中国特色社会主义，推动党和国家事业发生历史性变革，中国特色社会主义进入新时代，迎来了从站起来、富起来到强起来的伟大飞跃。

站起来、富起来、强起来，是中华民族伟大复兴艰难历程的形象描述与通俗表达。一百多年来，一代又一代志士仁人不懈奋斗，浴血拼搏，为的就是实现中华民族伟大复兴。今天我们比任何时候都更接近中华民族伟大复兴的目标，但也面临许多风险和挑战。近年来，习近平总书记反复强调“世界百年未有之大变局”。2019年5月，习近平总书记在江西考察时指出：领导干部要胸怀两个大局，一个是中华民族伟大复兴的战略全局，一个是世界百年未有之大变局，这是我们谋划工作的基本出发点。面对世界百年未有之大变局，要实现中华民族伟大复兴，如何破局，怎样解局？必须牢记初心使命，把握长期大势，抓住主要矛盾，增强忧患意识，坚持底线思维，发扬斗争精神，善于化危为机，做好自己的事。

实现中华民族伟大复兴必须走中国道路。在一个具有5000年文明、14亿人口的大国建设社会主义，找到适合自己的发展道路，实属不易。方向决定前途，道路决定命运。我们要把命运掌握在自己手中，就要有志不改、道不变的坚定信念。当今世界正经历百年未有之大变局，我国正处于实现中华民族伟大复兴的关键时期。站在决胜全面建成小康社会、建成社会主义现代化强国“两个一百年”的历史交汇期，实现中华民族伟大复兴的战略全局和世界百年未有之大变局两个大局的重合交汇期，如何保持战略定力，把自己的事情做好，党的十九届四中全会给予了明晰和坚定的回答。十九届四中全会是中华人民共和国成立以后、改革开放以来第一次专门集中研究坚持和完善中国特色社会主义制度、推进国家治理体系和治理能力现代化重大问题的中央全会。十九届四中全会会议文件第一次全面系统总结了中国特色社会主义制度的显著优势，第一次深刻论述了坚持和完善支撑中国特色社会主义制度的根本制度、基本制度、重要制度，第一次系统阐明了制度和国家治理建设的总体要求、战略重点、实现路径以及时间表路线图。十九届四中全会会议文件从战略上回答了“坚持和巩固什么、完善和发展什么”的重大时代课题，构筑了中国制度和治理建设的学术体系、理论体系、话语体系，充分体现了清醒的制度自觉、坚定的制度自信、强烈的制度创新，开辟了“中国之治”的新境界。

实现中华民族伟大复兴，必须弘扬中国精神、凝聚中国力量。以爱国主义为核心的民族精神和以改革创新为核心的时代精神，是凝心聚力的兴国之魂、强国之魂。中国精神包括很多内容，比如革命时期形成的红船精神、井冈山精神、长征精神、延安精神、西柏坡精神，建设时期形成的大庆精神、“两弹一星”精神、红旗渠精神，改革时期形成的抗震救灾精神、奥运精神、载人航天精神等。《天耀中华》这首歌里有两句歌词“风雨压不垮，苦难中开花”。为什么能够“风雨压不垮”？为什么能够“苦难中开花”？就是因为背后有民族精神支撑。没有这样一种自强不息、敢于斗争、永远奋斗的精神，中华民族就无法立足于世界民族之林，也不可能实现中华民族伟大复兴的中国梦。

三、中国道路是给人类文明做出贡献之路

中国道路是改革开放与和平发展的统一，中国始终走和平发展道路，倡导构建人类命运共同体，为人类文明做出应有的贡献。

（一）“中国道路”为人类新文明提供“中国可能”

中国道路是独特性和综合性的统一，何谓独特性？独特的历史背景、独特的文化传统、独特的基本国情，决定了中国发展道路的独特性。正如习近平总书记所指出的：当代中国的伟大社会变革，不是简单延续我国历史文化的母版，不是简单套用马克思主义经典作家设想的模板，不是其他国家社会主义实践的再版，也不是国外现代化发展的翻版，不可能找到现成的教科书。中国道路既不是传统的，也不是外来的，更不是西化的，而是我们自主独创的。中国道路不是母版、模板、再版、翻版，而是中国的独立自主版、守正创新版、改革开放版、和平发展版。何谓综合性？文明因交流而丰富，因互鉴而多彩。海纳百川，有容乃大。我们以世界的眼光、开放的胸怀、平和的心态、包容的态度，吸纳人类文明一切优秀成果，博采众长，为我所用。坚持党的领导和马克思主义指导，发展和完善社会主义市场经济，弘扬和传承中华优秀传统文化，实现其创造性转化和创新性发展。

中国道路不仅具有独创性，也具有综合性。中国道路、中国理论、中国话语、中国方案共同构成了中国逻辑。这是世界历史进程中的“中国性”，也是中国历史发展中的“当代性”。中国道路创造的中国奇迹，给人类新文明形态提供了“中国可能”，打

破了西方对现代化的话语垄断，表明西方发展是现代化的一种模式而不是唯一模式。

（二）“中国主张”为人类社会更好发展提供“中国方案”

人类生活在同一个地球村里，马克思关于“世界历史”的论述表明每个国家每个民族的前途命运紧密关联。面对世界百年未有之大变局，开放包容、合作共赢还是冷战思维、零和博弈？习近平总书记关于构建人类命运共同体的主张回答了这个关乎各国利益、人类命运的重大问题，“人类命运共同体”也多次被写进联合国会议相关文件。构建人类命运共同体，是中国坚持改革开放、走和平发展道路的战略要求，实现“两个一百年”奋斗目标，实现中华民族伟大复兴，离不开和平的国际环境。构建人类命运共同体也是推动建设相互尊重、公平正义、合作共赢的新型国际关系的必然选择，推动全球治理朝着更加公正合理的方向发展，就要坚持世界命运由各国共同掌握，国际规则由各国共同书写，发展成果由各国共同分享，在共商共建共享中实现共赢。

（三）中国脱贫攻坚成就为人类反贫困提供“中国样板”

脱贫攻坚，造福人民，是中国特色社会主义的本质要求。全面建成小康社会，是中国第一个一百年的奋斗目标。改革开放以来，我国先后实施了《国家八七扶贫攻坚计划（1994—2000 年）》《中国农村扶贫开发纲要（2001—2010 年）》《中国农村扶贫开发纲要（2011—2020 年）》，把发展作为解决贫困的根本途径，将扶贫开发纳入国家总体发展战略，走出了一条中国特色减贫道路。2015 年，联合国千年发展目标在中国基本实现。中国是全球最早实现千年发展目标中减贫目标的发展中国家，为世界减贫的贡献率超 70%，为全球减贫事业做出了重大贡献，提供了“中国样板”。2020 年，中国又如期打赢脱贫攻坚战，这是中华民族几千年历史上首次整体消除绝对贫困现象，是一项对中华民族、对整个人类都具有重大意义的伟业。

第四章　大学生爱国主义教育要以实现中华民族伟大复兴中国梦为主题

第一节　中华民族近代以来最伟大的梦想

实现中华民族伟大复兴，是近代以来中华民族最伟大的梦想，是激励中华儿女团结奋进、开辟未来的精神旗帜。习近平总书记指出，中国共产党人的初心和使命，就是为中国人民谋幸福，为中华民族谋复兴。实现中华民族伟大复兴的中国梦，这是以习近平同志为核心的党中央对全体人民的庄严承诺，是党和国家面向未来的政治宣言，充分体现了我们党高度的历史担当和使命追求，为新时代坚持和发展中国特色社会主义注入了崭新内涵。

一、实现中华民族伟大复兴凝聚着几代中国人的夙愿

只有创造过辉煌的民族，才懂得复兴的意义；只有历经过苦难的民族，才对复兴有深切的渴望。中国是一个有着5000多年文明史的大国，在历史上曾长期走在世界前列。在世界四大文明古国中，唯有中华文明一直传承到今天。中国古代的四大发明造福全世界。

16世纪以前，影响人类生活的重大科技发明约有300项，其中中国人的发明占175项。英国人李约瑟在《中国科学技术史》中指出，在现代科学技术登场前十多个世纪，中国在科技和知识方面的积累远胜于西方。中国历史上先后出现的文景之治、贞观之治、永乐盛世等，彰显了经济文化发展的繁荣景象和中国社会治理的博大智慧。近代以后，由于西方列强的入侵和封建统治的腐败，中国逐渐成为半殖民地半封建社会，山河破碎，生灵涂炭，中华民族遭受了前所未有的苦难。但中国人民没有屈服，而是挺起脊梁、奋起抗争，进行了一场场气壮山河的斗争，谱写了一曲曲可歌可泣的史诗。从鸦片战争到五四运动，近80年间，中国社会各阶级、各阶层和各种政治力量都曾登上历史舞台，力图挽救中国于危亡之中。无论是太平天国运动、戊戌变法，还是义和团运动，都以失败而告终。孙中山领导的辛亥革命虽然推翻了长达2000多年的封建帝

制，在中国确立了资产阶级民主共和制度，但并没有改变旧中国的社会性质和人民的悲惨命运。近代中国的历史表明，旧式农民革命和软弱的资产阶级革命都不可能完成中华民族救亡图存和反帝反封建的历史任务，更不可能承担起实现民族复兴的历史使命。

20世纪初，资产阶级政党政治在中国兴起，北京、上海等地出现过大大小小300多个政党和政治团体，但它们很快就在中国政治舞台上销声匿迹了。它们失败的根本原因就在于没有科学的理论作指导，没有先进的阶级作基础，未能提出正确的纲领，并发动人民群众以解决近代以来中国社会所面临的迫切问题，没有得到广大人民群众的拥护和支持。它们的失败成了历史必然。

1932年，《东方杂志》策划了一次征求“新年的梦想”活动，提问：先生梦想中的未来中国是怎样？叶圣陶写道：“个个人有饭吃，个个人有工作做。”郑振铎眼中的未来中国，是“个人为了群众而生存，群众也为了个人而生存”。中国人民是具有伟大梦想精神的人民。然而，近代以来久经磨难的中国，在1949年以前有的只是“中国人能近代化吗”的迟疑困惑、“山穷水尽诸路皆走不通”的无可奈何。一次次抗争，一次次失败，中华民族追求梦想的道路艰难曲折。为了实现民族复兴，亿万人魂牵梦萦，几代人上下求索，奋勇不屈的中国人民在黑暗中艰难前行。中华人民共和国的成立，改革开放的启动，让掌握了自己命运的中国人民焕发出前所未有的积极性、主动性、创造性，创造出一个又一个人间奇迹。

二、中国共产党义无反顾肩负起实现中华民族伟大复兴历史使命

历史的长河大浪淘沙，也昭示历史担当者的风采。谁能够承担起实现中华民族伟大复兴的历史使命，谁就能赢得中国人民的衷心拥护，成为中华民族的主心骨。在近代以后中国社会的剧烈运动中，在中国人民反抗封建统治和外来侵略的激烈斗争中，在马克思列宁主义同中国工人运动的结合过程中，中国共产党应运而生。我们党一经成立，就把实现共产主义作为党的最高理想和最终目标，义无反顾地肩负起实现中华民族伟大复兴的历史使命。

从上海石库门和嘉兴南湖出发，在百年波澜壮阔的历史进程中，为了实现中华民族伟大复兴的历史使命，无论是弱小还是强大，无论是顺境还是逆境，我们党都初心不改、矢志不渝，领导人民进行了艰苦卓绝的斗争，取得了举世瞩目的辉煌成就，为中华民族做出了伟大的历史贡献。

我们党带领中国人民进行了28年的浴血奋战，打败日本帝国主义，推翻国民党反动统治，完成新民主主义革命，成立了中华人民共和国。这一伟大历史贡献的意义在于，彻底结束了旧中国半殖民地半封建社会的历史，彻底结束了旧中国一盘散沙的局面，彻底废除了列强强加给中国的不平等条约和帝国主义在中国的一切特权，实现了人民当家作主。

我们党带领中国人民完成社会主义革命，确立社会主义基本制度，消灭一切剥削制度，推进了社会主义建设。这一伟大历史贡献的意义在于，完成了中华民族有史以来最为广泛而深刻的社会变革，为当代中国一切发展进步奠定了根本政治前提和制度基础，为中国发展富强、中国人民生活富裕奠定了坚实基础。

我们党团结带领中国人民进行改革开放新的伟大革命，极大激发广大人民群众的创造性，极大解放和发展社会生产力，极大增强社会发展活力，人民生活显著改善，综合国力显著增强，国际地位显著提高。这一伟大历史贡献的意义在于开辟了中国特色社会主义道路，形成了中国特色社会主义理论体系，确立了中国特色社会主义制度，发展了中国特色社会主义文化，使中国大踏步赶上了时代。

中国共产党领导中国人民取得的伟大胜利，使具有5000多年文明历史的中华民族续写新的辉煌，让中华文明在现代化进程中焕发出蓬勃生机；使具有百年历史的社会主义主张在世界上人口最多的国家成功开辟出正确道路，让科学社会主义在21世纪焕发出蓬勃生机；使具有70多年历史的崭新中国建设取得举世瞩目的成就，并跃升为世界第二大经济体，中华民族焕发出蓬勃生机。

三、中华民族的昨天、今天和明天

抚今追昔，100多年来中华民族寻梦追梦的历史图景波澜壮阔、发人深省、催人奋进。2012年11月29日，习近平总书记率中央政治局常委和中央书记处的同志来到国家博物馆，参观《复兴之路》展览时，形象地用“雄关漫道真如铁”“人间正道是沧桑”“长风破浪会有时”三句诗，深刻勾画了中华民族的昨天、今天和明天，生动诠释了中华民族100多年来中国人民寻梦、追梦、圆梦的历史进程。

习近平总书记深情指出：“现在，大家都在讨论中国梦，我以为，实现中华民族伟大复兴，就是中华民族近代以来最伟大的梦想。”此后，他又在国内外很多重要场合，对中国梦进行了深刻阐述。中华民族伟大复兴的中国梦一经提出，就产生强大的号召力和感染力。干部群众畅想中国梦，社会舆论聚焦中国梦，港澳台同胞心系中国梦，海外华人述说中国梦，国际社会关注中国梦，中国梦成为中国走向未来的鲜明指引，成为激励中华儿女团结奋进、开辟未来的一面精神旗帜。

中华民族的昨天，“雄关漫道真如铁”。近代以后，中华民族遭受的苦难之重、付出的牺牲之大，在世界历史上都是罕见的。但是，中国人民从不屈服，不断奋起抗争。为了民族复兴，几代人魂牵梦萦，亿万人心结难解。历经上下求索、千辛万苦，中华民族终于在中国共产党的正确领导下，掌握了自己的命运，成立了崭新中国，确立了社会主义制度，开始了建设自己国家的伟大进程。

中华民族的今天，“人间正道是沧桑”。改革开放以来，我们总结历史经验，不断艰辛探索，终于找到了实现中华民族伟大复兴的正确道路，取得了举世瞩目的伟大成就。在中国特色社会主义道路上，我国经济实力、综合国力大大增强，人民生活显著改善，实现了从温饱不足到总体小康再向全面小康迈进的跨越。国际地位和国际影响力空前提升，中国崛起被国际媒体称为“近年来最重要的全球变革”。

中华民族的明天，“长风破浪会有时”。经过鸦片战争以来180多年的持续奋斗，中华民族伟大复兴展现出光明的前景。深藏于中国人民心中的民族复兴梦想，就要梦想成真。正如习近平总书记指出的：现在，我们比历史上任何时期都更接近中华民族伟大复兴的目标，比历史上任何时期都更有信心、有能力实现这个目标。

这三句诗深刻总结了中华民族的昨天、今天和明天，熔铸了百余年中国波澜壮阔、沧桑巨变的历史图景，镌刻了几代人为民族复兴奋斗的艰辛历程，发人深省、催人奋进。中国梦，反映了近代以来一代又一代中国人的美好夙愿，进一步揭示了中华民族的历史命运和当代中国的发展走向，指明了全党全国各族人民共同的奋斗目标。这一重要战略思想，是以习近平同志为核心的党中央对全体人民的庄严承诺，是党和国家面向未来的政治宣言，充分体现了我们党高度的历史担当和使命追求，为坚持和发展中国特色社会主义注入了崭新内涵。

第二节　中国梦内涵解析

中国梦视野宽广、内涵丰富、意蕴深远。习近平总书记指出：中国梦的本质是国家富强、民族振兴、人民幸福。这个梦想，把国家的追求、民族的向往、人民的期盼融为一体，体现了中华民族和中国人民的整体利益，表达了每一个中华儿女的共同愿景。为什么要用中国梦来概括中华民族伟大复兴？正如习近平总书记指出的：中国梦是一种形象的表达，是一个最大公约数，是一种为群众易于接受的表述。中国梦意味着中国人民和中华民族的价值认同和价值追求，意味着每一个人都能在为中国梦的奋斗中实现自己的梦想。正因为如此，中国梦具有广泛的包容性，成为回荡在14亿多人心中的高昂旋律，是中华民族团结奋斗的最大公约数和最大同心圆。

一、中国梦的本质

（一）国家富强

国家富强，是指我国综合国力进一步增强，中国特色社会主义事业进一步发展和完善。具体来说，就是经济更加发达，科技创新在经济发展中的驱动力更加强劲，政治更加民主，文化更加繁荣，社会更加和谐，生态更加美好。

（二）民族振兴

民族振兴，就是通过自身的不断发展与强大，继承并创造中华民族的优秀文化及先进的文明成果，进而使中华民族再次处于世界领先的地位，再次以高昂的姿态屹立于世界民族之林。民族振兴，也会更好地造福世界人民，共创世界美好的未来。人民幸福，就是人民权利保障更加充分、人人得享共同发展，生活在伟大祖国和伟大时代的中国人民，共同享有人生出彩的机会，共同享有梦想成真的机会，共同享有同祖国和时代一起成长与进步的机会。

（三）人民幸福

国家富强、民族振兴是人民幸福的基础和保障。中国近代以来的屈辱历史已经证明，民族不独立、国家不富强，人民的生存根本得不到保证，更谈不上人民幸福。人民幸福是国家富强、民族振兴的题中之义和必然要求，民为邦本、本固邦宁，国家的富强、民族的振兴都要以人民的权利得到保障、利益得到实现、幸福得到满足为条件，人民幸福是国家富强、民族振兴的根本出发点和落脚点。

二、中国梦是国家情怀、民族情怀、人民情怀相统一的梦

“家是最小国，国是千万家。”国泰而民安，民富而国强。中国梦的最大特点，就是把国家、民族和个人作为一个命运共同体，把国家利益、民族利益和每个人的具体利益紧紧联系在一起，体现了中华民族的“家国天下”情怀。实现中国梦，意味着中国经济实力、综合国力、国际地位和国际影响力大大提升，意味着中华民族以更加昂扬向上、文明开放的姿态屹立于世界民族之林，意味着中国人民过上更加幸福安康的生活。

中国人民是伟大的人民，素来有着深沉厚重的精神追求，具有伟大的梦想精神，即使近代以来饱受屈辱和磨难，也绝不会自甘沉沦，而是始终怀揣民族复兴的梦想，追求光明美好的未来。习近平总书记强调，人民是中国梦的主体，是中国梦的创造者和享有者。中国梦不是镜中花、水中月，不是空洞的口号，其最深沉的根基在中国人民心中，必须紧紧依靠人民来实现，必须不断为人民造福。

中国梦是国家的梦、民族的梦，归根到底是人民的梦。人民是中国梦的主体，是中国梦的创造者和享有者。我们的人民是伟大的人民，中国人民素来有着深沉厚重的精神追求，即使近代以来饱受屈辱和磨难，也没有自弃沉沦，而是始终怀揣梦想，向往光明的未来。实现中华民族伟大复兴，不是哪一个人、哪一部分人的梦想，而是全体中国人民共同的追求；实现中华民族伟大复兴中国梦的实现，不是成就哪一个人、哪一部分人，而是造福全体人民。所以说，中国梦的深厚源泉在于人民，根本归宿也在于人民，只有同中国人民对美好生活的向往结合起来才能取得成功。

“得其大者可以兼其小。”“宏大叙事”的国家梦，也是“具体而微”的个人梦。历史告诉我们，每个人的前途命运都与国家和民族的前途命运紧密相连。国家好，民族好，大家才会好。中国这么大一个国家，就像是在大海中航行的一艘超级巨轮，在这艘巨轮上，我们每个人都是“梦之队”的一员，都是中国梦的参与者、书写者，都应当同舟共济、齐心协力、奋勇前行。当今时代是放飞梦想的时代，每个人都有自己

的美好梦想。中国梦的广阔舞台，为个人梦想提供了蓬勃生长的空间；每个人向着梦想所做的努力，又都是实现伟大中国梦的一分力量。只要每个人都把人生理想融入国家和民族的伟大梦想之中，敢于有梦、勇于追梦、勤于圆梦，就会汇聚成实现中国梦的强大力量。

三、中国梦与世界各国人民的美好梦想相通

实现中华民族伟大复兴的中国梦与世界各国人民的梦想是什么关系？中国梦会给世界带来什么？习近平总书记在国际交往的多种场合多次宣示：中国梦是和平、发展、合作、共赢的梦，与世界各国人民的美好梦想息息相通，中国人民愿意同各国人民在实现各自梦想的过程中相互支持、相互帮助。中国愿意将自身发展经验和机遇同世界各国分享，欢迎各国搭乘中国发展“快车”“便车”“顺风车”，实现共同发展，让大家一起过上好日子。

中国梦的提出，不仅在国内引发强烈共鸣，而且在国际社会产生强烈反响。中国日益走近世界舞台中央的国际地位和影响力，决定了中国的梦想，不仅关乎中国的命运，也关系世界的命运。同时，面对中国的快速发展和国际地位的不断提高，国际社会也出现了一些曲解和误读、疑虑和猜忌。有些人担心中国的发展是一种“威胁”，有的人将中国梦歪曲为“扩张梦”“霸权梦”，还有人认为中国会跌入所谓大国冲突对抗的“修昔底德陷阱”。

中国梦是追求和平的梦。中华民族历来就是爱好和平的民族，天下太平、共享大同是中华民族绵延数千年的理想。中国曾经长期是世界上最强大的国家，但“协和万邦”始终是中国的核心理念。近代以来 100 多年间，内部战乱和外敌入侵频频发生在中国，中国人民对战争带来的苦难有着刻骨铭心的记忆，对和平有着孜孜不倦的追求，十分珍惜和平安定的生活。中国人民怕的就是动荡，求的就是稳定，盼的就是天下太平。我们将坚定不移走和平发展道路，既努力争取和平的国际环境发展自己，又以自身的发展促进世界和平。

实现中国梦需要和平，只有和平才能实现梦想。中华民族历来就是爱好和平的民族，天下太平、共享大同是中华民族绵延数千年的理想。习近平总书记指出：中国这头狮子已经醒了，但这是一只和平的、可亲的、文明的狮子。作为负责任大国，中国决不会称霸，决不搞扩张，中国越发展，对世界和平与发展就越有利。历史将证明，实现中国梦给世界带来的是机遇不是威胁，是和平不是动荡，是进步不是倒退，中国梦是传递友谊的正能量。随着国力不断增强，中国将进一步发挥负责任大国的作用，在力所能及的范围内承担更多国际责任和义务，为人类和平与发展的崇高事业贡献更大力量。

中国梦是奉献世界的梦。中国梦不仅造福中国人民，而且造福世界各国人民，是中国人民和世界各国人民共同的福祉。“穷则独善其身，达则兼济天下。”这是中华民

族内在的品德和胸怀。作为一个拥有 14 亿多人口的发展中大国，中国一心一意办好自己的事情，实现国家发展和稳定，本身就是对世界的巨大贡献。同时，中国的发展对世界各国也是重要机遇。近年来，中国对世界经济增长贡献率超过 30%，成为世界经济增长的主要动力源和稳定器。随着国力的不断增强，中国将在力所能及的范围内承担更多国际责任和义务，致力于构建人类命运共同体，为人类和平与发展的崇高事业贡献更多。历史将证明，实现中国梦给世界带来的是机遇不是威胁，是进步不是倒退，是合作共赢不是零和博弈。

中国梦与世界各国人民的美好梦想相通。中国梦不仅在国内引发强烈共鸣，而且在国际社会产生强烈反响。中国梦对世界具有吸引力，中国的梦想，不仅关乎中国的命运，也关系世界的命运。习近平总书记多次宣示：中国梦是和平、发展、合作、共赢的梦，与世界各国人民的美好梦想息息相通，中国人民愿意同各国人民在实现各自梦想的过程中相互支持、相互帮助。

四、中国梦的核心目标

中国梦的核心目标可以概括为“两个一百年”的目标，是建设中国特色社会主义的奋斗目标。2012 年 11 月，党的十八大提出，在中国共产党成立 100 年时全面建成小康社会，在新中国成立 100 年时建成富强民主文明和谐的社会主义现代化国家。2017 年 11 月，党的十九大提出新时代中国特色社会主义发展的战略安排：第一个阶段，从 2020 年到 2035 年，在全面建成小康社会的基础上再奋斗 15 年，基本实现社会主义现代化；第二个阶段，从 2035 年到 21 世纪中叶，在基本实现现代化的基础上再奋斗 15 年，把我国建成富强民主文明和谐美丽的社会主义现代化强国。

第一个阶段，从 2020 年到 2035 年，在全面建成小康社会的基础上再奋斗 15 年，基本实现社会主义现代化。到那时，我国经济实力、科技实力将大幅跃升，跻身创新型国家前列；人民平等参与、平等发展权利得到充分保障，法治国家、法治政府、法治社会基本建成，各方面制度更加完善，国家治理体系和治理能力现代化基本实现；社会文明程度达到新的高度，国家文化软实力显著增强，中华文化影响更加广泛深入；人民生活更为宽裕，中等收入群体比例明显提高，城乡区域发展差距和居民生活水平差距显著缩小，基本公共服务均等化基本实现，全体人民共同富裕迈出坚实步伐；现代社会治理格局基本形成，社会充满活力又和谐有序；生态环境根本好转，美丽中国目标基本实现。

第二个阶段，从 2035 年到 21 世纪中叶，在基本实现现代化的基础上再奋斗 15 年，把我国建成富强民主文明和谐美丽的社会主义现代化强国。到那时，我国物质文明、政治文明、精神文明、社会文明、生态文明将全面提升，实现国家治理体系和治理能力现代化，成为综合国力和国际影响力领先的国家，全体人民共同富裕基本实现，我国人民将享有更加幸福安康的生活，中华民族将以更加昂扬的姿态屹立于世界民族之林。

从党的十九大到党的二十大，是“两个一百年”奋斗目标的历史交汇期。我们既要全面建成小康社会、实现第一个百年奋斗目标，又要乘势而上开启全面建设社会主义现代化国家新征程，向第二个百年奋斗目标进军。

五、中国梦的实现途径

习近平总书记指出：实现中国梦必须走中国道路、弘扬中国精神、凝聚中国力量。这为我们党团结带领人民继续把中国特色社会主义事业推向前进，为实现中华民族伟大复兴的中国梦而努力奋斗指明了方向。习近平总书记的这番话，既是对中国梦思考的总结，更是对中国梦的升华，不仅指明了实现中国梦的方法，也发出了实现“中国梦”的动员令。

（一）实现中国梦必须走中国道路

中国道路就是中国特色社会主义道路。没有正确的道路，再美好的愿景、再伟大的梦想，都不能实现。道路就是旗帜，道路就是方向。历史和现实充分证明，无论是封闭僵化的老路，还是改旗易帜的邪路，都是绝路、死路。只有中国特色社会主义道路才能发展中国、稳定中国，这是一条通往复兴梦想的康庄大道、人间正道；中国特色社会主义道路，对实现中华民族伟大复兴的中国梦具有决定性意义。中华民族是具有非凡创造力的民族，我们创造了伟大的中华文明，我们也能够继续拓展和走好适合中国国情的发展道路。

道路问题至关重要。把当代中国放在历史坐标中进行纵向比较，可以看到三个“从来没有”：从 19 世纪中叶鸦片战争至今，中国从来没有像今天这样富足、富裕、富有，中国人民从“站起来”到“富起来”了；中国人民从来没有像今天这样享有这么广泛的自由、民主和人权，中国人民真正成了国家、社会和自己命运的主人；中国从来没有像今天这样拥有如此崇高的国际地位，中国已成为国际上举足轻重、名副其实的世界大国。这一切，源自中国共产党带领全国人民推翻“三座大山”，建立了社会主义新中国；源自中国共产党带领全国人民实行改革开放，走上了中国特色社会主义道路。这一切都说明，中国人民选择的社会主义道路是完全正确的，中国特色社会主义具有独特的优越性。

事非经过不知难。道路决定命运，找到一条正确道路是多么不容易。中国特色社会主义不是从天上掉下来的，而是党和人民历尽千辛万苦、付出各种代价取得的根本成就。这条道路是在中国彻底完成民族独立和人民解放历史任务之后，为了继续完成国家富强和人民赋予的历史任务开辟出来的，是在总结中华人民共和国成立以后正反两个方面经验教训中形成的，是凝结了几代中国共产党人带领全国人民接力探索、艰苦奋斗的智慧和心血开创和发展的。实践证明，中国特色社会主义道路，是一条适合中国国情、引导中国发展进步的光明道路。因此，我们必须不为任何风险所阻、不为任何干扰所惑，毫不动摇坚持和发展中国特色社会主义，既不走封闭僵化的老路，也不走改旗易帜的邪路。

实现中华民族伟大复兴的中国梦，就是要实现国家富强、民族振兴、人民幸福的奋斗目标。事实上，民族伟大复兴的宏伟目标是建成富强民主文明和谐美丽的社会主义现代化强国。而现代化是整体的社会变迁，具有丰富内涵，除经济现代化之外，还包括政治民主化、文化现代化、人的全面发展等。中国特色社会主义道路既坚持以经济建设为中心，又全面推进政治建设、文化建设、社会建设、生态文明建设及其他各方面建设；既不断解放和发展社会生产力，又逐步实现全体人民共建共享、共同富裕、促进人的全面发展。中国特色社会主义道路的内涵与指向，与民族复兴的宏伟目标是完全一致、高度吻合的，只有经由中国特色社会主义道路，才能向实现民族复兴的宏伟目标迈进。

中国特色社会主义道路，对实现中华民族伟大复兴的中国梦具有决定性意义。有梦想、有追求、有奋斗，一切美好的东西才能创造出来。我们这一代共产党人的历史使命，就是要在以习近平同志为核心的党中央坚强领导下，奋力把中国特色社会主义推进到新的发展阶段，再创中华民族伟大复兴的新辉煌。

“中国道路”为实现中国梦把握航向。实现中国梦必须要走好中国特色社会主义道路，必须坚持党的领导。这条道路来之不易，它是在伟大实践和持续探索中走出来的，是在对近代以来180多年中华民族发展历程的深刻总结中走出来的，是在对中华民族5000多年悠久文明的传承中走出来的，具有深厚的历史渊源和广泛的现实基础。中国道路为实现中国梦把握航向，我们要增强对中国特色社会主义的“四个自信”，坚定不移沿着正确的中国道路奋勇前进。

（二）实现中国梦必须弘扬中国精神

中国精神就是以爱国主义为核心的民族精神和以改革创新为核心的时代精神。伟大的梦想，需要伟大的精神作支撑。没有振奋的精神、没有高尚的品格、没有坚定的志向，一个民族不可能自立于世界民族之林。实现中国梦，要求我们不仅在物质上强大起来，而且要在精神上强大起来。中华文明生生不息，中国精神薪火相传。以爱国主义为核心的民族精神和以改革创新为核心的时代精神，是凝心聚力的兴国之魂、强国之魂。爱国主义是中华民族的精神基因，维系着华夏大地上各个民族的团结统一，激励着一代又一代中华儿女为祖国发展繁荣而不懈奋斗；改革创新体现了中华民族最深沉的民族禀赋，反映了当代中国发展进步的要求，始终是鞭策我们在改革开放中与时俱进的精神力量。要弘扬伟大的民族精神和时代精神，不断振奋全民族的精气神，不断增强团结一心的精神纽带、自强不息的精神动力，永远朝气蓬勃迈向未来。

中国精神是兴国强国之魂。实现中国梦，必须弘扬中国精神，以高扬的精神旗帜为指引，以强大的精神支柱为支撑，团结凝聚全体人民的智慧和力量，为实现中国梦而努力奋斗。

中国精神是凝聚中国力量的精神纽带。推进民族复兴的时代伟业，我们必须有万众一心、众志成城的强大精神凝聚力。人民群众是历史发展和社会进步的主体力量。坚持和发展中国特色社会主义、实现中华民族的伟大复兴，最根本的力量在人民，最强大的力量在团结凝聚起来的人民。“大鹏之动，非一羽之轻也；骐骥之速，非一足之力也。”习近平总书记指出中国要飞得高、跑得快，就得依靠全体中国人民的力量。没有强大的精神力量，就会重演中国近代以来四分五裂、一盘散沙的悲剧。弘扬中国精神，对于维系中华民族的生存与发展、维护国家统一和民族团结发挥着重要的凝聚作用。在当代中国，必须用中国精神引领各族人民心往一处想、劲往一处使，用 14 亿人的智慧和力量汇集起不可战胜的磅礴力量，为实现中华民族伟大复兴的中国梦而努力奋斗。

中国精神是激发创新创造的精神动力。当前，我们正在努力的中国特色社会主义事业是一项前无古人的创造性事业，中国精神作为兴国强国之魂的价值和意义更为凸显。纵观人类发展史，创新始终是一个国家、一个民族发展的重要力量，也始终是推动人类社会进步的重要力量。实现梦想、应对挑战、创造未来，动力从哪里来？只能从发展中来、从改革中来、从创新中来。中国共产党带领人民通过改革开放新的伟大革命开辟了中国特色社会主义道路，使中国大踏步赶上了时代。推进新时代的伟大事业，必须有创新创造、向上向前的强大精神奋发力，勇于变革、勇于创新，永不僵化、永不停滞，使全体人民始终保持昂扬向上的精神状态，为实现中国梦注入强大的精神力量。

中国精神是推进复兴伟业的精神定力。世界上没有一个民族能够亦步亦趋走别人的道路实现自己的发展振兴，也没有一个民族会在心神不定、游移彷徨中成就自己的光荣和梦想。坚持和发展中国特色社会主义，需要我们正确认识当代世界和中国发展大势，正确认识中国特色和国际比较，坚定道路自信、理论自信、制度自信、文化自信。只有自觉弘扬中国精神，增强民族自尊心和自信心，坚定不移走自己的路，才能使全体人民在实现复兴伟业的征途中拥有坚如磐石的精神和信仰力量，不为困难吓倒，不为诱惑所动，不为干扰迷惑，坚定不移把我们的事业不断推向前进，直至光辉的彼岸。

鲁迅曾说：“惟有民魂是值得宝贵的，惟有他发扬起来，中国才有真进步。”大学生是民族的希望和祖国的未来，要努力弘扬以爱国主义为核心的民族精神和以改革创新为核心的时代精神，将中国精神转化为青春行动，勇做弘扬和践行中国精神的时代先锋，为国家富强、民族振兴、人民幸福贡献自己的智慧和力量。

“中国精神”为实现中国梦提供动力。爱国主义始终是把中华民族坚强团结在一起的精神力量，改革创新始终是鞭策我们在改革开放中与时俱进的精神力量。中国精神是中国梦的动力源，为实现中国梦提供强大的动力。我们要弘扬伟大的民族精神和时代精神，朝气蓬勃迈向未来。

（三）实现中国梦必须凝聚中国力量

我国 56 个民族都是中华民族大家庭的平等成员，共同构成了你中有我、我中有你、谁也离不开谁的中华民族命运共同体。实现中华民族伟大复兴的中国梦是各民族共同的梦，也是各民族自己的梦。中华民族一家亲，同心共筑中国梦。各族人民大团结的力量，是克服各种困难、战胜风险挑战的决定性因素。只要我们紧密团结，万众一心，为实现共同梦想而奋斗，实现梦想的力量就无比强大，我们每个人为实现自己梦想的努力就拥有广阔的空间。全国各族人民一定要牢记使命，心往一处想，劲往一处使，用14亿人的智慧和力量汇集起不可战胜的磅礴力量。

实现中华民族伟大复兴是海内外中华儿女的共同梦想。香港、澳门与内地的命运始终紧密相连，实现中国梦需要香港、澳门与内地坚持优势互补、共同发展，需要港澳同胞与内地人民坚持守望相助、携手共进。中国梦与台湾的前途息息相关，两岸同胞要相互扶持，不分党派，不分阶层，不分宗教，不分地域，都参与到民族复兴的进程中来，凝聚两岸一家亲、共圆中国梦的力量。广大海外侨胞有着赤忱的爱国情怀、雄厚的经济实力、丰富的智力资源、广泛的商业人脉，是实现中国梦的重要力量。只要海内外中华儿女紧密团结起来，有力出力，有智出智，团结一心奋斗，就一定能够共同书写中华民族发展的时代华章。

中国梦不仅凝聚了几代中国人的夙愿，更体现了中华民族和中国人民的整体利益，是每一个中华儿女的共同期盼。如今，中华民族伟大复兴已经展现出光明的前景。今天的中国人比历史上任何时期都更接近这个中国梦，也比历史上任何时期都更有信心、更有能力实现这个目标。

凝聚中国力量是实现国家富强的前提。实现中国梦，基础在于不断提升我国的综合国力。只有加快经济发展，才能提升综合国力，为实现中国梦奠定坚实的物质基础。推动经济发展，必须有一个安定和谐的政治局面。凝聚中国力量，不仅有利于创造良好的经济发展环境，推动经济持续健康发展，提升我国综合国力；而且可以把各方面的压力转化为发展的动力，进而有效化解矛盾、推动发展，加快实现国家富强。

凝聚中国力量是实现民族振兴的关键。回顾我们党领导人民进行革命、建设和改革的历史，我们之所以能够击败强敌、化解难题，取得一个又一个胜利，靠的就是全党全国各族人民的团结奋斗。邓小平同志曾明确指出：如果搞得乱七八糟、一盘散沙，那还有什么希望？过去帝国主义欺侮我们，还不是因为我们是一盘散沙？今天的中国，利益格局多样化、社会意识多样化和人民利益诉求多样化相互交织，增进共识、凝聚力量显得更加必要和紧迫。只有凝聚中国力量，在不同社会阶层中形成最大限度的理想认同和价值认同，才能把中华民族伟大复兴事业不断推向前进。

凝聚中国力量是实现人民幸福的基础。中国梦不仅仅是国家和民族的宏伟目标，更是亿万人民群众的福祉所系。让广大人民群众享受到发展的成果、感受到生活的幸福，是中国梦的基本价值取向。凝聚中国力量，汇集来自中国特色社会主义事业各个领域、各条战线、各行各业的力量，团结一切可以团结的力量，形成改革合力、攻坚合力、追梦合力，不断使改革取得新突破、发展取得新成就，就能不断为广大人民群众造福，让人民群众得到看得见、摸得着的实惠，让人民群众的生活更加幸福、更有尊严。

凝聚中国力量，就是凝聚全国各族人民团结奋斗的力量，就是使14亿中国人心往一处想、劲往一处使，汇聚起不可战胜的磅礴力量。

中国力量是个体力量与整体力量的有机结合。中国力量的基础是14亿中国人的力量。中国梦是民族复兴之梦，也是在复兴过程中每个个体自我实现之梦。因此，凝聚中国力量，应激发每个个体积极向上的力量，让每个人都享有人生出彩的机会，享有梦想成真的机会，享有同祖国和时代一起成长与进步的机会。同时，中国梦是14亿中国人的共同理想信念，中国力量是来自中国特色社会主义事业各个领域、各条战线、各行各业的共同力量。广大工人、农民、知识分子及新的社会阶层人士等都是推动我国经济社会发展的主体。凝聚中国力量，必须把全体中国人的力量汇聚成一个整体。

中国力量是国内各族人民大团结与全体中华儿女大团结的有机结合。实现中华民族伟大复兴的中国梦，首先要依靠国内力量，即国内各族人民在理想、目标、利益一致的基础上所聚合起来的强大而深厚的力量，同时也需要凝聚全体中华儿女的力量。长期以来，港澳台同胞和海外中华儿女凭着对中华民族的深厚感情，积极支持、参与中华民族伟大复兴事业，做出了积极贡献。今天，实现中华民族伟大复兴这一神圣而艰巨的历史使命，仍然需要发挥港澳台同胞和海外中华儿女的作用，实现海内外全体中华儿女的大团结。

中国力量是硬实力与软实力的有机结合。硬实力是指看得见、摸得着的物质力量，包括基本资源（如土地、人口、自然资源等）、军事力量、经济力量和科技力量等；软实力指的是精神力量，包括政治力、文化力、外交力等，是国家制度、文化和理念等的影响力、吸引力、竞争力。实现中国梦既需要坚强的硬实力作后盾，也需要深厚的软实力为支撑，两者紧密联系、相辅相成。凝聚中国力量，必须把两者有机结合起来，在增强我国硬实力的同时，不断提升我国软实力。

中国力量是传统力量与现实力量的有机结合。实现中国梦，既是一个历史命题，更是一个时代命题。同样，凝聚中国力量，既要倚重传统力量，更要倚重现实力量。在五千年的中华文明史中，中华民族不仅创造了灿烂的物质文明，也创造了辉煌的精神文明，培育了自强不息的民族精神，这些传统力量是中国力量的重要组成部分。同时，我们在改革开放新时期所形成的以改革创新为核心的时代精神，以及在探索中国特色社会主义实践中所积累的宝贵经验和物质基础，是实现中国梦的现实力量。实现中国梦，必须在继承中创新、在创新中发展，在凝聚传统力量与现实力量中不断前行。

人民群众是历史的创造者，也是实现中国梦的中坚力量。中国梦归根到底是人民的梦，必须紧紧依靠广大人民来实现。凝聚中国力量必须依靠广大人民群众，调动广大人民群众实现中国梦的积极性、主动性和创造性。

必须坚持人民主体地位。人民群众中蕴含着无穷的智慧和力量，永远是我们克敌制胜、推进事业的力量源泉。人民群众越是有身为国家主人的认同感，对民族复兴伟业的担当就越自觉。只有坚持人民主体地位，尊重人民群众的首创精神，汇聚人民群众的聪明才智，才能把实现中国梦这一伟大事业不断推动前进。为此，应进一步坚持和发展全过程人民民主，不断增进人民群众对公共事务的知情权、参与权、管理权和监督权，使人民群众真切感受到自己是民族复兴伟业的主人翁，从而将个人前途命运同整个民族前途命运融为一体，积极推动民族复兴伟业。

必须维护社会公平正义。公平正义是中国特色社会主义的内在要求。只有切实维护和实现社会公平正义，才能让广大人民群众拥有追梦、圆梦的空间及社会环境，各方面的社会关系才能和谐，人民群众追梦的能动性才能充分发挥出来。因此，应把建立以权利公平、机会公平、规则公平为主要内容的社会公平保障体系作为中国特色社会主义的重大任务，摆在现代化建设更加突出的位置并抓紧抓好，使全体人民在经济社会发展中平等参与、平等竞争、平等发展、平等享有，使人人都拥有实现梦想的机会，从而激发广大人民群众团结奋斗的力量。

必须着力保障和改善民生。民生连着民心，民心关系国运。提高人民物质文化生活水平，是改革开放和社会主义现代化建设的根本目的，也是凝聚广大人民群众力量的内在要求。在追梦的道路上，应从维护最广大人民根本利益的高度，多谋民生之利，多解民生之忧，千方百计帮助群众解决最关心的就学、就业、就医、养老和住房等方面的现实问题，在学有所教、劳有所得、病有所医、老有所养、住有所居上持续取得新进展，努力让人民过上更好生活。始终坚持民生为先、民生为重、民生为本，不断实现好、维护好、发展好最广大人民的根本利益，使发展成果更多更公平惠及全体人民，在经济社会不断发展的基础上，朝着共同富裕方向稳步前进，让广大人民群众都成为追梦途中的受益者。

“中国力量”为实现中国梦凝聚智慧。中国梦是民族的梦，也是每个中国人的梦。只要我们紧密团结，万众一心，就能形成强大的合力，凝聚全国各族人民的智慧，创造出更加美好的未来。心往一处想，劲才能往一处使，实现中国梦的力量就会无比强大，我们每个人为实现梦想的努力就拥有更加广阔的空间。我们要牢记使命，用 14 亿人的智慧和力量汇集起不可战胜的磅礴力量。

六、实现伟大梦想必须进行伟大斗争、建设伟大工程、推进伟大事业

行百里者半九十。中华民族伟大复兴，绝不是轻轻松松、敲锣打鼓就能实现的，必须准备付出更为艰巨、更为艰苦的努力。习近平总书记明确指出，实现伟大梦想，必须进行伟大斗争、建设伟大工程、推进伟大事业。把伟大斗争、伟大工程、伟大事业、伟大梦想作为一个统一整体提出来，是一个重大理论创新，体现了奋斗目标、实现路径、前进动力的高度统一，体现了历史传承、现实任务、未来方向的高度统一，体现了党的前途命运、国家的前途命运、民族的前途命运的高度统一，使我们党对所肩负的历史使命的认识达到了新的高度。

（一）实现伟大梦想，必须进行伟大斗争

社会是在矛盾运动中前进的，有矛盾就会有斗争。要有效应对重大挑战、抵御重大风险、克服重大阻力、解决重大矛盾，就必须进行具有许多新的历史特点的伟大斗争，防止任何贪图享受、消极懈怠、回避矛盾的思想和行为；就必须更加自觉地坚持党的领导和我国社会主义制度，坚决反对一切削弱、歪曲、否定党的领导和我国社会主义制度的言行；就必须更加自觉地维护人民利益，坚决反对一切损害人民利益、脱离群众的行为；就必须更加自觉地投身改革创新时代潮流，坚决破除一切顽瘴痼疾；就必须更加自觉地维护我国主权、安全、发展利益，坚决反对一切分裂祖国、破坏民族团结和社会和谐稳定的行为；就必须更加自觉地防范各种风险，坚决战胜一切在政治、经济、文化、社会等领域和自然界出现的困难和挑战。要充分认识这场伟大斗争的长期性、复杂性、艰巨性，发扬斗争精神，提高斗争本领，不断夺取伟大斗争新胜利。

（二）实现伟大梦想，必须建设伟大工程

深入推进党的建设这项新的伟大工程，是保持党的先进性和纯洁性的必然要求，是提高党的执政能力和水平的必然要求，是确保党对一切工作的领导的必然要求。历史已经证明并将继续证明，没有中国共产党的领导，中华民族复兴必然是空想。我们党要始终成为时代先锋、民族脊梁，始终成为马克思主义执政党，自身必须始终过硬。全党要更加自觉地坚定党性原则，勇于直面问题，敢于刮骨疗毒，消除一切损害党的先进性和纯洁性的因素，清除一切侵蚀党的健康肌体的病毒，不断增强党的政治领导力、思想引领力、群众组织力、社会号召力，确保我们党永葆旺盛生命力和强大战斗力。

（三）实现伟大梦想，必须推进伟大事业

中国特色社会主义是改革开放以来党的全部理论和实践的主题，是党和人民历尽千辛万苦、付出巨大代价取得的根本成就。中国特色社会主义道路是实现社会主义现代化、创造人民美好生活的必由之路，中国特色社会主义理论体系是指导党和人民实现中华民族伟大复兴的正确理论，中国特色社会主义制度是当代中国发展进步的根本制度保障，中国特色社会主义文化是激励全党全国各族人民奋勇前进的强大精神力量。全党要更加自觉地增强道路自信、理论自信、制度自信、文化自信，保持政治定力，坚持实干兴邦，始终坚持和发展中国特色社会主义。

中国人民在中国共产党的领导下，已经大踏步地赶上时代潮流，谱写了中华民族发展史上的壮丽篇章。实现中华民族伟大复兴是一项光荣而艰巨的事业，需要一代又一代中国人共同为之努力。我们要乘着新时代的浩荡东风，加满油，把稳舵，鼓足劲，让承载着 14 亿中国人民伟大梦想的中华巨轮继续劈波斩浪、扬帆远航，胜利驶向充满希望的明天！

第三节　做新时代的追梦人

伟大民族憧憬伟大梦想，伟大梦想成就伟大民族。中国梦，百年梦。百年逐梦，感天动地。今日中国，前所未有地接近民族复兴伟大梦想的实现。实现中国梦任重而道远，需要锲而不舍、驰而不息地艰苦努力。道路不可能一帆风顺，蓝图不可能一蹴而就，梦想不可能一夜成真。我们已经取得辉煌成就，离梦想从未如此接近。同时也要看到，行百里者半九十，距离实现中华民族伟大复兴的目标越近，我们越不能懈怠，越要加倍努力。

一、百年复兴梦，少年中国说

戊戌变法失败后，26 岁的梁启超流亡日本，写下了酣畅淋漓、撼人心魄的《少年中国说》。全文如虎啸狮吼龙吟，如长江大河奔流，为风雨如磐的中国发出了春雷般的呐喊，为少年中国描绘了一幅奇异瑰丽的未来景象，更向中国少年托付了神圣而光荣的历史重任："故今日之责任，不在他人，而全在我少年。"不难看出，梁启超的中国梦是一个少年之梦而非老朽之梦，中国圆梦的希望在青春之人而非老朽之人。

无独有偶，李大钊也曾以更为宏阔的视野和抱负向广大青年提出殷切热望："进前而勿顾后，背黑暗而向光明，为世界进文明，为人类造幸福，以青春之我，创建青春之家庭，青春之国家，青春之民族，青春之人类，青春之地球，青春之宇宙，资以乐其无涯之生。"这里青春中国、青春中华之梦，甚至青春人类、地球与宇宙之梦，仍旧与青春少年联系在一起。

为何梦想总是远离老朽而多与青春少年联系在一起？梁启超通过对老年人与少年人的思维方式、心理性格等的细致分析给出了答案："老年人常思既往，少年人常思将来。惟思既往也，故生留恋心；惟思将来也，故生希望心。"梦想总是朝向未来和未有，它因此要求人们勇于冲破现实，敢于打破常规。唯有旧世界的"破"与"灭"，才有新世界的"立"与"生"。这种新与旧的更替从来都不是风平浪静的自然轮回，它需要血与火的淬砺，需要生与死的搏斗，故需要勇气、进取、创新、冒险甚至牺牲。这一切正是青春少年最可贵的精神品格，也正是梁启超将少年中国之梦托付中国少年之人的缘由。

时移境迁，当年不可一世的帝国主义列强有的已垂垂迟暮，甚或危机暗伏；当年尚在梁启超梦中如奇花初胎的少年中国如今却是风华正茂，风景独好。从老年王朝到少年中国，从少年中国到今日青春中国，风雨飘摇的东方古国能走出生死存亡困局而弦歌不绝，能从废墟上崛起而屹立世界舞台中央，这一路走来，能让中华民族"枯木回春”的生命密码无疑与百年不易的中国梦密切相关。180 多年来，实现中华民族伟大复兴的中国梦萦绕在每一个中国人的心头，挥之不去，夙夜难忘。中国梦作为中华民族最强大、最坚韧的集体精神支撑，指引中国走过风雨沧桑，迎来青春辉煌。

如果说实现民族复兴的中国梦是激励和支撑所有中国人上下求索、艰苦奋斗的“民族动员令”，那么，中国青年无疑是在每一个走近中国梦、实现中国梦的重要历史时期的“追梦”“圆梦”的中坚力量。五四爱国运动以青年学生为主体，中国共产党第一次全国代表大会的 12 名代表平均年龄不超过 28 岁。维新变法的青年，投笔从戎的青年，痛别妻子的青年，弃荣华富贵而寻找理想的青年，“一寸山河一寸血，十万青年十万军”的抗战远征军青年，在废墟上建设崭新中国的青年，在改革开放大潮中追赶世界前沿的青年……他们与那些老当益壮的“青年”一起，怀揣中国梦，以奋斗、拼搏和牺牲，终换得崭新中国站起来、富起来乃至强大起来。百年来中华民族追梦、圆梦的历史证明，先辈前贤将少年青春中国之梦托付少年青春之人的预言是正确的，青年从来都是实现民族复兴的生力军，实现中国梦正是青年人挥洒青春、书写未来的主战场。

二、当代青年成长成才与实现中国梦合拍共振

这是一个伟大的时代，当代中国青年正可谓生逢其时，责任重大。中国青年的人生黄金时期，恰同“两个一百年”奋斗目标的实现完全吻合。青春的理想，青春的活力，青春的奋斗，将是中国精神和中国力量的生命力所在。

实现中华民族伟大复兴的中国梦是一条贯穿 20 世纪中国最清晰、最强劲的历史主线，是跌宕起伏的 20 世纪百年大潮里最突出、最悲壮的时代主题，也是百余年来中国无数仁人志士不懈抗争、顽强追求的共同目标。同时，这个共同目标在不同历史时期又呈现出不同的时代内涵与要求。这正如诗人流沙河诗中所写：饥饿的年代，理想是温饱；温饱的年代，理想是文明；离乱的年代，理想是安定；安定的年代，理想是繁荣。任何一种社会理想和目标，都是历史和现实的产物，这同时也构成了不同时代人们确立个体理想的现实规定性。

从较长历史时段看，从鸦片战争到中华人民共和国成立，拯救民族危亡、寻求民族独立解放是中国梦在这一百年历史中的沉重主题，这一历史主题也决定了中国梦悲怆、沉郁、慷慨的主旋律。事实上，百年间山河破碎、战乱频仍、经济萧条、民生凋敝，中国人何敢言梦？唯有在黑暗中摸索，在困顿中挣扎，在岔路口徘徊，在凌辱中沉默。然而，当退却至绝境的中国人再也别无选择时，就唯有在沉默中爆发，在绝望中奋起，唯有浴血奋战，殊死搏斗，前仆后继，死而后已。在救亡图存的历史主题之下，自由、尊严、幸福都是奢望，生命、温饱、安定这些最基本的生存前提成为奢求，这就必然地将每一个中国人的个体命运，尤其是每一个青年人的人生理想，与救亡图存的中国梦紧紧地联系在一起。这个时期，举办奥运会是一个从来不敢想、不能想的

“空想”，万国博览会只能是一个进步青年在小说里的“幻想”，偌大的北平容不下一张平静的书桌，手无缚鸡之力的书生也被迫投笔从戎。李大钊、陈独秀、毛泽东……这些革命的先驱无一不是文弱书生，而时代的大潮却将他们的命运推到了血与火的生死线上，他们的人生节拍必然地融入时代的主旋律之中。

中华人民共和国的成立，掀开了中华民族伟大复兴的新篇章。中国共产党人在马克思主义的指引下带领中国人民经过艰苦卓绝的奋战，终于让中国沿着“站起来”“富起来”“强起来”的幸福路线飞奔在梦想大道之上。建设富强、民主、文明、和谐、美丽的社会主义中国成为中国人民共同的理想和追求，欢快、激越、昂扬也由此成为中国梦在新时期的主旋律。

事实上，即使在救亡图存的革命年代，建设崭新中国的梦想也从未间断过。在 20 世纪 20 年代，孙中山以《孙文学说》《实业计划》《民权初步》合为《建国方略》，从心理、实业和社会建设三大领域展开，为建设一个完整的资产阶级共和国勾画了一幅宏伟蓝图。其蓝图极宏伟，甚至被称为近百年来“野心”最大的中国梦想。然而，不论这个资产阶级中国梦有多么高远和美好，终被战乱年代的社会现实打破而难以成为现实。只有在今天中国特色社会主义的中华大地之上，建设富强民主文明和谐美丽的中国梦才第一次有了生根发芽、开花结果、茁壮成长的可能。

可以看出，从 1922 年中国共产党第二次代表大会提出的党的最低纲领和最高纲领，到 1945 年党的七大提出解放全国人民，建立一个独立、自由、民主、统一、富强的新中国；从邓小平在 20 世纪 70 年代末 80 年代初提出“小康社会”的战略构想，到十六大报告明确提出“全面建设小康社会”，再到党的十八大报告提出“全面建成小康社会”，中国共产党人根据不同历史时期中国社会的发展基础和现实条件，适时、科学地勾勒出一幅幅建设中华民族美好家园的中国梦之蓝图。2012 年，习近平总书记对新时期中国梦的阐述，更是将实现中华民族伟大复兴这个 100 多年来激荡在每一个中国人心中的梦想清晰、简洁、明确地托举出来，并作为一种汇聚中华民族集体记忆与美好愿景的共同意志，作为一股推动中国社会发展与变革的不可抗拒的伟大力量，引领和激发所有中国人在新的历史时期努力为之拼搏奋斗，继续创造中国传奇。可以说，100 多年来，中华民族伟大复兴的梦想从来没有像今天这样具体和真切，从来没有像今天这样成为几乎可以触摸的现实。

对于当代大学生而言，以“百年目标”为阶段性标志的中国梦还具有更为特殊的意义。第一个“百年目标”是到中国共产党成立 100 年时全面建成小康社会，第二个“百年目标”是到中华人民共和国成立 100 年时建成富强民主文明和谐美丽的社会主义现代化强国。第二个“百年目标”对于当代大学生的特殊意义在于，这个宏伟目标将实现于 30 年之内的 21 世纪中叶。30 年的历程，恰是当代大学生人生职业、事业生涯的一个基本完整过程。这个过程再次与第二个“百年目标”的实现过程同步。这也同样意味着，当代大学生的成长成才将无可例外地贴上与第二个“百年目标”同步，与中华民族伟大复兴的冲刺阶段合拍的历史标记。

人生能与国家、民族的重大飞跃合拍共振，这在时间上或许是幸运和偶然，在实践中则意味着必然的责任与神圣的使命。正如马克思所指出的：作为确定的人，现实的人，你就有规定，就有使命，就有任务，至于你是否意识到这一点，那是无所谓的。当然，马克思是在讨论人的现实规定性的客观必然性的意义上谈其“无所谓”的。事实上，一个人能否自觉地认识到自身的历史使命，能否主动地担当起历史赋予的责任，决定着一个人将在怎样的高度上实现自己的人生理想和社会价值。对于人生画卷初展的当代大学生而言，理应深刻认识并切实珍惜与“百年目标”相遇同行的人生机遇，才能让个人的人生理想与中国梦同圆，让自己的青春和人生在中华民族伟大复兴的壮丽事业中出彩。

三、中国梦指引青年大学生成长成才

人的成长与发展需要正确的方向指引，需要强大的动力支撑，也需要坚实的现实根基。作为与实现中国梦两个“百年目标”合拍同行的当代大学生，需要以高度的历史责任感主动担当起实现中国梦的神圣使命，并以中国梦指引自身的成长成才之路。

（一）中国梦指引大学生确立科学的人生理想

当代大学生人生理想的确立需要中国梦的指引。正如习近平总书记在同各界优秀青年代表座谈会上所指出的：理想指引人生方向，信念决定事业成败。没有理想信念，就会导致精神上“缺钙”。中国梦是全国各族人民的共同理想，也是青年一代应该牢固树立的远大理想。中国特色社会主义是我们党带领人民历经千辛万苦找到的实现中国梦的正确道路，也是广大青年应该牢固确立的人生信念。

理想作为一种人类特有的精神现象，是人类社会实践的产物。人们在改造客观世界和主观世界的实践活动中，在努力满足当下物质和精神需求的同时，还会不断产生关于未来的美好憧憬和向往，并以此作为自己改造现状、走向未来的追求目标的动力源泉。从本质上讲，理想就是人们在实践中形成的、有实现可能的、对未来社会和自身发展的向往与追求，是人们的世界观、人生观和价值观在奋斗目标上的集中体现。理想是人永远走在为未来而前行的路上的根本原因。孔子说“三军可夺帅也，匹夫不可夺志也”，志向之所以重要，是因为即使对于一介凡夫俗子而言，理想的丧失亦意味着其作为一个过程中的人的终点。因此，理想之于人生，不是风花雪月的浪漫，而是人之为人的必需。

所谓“人各有志”就是讲人们的理想有很多种类型，“南辕北辙”则告诉人们目标和方向的偏失往往导致最根本的错误。那些缺乏现实基础，没有实现可能，或者无益于个体与社会发展进步的“理想”，我们称之为空想、幻想甚至妄想，其具有一定的虚幻性和不科学性，会将人们引入误区。反之，只有那些紧紧植根于社会现实，具有现实可能性的目标才称为科学的理想，只有科学的理想才能够推动个体与社会发展进步。既然科学的理想基于现实并推动现实改造和发展，它就理应体现出个体理想与社会理想的有机统一。因此，人类不仅仅需要理想，而且需要在众多理想中选择科学的理想来为人生导航定向；人们不仅仅需要个体理想，而且需要在与社会理想的有机统一中选择个体理想并以此保证其现实可能性。

当代大学生正处于人生发展定向的关键阶段，能否选择和确立科学的人生理想，是关系到未来走什么路、做什么人、为什么学的人生重大问题。大学生要树立科学的人生理想，就要正确认识和深刻理解当代中国的社会现实和基本国情，并以此为基点设定人生的奋斗目标和努力方向。当代中国最大的现实就是中国特色社会主义的伟大实践，最切实的社会发展目标就是中国特色社会主义的共同理想，这也是以两个“百年目标”为标志的实现中华民族伟大复兴的中国梦的题中之义。这个最大的现实提供了当代大学生产生、选择和确立人生理想的社会基础和现实规定，这个宏伟的共同理想则为大学生选择和确立个体理想指明了方向和参照。脱离了社会现实和社会需要的自我设计、自我实现，难以避免落入狭隘与孤独、虚幻和空洞，其人生发展也难以避免“南辕北辙”的结局和命运。

（二）辩证看待理想与现实的矛盾

有人说，理想很丰满，现实很骨感。的确，在追求理想的过程中，人们常常会感受到理想与现实之间的矛盾。思想活跃的青年大学生也容易对理想与现实的矛盾产生困惑，这就需要正确认识理想与现实的关系。

辩证看待理想与现实的矛盾。理想与现实是对立统一的。在日常生活中，人们在处理理想与现实的关系时，往往只看到二者对立的一面，看不到二者统一的一面。一种认识偏向是用理想来否定现实，当发现现实不符合理想预期的时候，就对现实大失所望，甚至对现实采取全盘否定的态度。另一种认识偏向是用现实来否定理想，在追求理想的过程中一遇到困难就产生畏难情绪，觉得理想遥不可及，丧失为理想而奋斗的信心和勇气，直至最终放弃理想。之所以会出现这些认识误区，从思想方法上讲，是由于不能辩证地看待和处理理想与现实的矛盾。理想和现实存在着对立的一面，二者的矛盾与冲突，属于“应然”和“实然”的矛盾。假如理想与现实完全等同，那么理想的存在就没有意义。理想与现实又是统一的。理想受现实的规定和制约，是在对现实认识的基础上发展起来的。一方面，现实中包含着理想的因素，孕育着理想的发展；另一方面，理想中也包含着现实，既包含着现实中必然发展的因素，又包含着由理想转化为现实的条件，在一定的条件下，理想可以转化为未来的现实。脱离现实而谈理想，理想就会成为空想。

实现理想的长期性、艰巨性和曲折性。理想的实现是一个过程。一般来说，理想越是远大，它的实现过程就越复杂，需要的时间也就越漫长。纵观人类社会发展史，任何一种理想的实现都不是轻而易举的，必然会遇到各种各样的困难和波折，充满艰险和坎坷。实现理想、创造未来，必须有战胜种种艰难险阻的坚定不移的信心和坚忍不拔的毅力。理想变为现实不是一帆风顺的，往往会遭遇波澜和坎坷。在现实生活中，人们对于理想的美好有着充分的想象，而对于理想实现的艰难则往往估计不足。渴望早日实现理想，希望顺利实现理想，这是人之常情。但是，如果把实现理想想得过分容易，对前进道路上的困难缺乏思想准备，遭遇到一点困难、曲折或失败就灰心丧气、悲观失望，那就会影响理想的实现。

艰苦奋斗是实现理想的重要条件。人类的美好理想，都不可能唾手可得，都离不开筚路蓝缕、手胼足胝的艰苦奋斗。一个没有艰苦奋斗精神作支撑的民族，是难以自立自强的；一个没有艰苦奋斗精神作支撑的国家，是难以发展进步的；一个没有艰苦奋斗精神作支撑的政党，其事业是难以兴旺发达的。艰苦奋斗是我们的传家宝。我们的国家，我们的民族，从积贫积弱一步一步走到今天的发展繁荣，靠的就是一代又一代人的顽强拼搏，靠的就是中华民族自强不息的奋斗精神。艰苦奋斗绝不是一时的权宜之计。那种认为“艰苦奋斗是老一辈的事，当代青年不需要艰苦奋斗”的观点，在理论上是错误的，在实践中是有害的。一方面，物质生活条件的改善，社会观念的变化，只是赋予艰苦奋斗以新的时代内涵和实践要求，但艰苦奋斗的精神是永远不会过时的；另一方面，讲艰苦奋斗，也并不是不讲物质利益，而是为了实现既定的理想，不怕吃大苦、耐大劳，不惜献出自己的一切。当代中国既面临着重要发展机遇，也面临着前所未有的困难和挑战。梦在前方，路在脚下。自胜者强，自强者胜。实现我们的发展目标，需要广大青年锲而不舍、驰而不息地奋斗，不断书写奉献青春的时代篇章。

理想信念不是拿来说、拿来唱的，更不是用来装点门面的，只有见诸行动才有说服力。大学生要把敢于吃苦、勇于奋斗的精神落实到日常的学习、生活和工作中。在学习上，刻苦钻研、不畏艰难，孜孜不倦地学习理论和专业知识，不断提高思想道德和专业知识水平；在生活上，艰苦朴素、勤俭节约，抵制和反对铺张奢华的思想和生活作风；在工作上，奋发图强、不怕困难、不避艰险，努力完成各项任务。

（三）坚持个人理想与社会理想的统一

坚持个人奋斗目标与国家、民族的奋斗目标相统一，把个人理想融入社会理想之中，在为实现社会理想而奋斗的过程中实现个人理想，这是大学生成长成才的必由之路。在物理世界里，物体运动状态的改变需要受到外力的作用。在人生的成长历程中，人生状态的改变同样需要有强大的人生动力作为支撑。正如海伦·凯勒所说：一个人拥有了高飞的冲动，就再也不会满足于在地上爬行。这种“高飞的冲动”就是大学生成长成才的人生动力。

那么，人生动力的源泉又来自哪里？有人为一己之私利而奋斗，他所有的人生动力便来自一切有助于增进个体私利的诱惑，权力、地位、金钱、美食、声色等都可成为其奋斗的动力源泉。然而正如老子所言：“五色令人目盲，五音令人耳聋，五味令人口爽，驰骋畋猎令人心发狂，难得之货令人行妨。”沉溺个人物欲私利的追求没有止境，是一条令人“目盲、耳聋、口爽、心狂、行妨”的人生绝境。冯友兰将人生划分为“自然、功利、道德、天地”四重境界，一个只停留于物欲私利的人只是局限于低级的自然、功利境界中，而人生境界的提升则需要朝向道德与天地境界挺进。有道德境界的人能了解到社会的存在，自觉自己是社会整体的一部分，并自觉为社会利益做事。天地境界则是一个人了解到超乎社会整体之上宇宙的存在，并自觉为宇宙利益做事的最高人生境界。因此，一个人要获取人生发展的前进动力而又不至于在不断追逐物欲私利中迷失自我，就需要跳出自然、功利的低级境界，而努力向自觉为社会乃至宇宙服务的道德境界、天地境界提升。

个人理想是指处于一定历史条件和社会关系中的个体对于自己未来的物质生活、精神生活所产生的种种向往和追求。社会理想是指社会集体乃至社会全体成员的共同理想，即在全社会占主导地位的共同奋斗目标。个人理想与社会理想的关系实质上是个人与社会关系在理想层面的反映。个人与社会有机地联系在一起，二者相互依存、相互制约、共同发展。同样，社会理想与个人理想也不是彼此孤立的，它们之间相互联系、相互影响、相互制约。

个人理想以社会理想为指引。追求个人理想的实践活动都是在社会中进行的，正确的个人理想不是依个人主观愿望随意确定的，从根本上说它以正确的社会理想为基础。同时，个人理想的实现，必须以社会理想的实现为前提和基础。因此，在整个理想体系中，社会理想是最根本、最重要的，个人理想从属于社会理想。换句话说，个人理想的确立要以社会理想为引导，个人理想的实现依赖于社会理想的实现。个人理想只有同国家的前途、民族的命运相结合，个人的向往和追求只有同社会的需要和人民的利益相一致，才可能变为现实。

社会理想是对个人理想的凝练和升华。社会是个人的联合体，社会理想与个人理想密不可分。社会理想不是凭空产生的，也不是由外在力量强加的，而是建立在众人的个人理想基础之上。强调个人理想要符合社会理想，并不是要排斥和抹杀个人理想，而是要摆正个人理想同社会理想的关系。社会理想归根到底要靠全体社会成员的共同努力来实现，并具体体现在每个社会成员为实现个人理想而进行的活生生的实践中。当社会理想同个人理想有矛盾冲突的时候，有志气、有抱负的人可以做出最大的自我牺牲，使个人的理想服从于全社会的共同理想。

在当代大学生的成长成才过程中，自觉为社会服务的道德境界，实质上就是自觉地将个体的成长成才融入中华民族复兴的洪流伟业之中，在为中国梦努力奋斗的历程中实现自我的人生价值。正如习近平总书记所说：中国梦是国家的梦、民族的梦，也是包括广大青年在内的每个中国人的梦。“得其大者可以兼其小。”个人只有把人生理想融入国家和民族的事业中，才能最终成就一番事业。大学生对自己未来生活的追求和向往，不能脱离当代中国的社会现实。坚持和发展中国特色社会主义，实现中华民族的伟大复兴，是当代中国最大的现实，也是全体中国人民共同的社会理想。大学生要在社会理想的指引下，珍惜韶华、奋发有为，勇于追求个人理想，在实现社会理想的过程中努力实现个人理想。

（四）中国梦明确大学生报效祖国的责任担当

中国梦不能靠做梦实现，理想也不能靠冥想达成。“实干兴邦，空谈误国。”即使理想离我们只有一步之遥，幸福也不会主动来敲门。走向理想的每一步都需要艰辛的奋斗，都需要一步一个脚印地实干。我国劳动力红利正在消失，“中等收入陷阱”风险加大，经济与社会双重转型的风险与挑战难以回避，一些西方国家的遏制及周边国家的冲突不断，一些国家贸易保护主义不断抬头，经济全球化掩饰下的西方意识形态渗透从未停歇。这一切都警示我们，即使在经济全球化席卷世界的背景下，民族国家仍旧是国际秩序的基本主体，国家仍旧是每一个公民最坚实的后盾与屏障，国家利益也仍旧是个体利益最可靠的捍卫者和守护人，热爱祖国、保卫祖国、报效祖国的爱国主义精神仍旧是时代强音。

因此，一切怀抱远大理想的青年大学生，其人生发展与价值实现都必须植根于祖国繁荣强大的沃土之上，报效祖国是每一个公民，当然也是青年大学生义不容辞的责任担当。历史和现实都告诉我们，青年一代有理想、有担当，国家就有前途，民族就有希望，实现我们的发展目标就有源源不断的强大力量。中国梦是历史的、现实的，也是未来的，是国家的、民族的，也是每一个中国人的，是我们的，更是青年一代的。这个道理，无论在救亡图存的近代中国历史，还是今天改革开放的和平建设年代，其实质都是一样的。以孙中山为代表的辛亥志士“亟拯斯民于水火，切扶大厦于将倾”，甘为“四万万同胞受死”；无数共产党人只因“中华民族到了最危险的时候”，甘愿视死如归地“冒着敌人的炮火前进”；有“娃娃博士”之称的邓稼先在美国获得博士学位9天之后便谢绝师友挽留毅然回国投入祖国原子弹事业……他们无一不是将个人事业与祖国命运紧密结合在一起的典范。祖国因他们的奉献而独立解放、繁荣昌盛，他们的名字则因之而永远镌刻在历史丰碑之上。

新时代的新青年有着鲜明的时代特征，他们把个人的志向与实现中国梦的需要结合起来，以坚定的理想信念、过硬的本领、创新创造的精神、高尚的品格担负起时代的重任，同人民一起奋斗，青春才能亮丽；同人民一起前进，青春才能昂扬；同人民一起梦想，青春才能无悔。

四、为实现中国梦注入青春能量

每一个青年的前途离不开国家的前途，没有国家的前途也就没有青年的前途。大学生肩负实现中华民族伟大复兴中国梦的历史重任，只有把实现理想的道路建立在脚踏实地的奋斗上，才能放飞青春梦想，实现人生理想。

（一）立志当高远

中国传统文化中有许多励志警句。如，墨子说的“志不强者智不达”，诸葛亮说的“志当存高远”。这里的“志”具有双重含义：一是对未来目标的向往，二是实现奋斗目标的顽强意志。志向，就是理想信念；立志，就是确立理想信念。远大的志向如太阳，唯其大，才有永不枯竭的热能；如灯塔，唯其高，才能照亮前进的航程。有志者，事竟成；有大志者，人生事业才能辉煌。志向高远，就是要放开眼界，不满足于现状，也不屈服于一时一地的困难与挫折，更不要斤斤计较个人私利的多少与得失。大量事实告诉人们，那些在事业上取得伟大成就、对人类做出卓越贡献的人，都是在青年时期就立下了鸿鹄之志，并为之坚持不懈、努力奋斗。周恩来中学时期就立下了“为中华崛起而读书”的志向，李四光、钱学森、邓稼先等老一代知识分子，青年时期就立志用自己的聪明才智报效祖国。树雄心、立壮志，是关系大学生一生前途命运的重大课题。

（二）立志做大事

中国民主革命的先行者孙中山曾激励广大青年：要立志做大事，不要立志做大官。其中的道理就是希望青年以国家民族的命运为己任，而不要以个人的荣华富贵为人生的理想。如果一个人不顾自身所处时代的召唤，脱离自己所归属的国家和民族繁荣发展的需要，一切以自我为中心，天马行空、独来独往，那么，不仅他的人生价值取向是错误的，而且这种追求因为脱离了国家、民族和时代的需要，往往也是难以实现的。在今天，做大事就是献身于新时代中国特色社会主义伟大事业。无论从事什么具体、平凡的工作，只要是与这一伟大事业相联系、服务于祖国和人民的，就值得我们去做。新时代的大学生应该把个人的命运与国家和人民的命运联系在一起，立为国奉献之志，立为民服务之志，为祖国和人民的利益而奋斗，在为实现社会理想而奋斗的过程中实现个人理想。

（三）立志须躬行

漫长征途需要一步一步地走，崇高理想的实现需要一点一滴地奋斗。通往理想的路是遥远的，但起点就在脚下，就在一切平凡的岗位上，就在扎扎实实的学习和工作中。中国古代先哲老子说：“合抱之木，生于毫末；九层之台，起于累土；千里之行，始于足下。”踏踏实实、循序渐进，与雄心壮志、力争上游并不矛盾。不踏踏实实打好基础，就无法攻尖端、攀高峰，有时表面上看好像是爬上去了，但实际底子是空的。大学生要牢记“空谈误国、实干兴邦”，应志存高远、脚踏实地、埋头苦干，充分展现自己的抱负和激情，用勤劳的双手成就属于自己的人生精彩。

祖国的富强、民族的繁荣、人民的幸福，需要每一个社会成员尽其才、奋其志。中国梦是中华民族的振兴之梦，也是每一个大学生的成才之梦。中国梦让生活在这个时代的大学生与祖国人民一起共同享有人生出彩的机会，共同享有梦想成真的机会，共同享有同祖国和时代一起成长与进步的机会。青春只有在为祖国和人民的真诚奉献中才能更加绚丽多彩，人生只有融入国家和民族的伟大事业才能闪闪发光。中国特色社会主义事业是面向未来的事业，需要一代又一代有志青年接续奋斗。这要求广大青年大学生珍惜宝贵的青春，以爱国之情、强国之志、报国之才勇敢担当起建设青春中国的神圣使命，让青春焕发出绚丽的光彩。

实干才能梦想成真。实现中华民族伟大复兴，是一项光荣而艰巨的事业，需要每一个人付出艰苦努力，用实干托起中国梦。习近平强调：面向未来，全面建成小康社会要靠实干，基本实现现代化要靠实干，实现中华民族伟大复兴要靠实干。空谈误国，实干兴邦。要在全社会大力弘扬真抓实干、埋头苦干的良好风尚，出实策、鼓实劲、办实事，不图虚名，不务虚功。我们的国家，我们的民族，从近代积贫积弱一步一步走到今天的发展繁荣，靠的就是一代又一代人的顽强拼搏，靠的就是中华民族自强不息的奋斗精神。我们必须居安思危，艰苦奋斗，保持那么一股劲，那么一股革命热情，那么一种拼命精神，披荆斩棘、勇往直前。

第五章　大学生爱国主义教育要弘扬中国精神

第一节　中国精神内涵解读

实现中华民族伟大复兴的中国梦，必须弘扬中国精神，这就是以爱国主义为核心的民族精神和以改革创新为核心的时代精神。爱国主义始终是把中华民族坚强团结在一起的精神纽带，改革创新始终是鞭策我们在改革开放中与时俱进的精神力量。当代大学生担当着民族复兴的时代使命，要努力做忠诚的爱国者和走在时代前列的奋进者，用实际行动展现出中国精神的青春风采。

德国前总理施密特曾经出过一本书《理解中国》，在这本书中他这样说：在当今的世界上，一个有着高度文明的国家，存在了4000年以上，而且现在依然还是生机勃勃。这样的国家世界上只有一个。古罗马、古希腊、古埃及都已成过眼云烟，拉丁美洲文明也已经逝去，可是中国还在。

2017年11月8日，美国总统特朗普访华，在故宫博物院中美领导人有一段对话很有意思。

特朗普：“中国的历史可以追溯到5000年前（或者更早），所以你们有5000年历史。”

习近平：“有文字的是3000年。”

特朗普：“我想最古老的文化是埃及文化有8000年历史。”

习近平：“对，埃及更古老一些，但是文化没有断过流、始终传承下来的只有中国。”

特朗普：“这就是你们原来的文化。”

习近平：“对，所以我们这些人，都是原来的人，延续着黑头发、黄皮肤，我们是龙的传人。”

我们不禁要问，中华文明五千年来绵延不绝，到今天依然生机勃勃的精神密码到底是什么？

一、中国有国家精神吗?

说到“精神”与“民族精神”，就让人不由得想到黑格尔。正是他把民族精神提到至高无上的地位。在黑格尔看来，一切历史现象都是所谓“世界精神”的展现；而在不同历史阶段，世界精神就体现为某些所谓“世界民族”（包括中国）的“民族精神”。这里，“民族精神”是指一个民族所表现出来的志向与能动性。黑格尔武断地认为，世界精神的太阳最早从东方升起，东方文明（包括中国文明及印度、波斯、埃及文明）是人类历史的童年，属最幼稚、最低等级的文明。希腊是人类历史的青年时代：罗马是历史的壮年时代。最后，“太阳”降落在日耳曼民族身上，他们实现了世界精神的终极目的，成为历史的最高阶段。

那么，有没有一种叫作“中国精神”的东西呢？梁启超先生曾在《新民之议》一文中指出：凡一国之能立于世界，必有其国民独具之特质。上自道德、法律，下至风俗、习惯、文学、美术，皆有一种独立之精神。祖父传之，子孙继之，然后群乃结，国乃成。说的是精神对于一个国家的重要意义，只有具备了某种国家精神，“群”才能“结”，“国”才能“成”，足见国家精神的重要。正是因为国家精神的重要性，所以世界上许多国家都积极塑造本国的国家精神。比如希腊精神，希腊精神被史学家称为“美的精神”，它崇尚理性、热爱自由、注重人文。再比如美国精神，美国史学家亨利·康马杰认为，确实存在一种可以称作美国精神的难以捉摸的东西，它指的是美国人普遍具有的思想、性格和行为方式。这种精神是在世界各国向美国移民、多种族相互融合，为建设新大陆而勤奋劳动中逐渐形成的一种民族文化模式。他把 19 世纪美国精神归纳为以下几点：进取心、追求财富、注重实际、自信而自大、探索冒险、强烈的平等观念、性情随和、法律至高无上。另外，还有英国的“绅士”精神、日本的“武士道”精神、新加坡东方智慧与西方体制融合的国家精神等。

世界各国都倡导自己的国家精神，毫无疑问，拥有几千年灿烂文明的中国也有伟大的国家精神，中国精神不仅是闪耀华夏的，也是令世界瞩目的。然而，“中国有精神”却曾多次遭受质疑。黑格尔在他的《历史哲学》中认为，造成中国落后的原因是中国人内在精神的黑暗，中国是一片还没有被人类精神之光照亮的土地，在中国，理性与自由的太阳还没有升起，人还没有摆脱原始、自然的愚昧状态。他的结论是：凡属于“精神”的一切，一概都离他们（中国人）很远。连“精神”都没有，哪里会有什么“中国精神”呢？英国历史上第一位女首相撒切尔夫人曾表示：中国不会成为超级大国，因为中国没有那种可以用来推进自己的权力、从而削弱我们西方国家的具有“传染性”的学说。今天中国出口的是电视机而不是思想观念。

这样的质疑，不得不让我们反思历史。2020 年是鸦片战争爆发 180 周年，甲午战争爆发 126 周年。很多人都在研究，从鸦片战争到甲午战争，近代中国的衰败，我们应当汲取什么样的教训？其中一条便是，一个国家的精神力量与整个国家的命运紧密相连。

梁启超对当时国人人心风俗的分析，至今仍然振聋发聩，对我们极具警示意义。人心风俗积弊之深，与清廷的腐败、政制的落后等息息相关；人心风俗的状况，又与中华民族的前途命运、社稷安危息息相关。对此，历史已多从不同角度给我们提供了答案。“中国群力之薄弱，固早已暴著于天下矣！”敢于向大清开战的日本，对当时大清帝国的国情、“心情”（即“人心风俗”的情况）也可谓了如指掌。正是因为当时“中国人之脑中无天下国家，无公义之心”，整个国家“元气萎靡”“人心腐败”。有如此衰微的中国精神，难怪近代中国沦落到任人宰割的地步，饱受了世界历史上罕见的民族屈辱。我们今天弘扬中国精神，不能忘记这段历史，而必须从历史中反思今日之中国精神图强之策。

黑格尔称中国人连“精神”都没有，更没有“中国精神”，显然是充满偏见的无稽之谈。最早肯定中国精神的存在并对它大加颂扬的人是辜鸿铭。在 1914 年出版的《中国人的精神》这本书里，他一次也没有提到黑格尔，但实际上处处反驳黑格尔。辜鸿铭认为，中国人的性格和中国文明的特征以用八个字概括：深沉、博大、纯朴、灵敏；作为对比，日耳曼精神却以“强权崇拜”为特征。更重要的是，在他看来，“中国人作为一个民族虽然古老，但直到今天还是孩童似的民族”，这“与其说中国人发育不良，还不如说中国人永不衰老”。辜鸿铭得出一个与黑格尔截然相反的结论：“中国精神是永葆青春的精神是民族不朽的精神。”钱穆则直接批判黑格尔，他说：“德国实在是一个很可怜的国家。”又指出，人类历史由东向西依次展开的说法是黑格尔“幻想”。在钱穆看来，中国的文化精神、历史精神以道德为核心，是一种绵历数年的“道德精神”。如果没有这种“民族精神”，就不可能孕育出世界上最悠久、最伟大的中华民族来。在承平盛世，这种民族精神往往不大明显；反倒是在危难乱世，它“更为壮旺而健优，坚强而有力。亦如松柏之长青，并不见异于阳春和煦之日，而更宜见异于严冬大寒之天”“必待岁寒，始为人知”。

钱穆的道德精神说也许过于宽泛，张岱年对中国精神的研究则更为持久、系统和精到。张岱年对中国精神的概括是：爱国报国、自强不息和厚德载物。爱国报国是出发点，自强不息是钢铁意志，厚德载物是价值取向。鲁迅指出：“我们从古以来，就有埋头苦干的人，有拼命硬干的人，有为民请命的人，有舍身求法的人”“他们有确信，不自欺；他们在前仆后继地战斗，不过一面总在被摧残，被抹杀，消灭于黑暗中，不能为大家所知道罢了”，他们“就是中国的脊梁”，他们才是中国精神最坚强的支柱。习近平总书记显然赞成这种看法，他指出，自强不息、厚德载物的思想，支撑着中华民族生生不息、薪火相传，今天依然是我们推进改革开放和社会主义现代化建设的强大精神力量。他在 2020 年新年贺词中指出：爱国主义情感让我们热泪盈眶，爱国主义精神构筑起民族的脊梁。朴素的话语感人肺腑，激扬着每一个中国人的爱国情、强国志，鼓舞我们更加坚定走好新时代的长征路。

二、中国精神从历史中淬炼

人无精神则不立，国无精神则不强。精神是一个民族赖以长久生存的灵魂，唯有精神上达到一定的高度，这个民族才能在历史的洪流中屹立不倒、奋勇向前。中华民族能够在5000多年的历史长河中生生不息、薪火相传，很重要的一个原因，就是拥有孕育于中华民族悠久辉煌历史文化之中的伟大的中国精神。中国精神作为兴国强国之魂，是实现中华民族伟大复兴不可或缺的精神支撑和精神动力。

历史从不是史实和考据的简单堆砌，历史时刻塑造着我们的集体记忆。这集体记忆来自我们对历史事件的梳理和珍惜，并在精神层面成为共同前行的动力。而新的历史也在我们前行的过程中不断被创造。如同记忆，历史也容易被忘却和扭曲。当人们生活在富足的暖风里，先辈们的苦难、牺牲和热血就像多年前看过的老电影，至多只留下一些依稀的印象。有些人尚心存感恩，另一些人甚至冷嘲热讽。但历史终究是不能忘却，那里有我们共和国的初心。从民族到个体，我们如果不知道“我从哪里来”，又怎么能回答“我是谁”和“我要到哪里去”？

我们的历史和文明让我们有泱泱大国的自信。但这自信在1840年鸦片战争后几乎被彻底摧毁。那是一个迟暮的农业文明和一个新兴的工业文明的遭遇，那是一个松散的传统社会和一个强盛的现代国家的相遇。我们有过敌人，但从没被如此地“降维攻击”。我们被迫成为毒品的倾销地，给出白银拿回鸦片。“双管横陈，何人对拥无眠”，词句背后是民族的危机！门户一开，各国相欺。在炮口下，我们割让土地和人民。我们身处数千年来未有之变局，面对数千年来未有之强敌。“累卵之危，岂有过此”，我们面临着国家和文明的整体灭亡。在这最危险的时候，中华儿女们前仆后继经历难以想象的苦难和牺牲，用热血和生命谱写了中华民族涅槃重生的壮丽史诗。他们是文学家、诗人，也是革命者、战士！他们如地火般奔突，烧尽旧社会的腐朽。他们痛心民族分裂，呼喊“中华民族是整个的”！他们以国家为念，“投身革命即为家”。他们心系人民利益，为的是建立“咱们的中国”！当地火终于燎原，中国人民站起来后，他们没有止步。他们捍卫边境，是“最可爱的人”。他们支援边疆，好儿女志在远方。他们投身建设，“有也上，无也上”。他们在中国的土地上，摸索出社会主义的道路，建筑起中华民族尊严的纪念碑。

从1840年的鸦片战争到20世纪七八十年代的改革开放，这百年的历程见证了一个5000年古老文明的觉醒和一个年轻现代国家的诞生；这百年的历程，诉说了我们为什么选择今天的道路和我们奋斗的目的；这百年的历程里，有我们最应该珍惜的时刻，流淌着我们的精神血脉。中华民族伟大复兴的道路不会一帆风顺，伟大征程还会继续。“实现中国梦必须弘扬中国精神。”从历史中锤炼出的这股精神将让我们在新的征途中继续创造历史。

三、重精神是中华民族的优秀传统

在漫漫的历史进程中，中华民族不仅创造出光辉灿烂、享誉世界的中华文明，也塑造出独特的精神气质和精神品格，形成了崇尚精神的优秀传统。这一传统贯穿中华民族筚路蓝缕的奋斗历程，推动着中华民族的一路向前、发展壮大，是中华民族重要的精神标识。

中华民族崇尚精神的优秀传统，首先表现在对物质生活与精神生活相互关系的独到理解上。古圣先贤认为，人之所以异于禽兽，在于人有道德，有精神追求。物质生活固然为人所必需，但如果沉溺于物欲而不能自拔，则无异于禽兽。古人认为“不义而富且贵，于我如浮云”，强调“道德当身，故不以物惑”，崇尚“一箪食，一瓢饮，在陋巷，人不堪其忧，回也不改其乐”的精神追求。基于对精神生活重要性的认识，中国古人在义利观上主张见利思义、以义制利、先义后利，在理欲观上主张导欲、节欲，强调用道德理性和精神品格对欲望进行引导和控制，时刻对私欲、贪欲保持警惕。重视并崇尚精神生活，是中国古代思想家们的主流观点。

中华民族崇尚精神的优秀传统，也表现在中国古人对理想的不懈追求上。理想是激励个体的精神内驱力，是凝聚社会整体的精神力量。矢志不渝地坚守理想，是中国古人崇尚精神的典型体现。如，儒家把仁爱和谐视为最高的道德理想，为实现“仁”的理想即使献出生命也在所不惜，即“志士仁人，无求生以害仁，有杀身以成仁”；墨家把“兼相爱，交相利”作为理想，提倡为兴天下之利、除天下之害而摩顶放踵。正是因为有了这种理想主义情怀，无数志士仁人“为天地立心，为生民立命，为往圣继绝学，为万世开太平”，他们心怀天下，利济苍生，为追求道义、实现理想而上下求索。

中华民族崇尚精神的优秀传统，亦表现在对道德修养和道德教化的重视上。中国传统文化十分强调道德修养和道德教化，将“立德”置于“三不朽”（立德、立功、立言）之首，重视人的精神品格的养成。中国古人认为，“自天子以至于庶人，壹是皆以修身为本”，认为教化的目的是“明人伦”，是培养有道德的人。古代思想家们不仅对道德修养和道德教化理论进行了系统论述，而且提出了修身养性的具体方法及家箴家训、乡规民约等教化方式。所有这些，无不表明中华民族自古以来对人的精神世界的高度关注。

中华民族崇尚精神的优秀传统，还表现为对理想人格的推崇。孔子讲“知之者不如好之者，好之者不如乐之者”；孟子谓“可欲之谓善，有诸己之谓信。充实之谓美，充实而有光辉之谓大，大而化之之谓圣，圣而不可知之之谓神”。这些思想都反映着对人生境界的看法，对高尚人生境界的尊崇和追求。关于理想人格，儒家把“君子”“圣人”作为自己的理想人格，道家推崇逍遥于天地之间的“真人”“至人”，近代启蒙思想家梁启超呼吁“新民”的理想人格。这些出现在中国历史上的诸种理想人格，虽时代不同，类型有别，但其共同点都是关注人的精神品格。

四、中国共产党是中华民族重精神优秀传统的忠实继承者和坚定弘扬者

在革命、建设、改革各个历史时期，中国共产党都强调要处理好物质和精神的关系，重视发挥人的精神的能动作用，中华民族重精神的优秀传统得到进一步发扬光大。早在革命战争年代，党就提出“全心全意为人民服务”的根本宗旨，始终强调“人是要有一点精神的”，要做“一个高尚的人，一个纯粹的人，一个有道德的人，一个脱离了低级趣味的人，一个有益于人民的人”。中华人民共和国成立以来特别是改革开放以来，党高度重视精神文明建设，通过加强公民道德建设，开展爱国主义教育、理想信念教育，培育和弘扬民族精神，倡导和践行社会主义核心价值观等，大力提高全体人民的思想追求和精神境界。习近平总书记强调，民族复兴不仅表现为经济腾飞，更要有中国精神的振奋和彰显；只有物质文明建设和精神文明建设都搞好，国家物质力量和精神力量都增强，全国各族人民物质生活和精神生活都改善，中国特色社会主义事业才能顺利向前推进。在实现中华民族伟大复兴的征程中，必须继承中华民族创造的一切精神财富，不断增强团结一心的精神纽带、自强不息的精神动力，提振全民族的精气神，以朝气蓬勃的精神状态迈向中华民族的光明未来。

习近平总书记曾指出：一个民族最深沉的精神追求，一定要在其薪火相传的民族精神中来进行基因测序。中国共产党为什么“能”？当我们深读党成立以来中国革命史这部恢弘巨著时，不难得出结论：中国共产党的革命到底精神，内蕴着一系列优秀特质。这些精神，已经深深融入中华民族的血脉和灵魂，成为中华民族精神的丰富滋养，是鼓舞和激励中国人民不断攻坚克难、从胜利走向胜利的强大精神动力。2020 年 4 月，习近平在陕西考察时指出延安精神培育了一代代中国共产党人，是我们党的宝贵精神财富。党的十八大以来，习近平总书记强调了包括延安精神在内的多种中国共产党人应不断传承、弘扬的红色革命精神，他点赞了 12 种革命精神，彰显了中国共产党人的信仰底色。

（一）苏区精神

始终坚持把马克思主义基本原理同中国具体实际相结合，不断推进马克思主义中国化时代化大众化；始终教育共产党员坚定中国特色社会主义信念和共产主义信仰，满怀信心地为全面建设小康社会、加快推进社会主义现代化而不懈奋斗；始终坚持以人为本、执政为民，把实现好、维护好、发展好最广大人民根本利益作为一切工作的出发点和落脚点；始终加强文化建设，满足人民群众不断增长的精神文化需求，推动实现社会主义文化大发展大繁荣；始终大力弘扬苏区精神，推动创先争优，不断开创各项工作新局面。

——习近平 2011 年 11 月 4 日在纪念中央革命根据地创建暨中华苏维埃共和国成立 80 周年座谈会的讲话

（二）西柏坡精神

全党同志要不断学习领会“两个务必”的深邃思想，始终做到谦虚谨慎、艰苦奋斗、实事求是、一心为民，继续把人民对我们党的“考试”、把我们党正在经受和将要经受各种考验的“考试”考好，使我们的党永远不变质、我们的红色江山永远不变色。

——习近平 2013 年 7 月 11 日至 12 日在河北省调研指导党的群众路线教育实践活动时的讲话

（三）沂蒙精神

革命胜利来之不易，主要是党和人民水乳交融，党把人民利益放在第一位，为人民谋解放，人民跟党走，无私奉献，可歌可泣啊！沂蒙精神要大力弘扬。沂蒙精神与延安精神、井冈山精神、西柏坡精神一样，是党和国家的宝贵精神财富，要不断结合新的时代条件发扬光大。

——习近平 2013 年 11 月 24 日至 28 日在山东临沂考察时的讲话

（四）抗战精神

在中国人民抗日战争的壮阔进程中，形成了伟大的抗战精神，中国人民向世界展示了天下兴亡、匹夫有责的爱国情怀，视死如归、宁死不屈的民族气节，不畏强暴、血战到底的英雄气概，百折不挠、坚忍不拔的必胜信念。伟大的抗战精神，是中国人民弥足珍贵的精神财富，永远是激励中国人民克服一切艰难险阻、为实现中华民族伟大复兴而奋斗的强大精神动力。

——习近平 2014 年 9 月 3 日在纪念中国人民抗日战争暨世界反法西斯战争胜利 69 周年座谈会上的讲话

（五）遵义会议精神

遵义会议作为我们党历史上一次具有伟大转折意义的重要会议，在把马克思主义基本原理同中国具体实际相结合、坚持走独立自主道路、坚定正确的政治路线和政策策略、建设坚强成熟的中央领导集体等方面，留下宝贵经验和重要启示。我们要运用好遵义会议历史经验，让遵义会议精神永放光芒。

——习近平 2015 年 6 月 16 日在贵州参观遵义会议会址和遵义会议陈列馆时的讲话

（六）井冈山精神

井冈山是中国革命的摇篮。井冈山时期留给我们最为宝贵的财富，就是跨越时空的井冈山精神。今天，我们要结合新的时代条件，坚持坚定执着追理想、实事求是闯新路、艰苦奋斗攻难关、依靠群众求胜利，让井冈山精神放射出新的时代光芒。

——习近平 2016 年 2 月 1 日至 3 日在江西看望慰问广大干部群众时的讲话

（七）老区精神

无论是革命战争年代还是改革开放新时期，老区人民为党和国家做出了巨大贡献。老区人民对党无限忠诚、无比热爱。老区精神积淀着红色基因。在今天奔小康的路上，老区人民同样展现出了强烈的奉献奋斗精神。

——习近平 2016 年 4 月 24 日在安徽考察时的讲话

（八）长征精神

伟大长征精神，就是把全国人民和中华民族的根本利益看得高于一切，坚定革命的理想和信念，坚信正义事业必然胜利的精神；就是为了救国救民，不怕任何艰难险阻，不惜付出一切牺牲的精神；就是坚持独立自主、实事求是，一切从实际出发的精神；就是顾全大局、严守纪律、紧密团结的精神；就是紧紧依靠人民群众，同人民群众生死相依、患难与共、艰苦奋斗的精神。伟大长征精神，是中国共产党人及其领导的人民军队革命风范的生动反映，是中华民族自强不息的民族品格的集中展示，是以爱国主义为核心的民族精神的最高体现。

——习近平 2016 年 10 月 21 日在纪念红军长征胜利 80 周年大会上的讲话

（九）吕梁精神

革命战争年代，吕梁儿女用鲜血和生命铸就了伟大的吕梁精神。我们要把这种精神用在当今时代，继续为老百姓过上幸福生活、为中华民族伟大复兴而奋斗。

我们党的每一段革命历史，都是一部理想信念的生动教材。全党同志一定要不忘初心、继续前进，永远铭记为民族独立、人民解放抛头颅洒热血的革命先辈，永远保持中国共产党人的奋斗精神，永远保持对人民的赤子之心，努力为人民创造更美好、更幸福的生活。

——习近平 2017 年 6 月 21 日在山西考察调研时的讲话

（十）红船精神

在浙江工作期间，我曾经把“红船精神”概括为开天辟地、敢为人先的首创精神，坚定理想、百折不挠的奋斗精神，立党为公、忠诚为民的奉献精神。我们要结合时代特点大力弘扬“红船精神”。

——习近平 2017 年 10 月 31 日在瞻仰上海中共一大会址和浙江嘉兴南湖红船时的讲话

（十一）大别山精神

鄂豫皖苏区根据地是我们党的重要建党基地，焦裕禄精神、红旗渠精神、大别山精神等都是我们党的宝贵精神财富。开展主题教育，要让广大党员、干部在接受红色教育中守初心、担使命，把革命先烈为之奋斗、为之牺牲的伟大事业奋力推向前进。

——习近平 2019 年 9 月 18 日在河南考察时的讲话

（十二）延安精神

延安精神培育了一代代中国共产党人，是我们党的宝贵精神财富。要坚持不懈用延安精神教育广大党员、干部，用以滋养初心、淬炼灵魂，从中汲取信仰的力量、查找党性的差距、校准前进的方向。

——习近平 2020 年 4 月 20 日在陕西考察时的讲话

以爱国主义为核心的民族精神和以改革创新为核心的时代精神，构成了中国精神的基本内容。大力弘扬中国精神，培育中华民族共同的精神家园，既需要大力弘扬以爱国主义为核心的伟大民族精神，也需要大力弘扬以改革创新为核心的伟大时代精神。

第二节　以爱国主义为核心的民族精神

一、民族精神的核心

民族精神是一个民族在长期共同生活和社会实践中形成的，为本民族大多数成员所认同的价值取向、思维方式、道德规范、精神气质的总和，是一个民族赖以生存和发展的精神支柱。在5000多年的历史发展中，中华民族形成了以爱国主义为核心的伟大民族精神。

爱国主义是千百年来人们在社会实践中形成的对自己的祖国极其忠诚和热爱的深厚情感。中华民族从来就有爱国主义的光荣传统。一部中华民族的发展史，就是一部中华儿女的爱国奋斗史。中国人很早就有以天下兴亡、人民安康为己任的家国情怀。在中国历史上，有“美不美，家乡水；亲不亲，故乡人”这样情系故土的朴实古语，也有“遥望中原怀故土，静观落叶总归根”这样心怀祖国、寄情桑梓的深情诗句；有“乐以天下，忧以天下”的忧国忧民情怀，也有“公而忘私、国而忘家”的报国为民风范；有为国家振兴、民族腾飞贡献毕生精力的志士仁人，也有“一身报国有万死”“苟利社稷，死生以之”的民族英雄。在漫长的历史发展过程中，中华民族形成了追求进步、维护民族尊严和国家主权的光荣传统，形成了对外来侵略者无比痛恨、对卖国求荣的民族败类无比鄙视、对爱国志士无比崇敬的宝贵民族性格。爱国主义成为动员和鼓舞人们为祖国的生存发展前赴后继、奋斗不息的伟大精神旗帜。

中国人民在长期奋斗中培育、继承、发展起来的伟大民族精神，为中国发展和人类文明进步提供了强大精神动力。

（一）伟大创造精神

伟大民族孕育伟大创造精神。中华民族历来勤劳勇敢且富有创造精神。几千年来，多位思想巨匠、多种文艺精品、多部民族史诗、多个伟大工程、多项科技成果，使中国在相当长一段时期内保持世界文明“领跑者”的地位。英国学者李约瑟曾在《中国科学技术史》一书中，列举出从公元1世纪到18世纪由中国传到欧洲等地的近30项重要发明。他最终得出结论：中华民族是具有伟大创造精神的民族，历史上，中华民族曾经创造了世界最先进的生产力和最辉煌的科技成就。这种富于创造的思维特质和文化禀赋，深刻影响着中国人的精神世界，使中华民族保持了坚定的民族自信和强大修复能力，培育了共同的情感和价值、共同的理想和精神。

中国人民自古以来具有伟大的创造精神。这种伟大创造精神，就是中国人民在遵循社会发展规律创造物质财富和精神财富的过程中展现出来的辛勤劳作、开天辟地、勇于创新的精神。伟大创造精神是实现中华民族伟大复兴的不竭动力。习近平总书记强调，中国要强盛、要复兴，就一定要大力发展科学技术，努力成为世界主要科学中心和创新高地。要突破经济社会发展瓶颈，迎接新一轮科技和产业革命的挑战，把创新作为第一动力，把人才作为支撑发展的第一资源，通过不断推进理论创新、制度创新、科技创新、文化创新等各方面创新，创造更多新的奇迹！

在几千年历史长河中，中国人民始终辛勤劳作、发明创造，我国产生了老子、孔子、庄子、孟子、墨子、孙子、韩非子等闻名于世的伟大思想巨匠，发明了造纸术、火药、印刷术、指南针等深刻影响人类文明进程的伟大科技成果，创作了楚辞、汉赋、唐诗、宋词、元曲、明清小说等伟大文艺作品，传承了《格萨尔王》《玛纳斯》《江格尔》等震撼人心的伟大史诗，建设了万里长城、都江堰、大运河、故宫、布达拉宫等气势恢宏的伟大工程。今天，中国人民的创造精神正在前所未有地迸发出来，推动我国日新月异向前发展，大踏步走在世界前列。只要14亿多中国人民始终发扬这种伟大创造精神，就一定能够创造出一个又一个人间奇迹！

（二）伟大奋斗精神

70多年前，一个独立自主的社会主义崭新中国出现在世界的东方。对于这个刚刚诞生的共和国，有不少西方人士心存怀疑，他们认为众多的人口是中华人民共和国不堪负担的压力，甚至有人预言中国政府解决不了人民吃饭问题。然而70多年过去，中华大地可谓“换了人间”。经过长期积累和不懈奋斗，中国综合国力、人民生活水平与日俱增，中华民族伟大复兴展现出前所未有的光明前景。在惊人的历史成就面前，一切质疑和否定早已烟消云散。中华人民共和国70多年的发展历程，是中国共产党带领中国人民书写的一部感天动地的奋斗史诗，而贯穿始终的脉络就是伟大的奋斗精神。中国从积贫积弱一步一步走到今天的发展繁荣，靠的就是自强不息的奋斗精神。

奋斗精神根植于中华传统文化的民族基因。“天行健，君子以自强不息”“艰难困苦，玉汝于成”“宝剑锋从磨砺出，梅花香自苦寒来”，几千年来，中华民族努力奋斗，建大好河山，垦广袤良田，治大江大河，营造多姿多彩的生活，推动中华文明绵延赓续，同时也在这个过程中不断砥砺奋斗精神，使之深深融入自己的血液和灵魂。聚焦中国近现代史，奋斗精神是推动历史不断发展前进的密钥。建立中国共产党、成立中华人民共和国、推进改革开放和中国特色社会主义事业，是近代以来实现中华民族伟大复兴的三大里程碑，也是中国人民砥砺奋斗的三座历史丰碑。从一代代仁人志士为救亡图存抛头颅、洒热血，到革命战争年代红军翻雪山、过草地，再到深化改革开放时期啃硬骨头、涉深水区……不难发现，中国人每一次从困难中站起来继续向前，每一次创造、每一次超越的背后，都有奋斗精神提供着强大的支撑。

站在新时代历史方位，奋斗精神是实现民族伟大复兴的必需动力。社会主义是干出来的，新时代也是干出来的。当今中国虽然取得了巨大的成就，但也面临着严峻的挑战。正如习近平总书记所说，中华民族伟大复兴，绝不是轻轻松松、敲锣打鼓就能实现的，我们必须准备付出更为艰巨、更为艰苦的努力。中国特色社会主义新时代是奋进的时代，必须传承和弘扬伟大奋斗精神。

一代人有一代人的际遇，一代人有一代人的使命。每一个为美好生活而不懈努力的奋斗者，都是中华民族伟大奋斗精神的接力者、传承人，他们正在广袤的国土上续写着14亿多中国人民伟大奋斗的历史新篇章。

伟大奋斗精神是中华民族的光荣传统，中国人民在推动社会发展过程中不怕牺牲、排除万难。几千年来，正是这种奋斗精神，激励着中国人民在强敌和险境面前英勇顽强、不惧困难，挽救了民族危亡。正是这种奋斗精神，激励着中国人民顽强拼搏、攻坚克难，不断征服自然、改造自然，建设了今天幸福美好的生活。

伟大奋斗精神是我们党的立业之本、取胜之道、传家之宝。没有艰苦奋斗，就没有我们今天的大好局面。随着中国特色社会主义进入新时代，人民对美好生活的向往更加强烈，期盼有更好的教育、更稳定的工作、更满意的收入、更可靠的社会保障、更高水平的医疗卫生服务、更舒适的居住条件、更优美的环境、更丰富的精神文化生活。但是，幸福美好的生活不是天上掉下来的，需要全体人民再接再厉，大力弘扬伟大奋斗精神，创造人民更加美好的生活。

在几千年历史长河中，中国人民始终革故鼎新、自强不息，开发和建设了祖国辽阔秀丽的大好河山，开拓了波涛万顷的辽阔海疆，开垦了物产丰富的广袤粮田，治理了桀骜不驯的千百条大江大河，战胜了数不清的自然灾害，建设了星罗棋布的城镇乡村，发展了门类齐全的产业，形成了多姿多彩的生活。中国人民自古就明白，世界上没有坐享其成的好事，要幸福就要奋斗。今天，中国人民拥有的一切，凝聚着中国人的聪明才智，浸透着中国人的辛勤汗水，蕴涵着中国人的巨大牺牲。只要14亿多中国人民始终发扬这种伟大奋斗精神，就一定能够达到创造人民更加美好生活的宏伟目标！

（三）伟大团结精神

习近平总书记指出，中国人民是具有伟大团结精神的人民，今天，中国取得的令世人瞩目的发展成就，更是全国各族人民同心同德、同心同向努力的结果。饱含深情的话语，汇聚起全体中华儿女朝着中华民族伟大复兴中国梦奋勇前进的信心和勇气。70多年来，伟大团结精神展现出千里奔涌、万壑归流的洪荒伟力。中华民族实现从站起来、富起来到强起来的伟大飞跃，离不开全国各族人民的团结奋进。

我国是一个幅员辽阔、人口众多的大国。历史经验表明，国家统一，民族团结，国家就繁荣昌盛，人民安居乐业。因此，维护祖国统一，实现各民族团结一心、共同发展，是中华民族的根本利益所在。

伟大团结精神是我国各族人民的生命线。这种伟大团结精神，就是56个民族在维护祖国大好河山中表现出来的始终团结一心、同舟共济、守望相助、勇往直前的精神。在几千年历史长河中，中国各民族在分布上交错杂居、文化上兼收并蓄、经济上相互依存、情感上相互亲近，形成了守望相助的中华民族大家庭。鸦片战争以来，在外来侵略寇急祸重的严峻形势下，正是这种伟大的团结精神，才使中华民族能够团结一致，奋起抵抗，捍卫了民族独立和自由。

伟大团结精神构成了中华民族的精神纽带。维护祖国统一、实现民族团结，是全体中华儿女的共同愿望，是建成社会主义现代化强国的必然要求。只要我国各民族精诚团结、共同奋斗，就一定能形成勇往直前、无坚不摧的强大力量，也就没有任何力量能够阻挡中国人民实现梦想的步伐。

伟大团结精神，体现在人民的团结，全国人民紧紧团结在党中央周围，心往一处想、劲往一处使，创造了一个又一个人间奇迹。尤其是在对抗自然灾害的过程中，伟大团结精神熠熠生辉。面对地震、雪灾、洪水、泥石流等各种自然灾害，中国人民展现出“一方有难、八方驰援”的团结互助精神，克服了一个又一个艰难险阻。

伟大团结精神，体现在民族的团结，56 个民族携手同行，各民族交往交流交融，像石榴籽一样紧紧抱在一起，铸牢了中华民族共同体意识。中国共产党高度重视加快少数民族地区经济社会发展，促进各民族共同团结奋斗、共同繁荣发展。正如毛泽东同志曾指出，国家的统一，人民的团结，国内各民族的团结，这是我们的事业必定要胜利的基本保证。

中国人民这种伟大团结精神，古已有之，绵延千年。几千年来，从“兄弟同心，其利断金”的朴素道理，到“能用众力，则无敌于天下矣”的金玉良言，中国人民始终团结一心、同舟共济，建立了统一的多民族国家，发展了 56 个民族多元一体、交织交融的融洽民族关系。守望相助的中华民族大家庭，共同创造了悠久的中国历史、灿烂的中国文化。

近代以来，当中华民族面临亡国灭种的危机，中华儿女保卫祖国、抵御外侮，伟大团结精神造就了中华民族团结一心、同心同德的独特品格。中国共产党高举团结抗日的旗帜，唤醒了全民族前所未有的团结。曾经，一位“老延安”重返延安时问身边的人：你们看延安的窑洞像什么？像不像同心同德的“同”字？一个“同”字，道出团结起来的万众一心，是最坚不可摧的铜墙铁壁。当前，中国正处在实现中华民族伟大复兴的壮阔征程中，弘扬伟大团结精神的重要性愈加凸显。

中华民族伟大复兴，绝不是轻轻松松、敲锣打鼓就能实现的，前行路上，依旧有许多新的“娄山关”“腊子口”等着我们去跨越，全党全国各族人民都要准备付出更为艰巨、更为艰苦的努力。团结奋进，山海可蹈；勠力同心，未来可期。只要中国人民始终发扬伟大团结精神，就一定能够迸发勇往直前、无坚不摧的强大力量，实现中华民族伟大复兴的中国梦。

（四）伟大梦想精神

弘扬伟大梦想精神实现民族伟大复兴，中国梦的本质是国家富强、民族振兴、人民幸福，伟大梦想精神是中华民族砥砺前行的精神支撑。这种伟大梦想精神，就是中国人民为追求和实现伟大梦想表现出来的不忘初心、砥砺前行、永不放弃、不懈追求的精神。

“诸位代表先生们，我们有一个共同的感觉，这就是我们的工作将写在人类的历史上，它将表明：占人类总数四分之一的中国人从此站立起来了。”1949 年 9 月 21 日，毛泽东同志在中国人民政治协商会议第一届全体会议开幕词中的这番话，至今仍令人心潮澎湃。

“站起来”，短短三个字，字字千钧。实现这三个字的梦想，中国人花了一个多世纪的时间，背后饱含着屈辱与苦难、饥荒与战火、流离与血泪。从“我自横刀向天笑，去留肝胆两昆仑”的维新志士，到“为国家民族死之决心，海不清，石不烂，决不半点改变”的抗战英雄，到“砍头不要紧，只要主义真”的共产党人，究竟是什么支撑着这些人置生死于度外，虽九死其犹未悔？

答案是梦想，伟大的梦想——独立、解放的中国，古老自由的土地、幸福安定的人民，为了这些伟大的愿景，个人生死，相形渺小。于是，人民英雄纪念碑上镌刻下那句震撼人心的话：“由此上溯到一千八百四十年，从那时起，为了反对内外敌人，争取民族独立和人民自由幸福，在历次斗争中牺牲的人民英雄们永垂不朽！”

中国人的梦想很现实，也很朴素。比如两千多年前，孟子梦想的是“七十者衣帛食肉，黎民不饥不寒”；一百年前，孙中山梦想的是“要四万万人都有饭吃”……中国人以和为贵，不求征服世界，只求人民安定幸福。

中国人的梦想很辽远，也很伟大。大禹治水、精卫填海、愚公移山的传说典故，是中国人征服自然、海晏河清的梦想；“一定要在不远的将来，赶上和超过世界先进水平”，是毛泽东期待中华民族重新屹立世界东方的梦想。

由是观之，中国的发展逻辑并不复杂难懂。经历过苦难，她珍视热爱和平；有过荒歉饥馑、缺粮乏食的历史，她希望物阜民丰、国人不知有饥饿；看到世界各国科技发达、探索未知，她也希望自己能为人类贡献光和热，在灿烂星河与浩瀚宇宙里留下中国人的脚印，更加懂得人类的过去和未来。这也就是为什么我们说中国梦与世界各国人民的梦想相连相通，因为这本身就是人类的普遍追求。

梦想是对生活的期盼，也是对生活的超越。但幸福不会从天而降，梦想不会自动成真。中国人今天之所以感到骄傲与自豪，靠的不是天上掉馅饼，而是创造、奋斗与团结。正如《国际歌》所言：“要创造人类的幸福，全靠我们自己。”

从小康生活的社会理念到大同社会的政治理想，从共产主义的理想信念到实现中华民族伟大复兴的中国梦，中国人民始终心怀梦想，执着追求。鸦片战争以后，中国陷入内忧外患的黑暗境地，为了救民于水火，几代人上下求索，中华民族终于在中国共产党的正确领导下，掌握了自己的命运，建立了中华人民共和国，确立了社会主义制度，开始了民族复兴的伟大进程。

今天，中国人民比历史上任何时期都更接近中华民族伟大复兴的目标，比历史上任何时候都更有信心和能力实现中华民族伟大复兴。但是，我们清楚地知道，行百里者半九十，越是关键时期，越不能自满和懈怠，越要发扬伟大梦想精神，不忘初心、牢记使命，脚踏实地做好每一项工作。新时代属于每一个人，只要 14 亿多中国人民始终发扬伟大梦想精神，我们就一定能够实现中华民族伟大复兴！

于是我们看到，70 多年来，中国人不仅站了起来，而且在一穷二白、积贫积弱的农业国基础上，建成了全世界唯一拥有联合国产业分类中全部工业门类的国家，以物美价廉的中国产品惠及全世界；架起了高铁公路，也探索深海星空；用杂交水稻等农业创新养活了14亿多人民，也研制出造福人类的青蒿素；保卫了家国安宁，也维护了世界和平……

是的，中国人民有志气、有能力，也不怕苦、不信邪。中国人民有梦想，更愿意为之不断奋斗，因为他们相信一个朴素的道理：山再高，往上攀，总能登顶；路再长，走下去，定能到达。

在几千年历史长河中，中国人民始终心怀梦想、不懈追求，我们不仅形成了小康生活的理念，而且秉持天下为公的情怀，盘古开天、女娲补天、伏羲画卦、神农尝草、夸父追日、精卫填海、愚公移山等我国古代神话深刻反映了中国人民勇于追求和实现梦想的执着精神。近代以来，实现中华民族伟大复兴成为中华民族最伟大的梦想，中国人民百折不挠、坚忍不拔，以同敌人血战到底的气概、在自力更生的基础上自立于世界民族之林的能力，为实现这个伟大梦想进行了180多年的持续奋斗。今天，中国人民比历史上任何时期都更接近、更有信心和能力实现中华民族伟大复兴。只要14亿多中国人民始终发扬这种伟大梦想精神，就一定能够实现中华民族伟大复兴！

勤劳勇敢的中国人民培育、继承、发展起来的以爱国主义为核心的伟大民族精神，是坚定中国特色社会主义道路自信、理论自信、制度自信、文化自信的底气，是中华民族风雨无阻、高歌行进的根本力量。

二、新时代爱国主义的三重逻辑

爱国主义是历史的、具体的，在不同的历史条件和文化背景下所形成的爱国主义，总是具有不同的内涵和特点。遵循理论逻辑、历史逻辑、实践逻辑，多维领会新时代爱国主义精神的深刻内涵。

（一）遵循理论逻辑，领会新时代爱国主义精神的继承和发展

马克思主义认为，爱国主义是个历史范畴，是具体的、真实的，具有明确主题和本质的。爱国主义在中国的内涵及表现随着中华民族的不同境遇而不断变迁。抗日战争时期，爱国主义主要体现在反抗侵略，救国于危亡之中；解放战争时期，爱国主义主要体现在推翻“三座大山”压迫，救民于水火之中；中华人民共和国成立之初，爱国主义主要体现在建设“新民主主义国家”，为建设社会主义国家所作的努力上；“三大改造”完成后，爱国主义体现在为建设社会主义现代化国家的努力奋斗中；改革开放以来，爱国主义与爱社会主义汇流于中国特色社会主义伟大事业，进而为中国特色社会主义建设提供了磅礴动力。

（二）遵循历史逻辑，领会新时代爱国主义精神的理性和情怀

爱国是理性绵长的情感。情感是爱国的基础，理性是情感的升华。深厚的家国情怀孕育着永恒的爱国情结。爱国主义作为中华民族最为深厚的历史情感，不是抽象存

在的，也不是凭空产生的。它是由人们爱家庭、爱家园、爱故土、爱故人的朴素情感发展而来的爱祖国、爱国家、爱民族、爱人民的伟大精神。屈原、岳飞、文天祥等爱国志士的爱国情怀、民族气节和伟大抱负激发了一代又一代炎黄子孙的爱国热情。

爱国既需要情感的基础，又需要理性的认知。爱国主义只有建立在爱国情怀的基础上，由对祖国山河的感性认识深化为对国情世情党情的理性认识，才能达到爱国之情、报国之志和强国之行的完美统一。

（三）遵循实践逻辑，领会新时代爱国主义精神的价值和担当

当前，我们比历史上任何时期都更接近、更有信心和能力实现中华民族伟大复兴的目标，但是，中华民族伟大复兴，绝不是轻轻松松、敲锣打鼓就能实现的。面对“变”与“不变”，我们不仅要有感性的表达，更要有理性的行动。面对国内外环境变化带来的新挑战，深植爱国情怀，保持爱国理性，坚定不移地“走好自己的路”，“办好自己的事”，“从自己做起，从本职岗位做起”，“扎根人民，奉献国家”，才能真正为中华民族爱国主义精神的辉煌篇章增辉添彩。

三、知行合一，做新时代忠诚爱国者

（一）坚持把个人理想同祖国的前途、把自己的人生同民族的命运紧密联系起来

在中国人的精神谱系里，个人与国家从来都是密不可分的，个人前途和国家命运从来都是相辅相成、有机统一的。如果个人理想脱离了国家发展，就会迷失方向、偏离航道；如果国家发展离开了个人努力，就会流于空谈、失去根基。“大河没水小河干，小河有水大河满。”个人前途与国家命运同声相应、同命相求。只有将个人理想融入国家发展伟业，让个人梦想与中国梦同频共振，才能使个人的发展进步拥有更加广阔的舞台，进而实现人生价值的最大化。新时代弘扬爱国主义精神，绝不能停留在口号上，而是要把自己的理想同祖国的前途、民族的命运紧密联系在一起，立足本职、拼搏奋斗、创新创造，在新时代做出应有的贡献。新时代要大力弘扬奋斗精神，要以更加饱满的精神状态开拓创新，把爱国之情、报国之志融入祖国改革发展的伟大事业之中，融入人民创造历史的伟大奋斗之中。要以时不我待的紧迫感、舍我其谁的责任感成就出彩人生，以踏石留印、抓铁有痕的作风干事创业，以追求卓越的精神推动各项工作提质增效，以“功成不必在我、功成必定有我”的境界服务社会、报效国家，努力推动经济社会各项事业向更高层次、更高水平迈进，不断把中国特色社会主义伟大事业推向前进。

（二）爱国决定奋斗方向，奋斗书写爱国历程

爱国从来不是空洞的口号，而是奋斗的行动。爱国从来都是具体的、实践的，都需要落实到行动，需要用热血铸就，用奋斗书写。习近平总书记指出：中国人民自古就明白，世界上没有坐享其成的好事，要幸福就要奋斗。今天，中国人民拥有的一切，凝聚着中国人的聪明才智，浸透着中国人的辛勤汗水，蕴涵着中国人的巨大牺牲。毫

无疑问，中华民族迎来了从站起来、富起来到强起来的伟大飞跃，这是中国人民爱国奋斗的结果。

青年人唯有用汗水浇灌硕果，用奋斗标注足迹，才能在生动实践中绽放最美芳华。当代青年应当高扬爱国主义伟大旗帜，把爱国之情、强国之志、报国之行统一起来，依据时代主题，自觉担负时代使命，在时代大潮中拼搏奋斗，奋力书写出符合时代要求的壮丽篇章。一个时代有一个时代的主题，一代人有一代人的使命。习近平总书记指出：新时代中国青年运动的主题，新时代中国青年运动的方向，新时代中国青年的使命，就是坚持中国共产党领导，同人民一道，为实现“两个一百年”奋斗目标、实现中华民族伟大复兴的中国梦而奋斗。因此，爱国、奋斗、圆梦，是新时代的主题词，奋斗者、实干家、追梦人，是新时代中华儿女的荣耀身份，更是年轻一代的生动映照。

（三）用奋斗成就青春之我

今天，我们比历史上任何时候都更接近、更有信心和能力实现中华民族伟大复兴的目标。越接近奋斗目标，也意味着面临的新情况新问题、新矛盾新困难、新风险新挑战越多。因此，当代青年发扬伟大的爱国奋斗精神，同全体人民一道，开拓进取，砥砺前行，显得十分重要。

“振兴中华，从我做起”，这是改革开放初期大学生喊出的响亮口号。这个口号鼓舞着无数青年学子投身祖国的现代化建设事业，在各自的工作岗位上建功立业。新时代的大学生应当高扬爱国主义旗帜，把爱国之情、强国之志、报国之行统一起来，为国家和民族做出应有的贡献。

“不积跬步，无以至千里；不积小流，无以成江海。”梦想的实现，关键在行动。再远大的理想、再瑰丽的梦想，都需要一步一个脚印、一棒接着一棒去实现。正如习近平总书记所指出的那样，中国人民和中华民族从斗争实践中懂得，中国社会发展，中华民族振兴，中国人民幸福，必须依靠自己的英勇奋斗来实现，没有人会恩赐给我们一个光明的中国。爱国之志，中华之魂；奋斗之行，时代之基。新时代是奋斗者的时代。让爱国与奋斗同向同行，成为新时代一道亮丽的风景线，也是时代最强音。

第三节　以改革创新为核心的时代精神

如今，中国人民每一分钟里迸发出的创造伟力，令世人感叹。然而，拉近历史的镜头，中华人民共和国成立之初，我们的家底薄得让人心酸：国内生产总值只有区区100多亿美元，重工业几乎为零，轻工业只是少数纺织业。在这样一个满目疮痍、百废待举的“烂摊子”上，中国人民经过70多年的艰苦奋斗，创造了从站起来、富起来到强起来的人间奇迹。

奇迹从何而来？它来自中国人民的改革创新精神。“中国人民是具有伟大创造精神的人民。"习近平总书记在深刻阐述中国人民的伟大民族精神时，第一个提到的就是创造精神。中华文明之所以在世界四大文明中唯一没有断绝，中华民族之所以能够浴火重生、屡创辉煌，莫不与中国人民的伟大创造精神紧密相关。

伟大创造精神推动伟大变革。创造精神是一个民族最根本的竞争力之一，什么时候都只能加强，不能削弱。近代以来的中国历史就鲜明地证明了这一点。为什么拥有"四大发明"的中国在近代反而饱受列强欺压？一个重要原因就是中国人民的创造精神被当时环境和制度束缚、压抑，导致民族创造能力不断萎缩。为什么中华人民共和国成立后，中国人民的创造力前所未有地迸发出来？原因就在于中国共产党人找到了弘扬中华民族伟大创造精神的正确道路。

这条路就是中国特色社会主义道路，简单归纳起来，就是不照抄照搬别国经验，坚持把马克思主义的基本原理和中国具体实际结合，创造性地推进马克思主义中国化时代化大众化，以刀刃向内的改革魄力坚决破除束缚创新创造力的各种体制机制障碍。这条道路来之不易，将来无论我们的事业如何进步，都不能忘记这段甩掉"贫油国"帽子、生产出第一辆解放牌汽车、研制出"两弹一星"的峥嵘岁月；都不能丢掉安徽小岗村"大包干"、深圳特区"开先河之举"、湘西十八洞村"精准扶贫"所蕴含的改革创新精神。

一项针对全球 22 个主要经济体 1 万多民众的调查结果显示，59%的海外受访者对中国科技创新能力表示认可。"问渠那得清如许，为有源头活水来。"如今，创新活力正在成为中国经济的主要驱动力，创造精神正在成为当代中国的显著标签。面对新时代新征程，没有创新创造不行，创新创造慢了也不行。向着伟大复兴中国梦不断前进的中华民族，必将继续弘扬伟大创造精神、充分释放创造激情，承载时代之盛、把握发展之基、开辟未来之路。

一、当今时代需要新的时代精神引领

时代精神是一个国家和民族在新的历史条件下形成和发展的，是体现民族特质并顺应时代潮流的思想观念、价值取向、精神风貌和社会风尚的总和，是一种对社会发展具有积极影响和推动作用的集体意识。时代精神反映社会进步的发展方向，引领时代的进步潮流，是社会的主旋律和时代的最强音。

改革开放以来，党带领人民在继承和弘扬伟大民族精神的基础上，立足新的时代条件，赋予中华民族精神以新的时代内涵，形成了以改革创新为核心的时代精神。改革开放进程中涌现的一系列时代楷模和榜样群体，都生动地展示着当代中国的时代精神。"雕刻火药的大国工匠"徐立平，在悬崖绝壁上书写精彩传奇的"当代愚公"黄大发，用生命叩响"地球之门"、让中国进入"深地时代"的战略科学家黄大年，勇担民族复兴大任的"天眼巨匠"南仁东，对党忠诚、心系群众、忘我工作、无私奉献的优秀县委书记廖俊波，爱生如子、甘做学生成长引路人的高校思想政治理论课教师曲建武……这些代表着当代中国精神高峰的时代楷模，在各自的岗位上心怀大我、至诚报国，书写了当代中国最美的时代华章。郭明义、沈浩、杨善洲，张丽莉、吴斌、高铁成……一个又一个“最美教师”“最美司机”“最美卫士”在中国大地上接连涌现，他们用爱心和善行，用坚守和执着，在危急时刻做出英雄壮举，在生死关头展现人间大爱，彰显出当代“最美中国人”的精神风采。一个个英雄群体用智慧、汗水甚至生命谱写的“女排精神”“载人航天精神”“奥运精神”“伟大抗震救灾精神”等，更是挺起了中华民族的精神脊梁。这些感动中国的先进典型、道德模范、时代楷模和英雄群体，是当今中国时代精神的生动写照。他们或承载人民至上、以人为本、公平正义、诚信友爱的价值追求，或体现廉洁奉公、爱岗敬业、淡泊名利、甘于奉献的职业品格，或展现解放思想、求真务实、积极探索、勇于创新的科学精神，或彰显自强不息、艰苦奋斗、顽强拼搏、敢于胜利的英雄情怀。这些都是中国人民在改革开放的伟大实践中体现出来的崭新精神风貌和高尚精神品格，是建设新时代中国特色社会主义、实现中国梦的强大精神动力。

改革创新精神是时代精神的核心，贯穿于改革开放的全部实践，体现在时代精神的各个方面。改革是破除社会发展障碍、激发社会发展活力的引擎，创新则是民族进步的灵魂、国家兴旺发达的动力。改革创新精神既是对中华民族革故鼎新优良传统的继承弘扬，也是当代中国改革开放伟大实践中体现出来的精神品格和精神特征。改革开放 40 多年来，党带领人民破除阻碍发展的思想观念、体制机制，取得了世人瞩目的巨大成就，靠的就是这种不断改革创新的进取精神。改革创新精神体现为突破陈规、大胆探索、敢于创造的思想观念，勇于打破与社会和历史发展规律不相吻合的思维方式、行为规范的束缚，从不合实际、不合规律的观念和体制的束缚中解放出来，从错误和教条式的思想观念中解放出来；体现为不甘落后、奋勇争先、追求进步的责任感和使命感，不自甘落后、故步自封，也不满足于取得的成就，躺在历史的功劳簿上自满自足、裹足不前，而是以“落后就会挨打”的危机感和忧患意识自我警醒，以“一万年太久，只争朝夕”的奋发精神和竞争意识自我激励；体现为坚忍不拔、自强不息、锐意进取的精神状态，有“敢啃硬骨头”“敢涉险滩”的闯劲，有“咬定青山不放松”的韧劲，有“生命不息，奋斗不止”的拼劲。

以改革创新为核心的时代精神，是当代中国人民精神风貌的集中写照，是激发社会创造活力的强大力量。中国特色社会主义事业是一项前无古人的创造性事业，只有坚持弘扬以改革创新为核心的时代精神，才能使全体人民始终保持昂扬向上的精神状态，不断推进中国特色社会主义伟大事业。

当今时代在和平与发展的主题下正发生着日新月异的变化，经济全球化、政治多极化、文化多元化、科技信息化及生态文明社会等当今时代的特征正更加立体、全面地深化着时代主题，更深刻地开拓着人类社会走向现代文明之路。每一个时代都有与之相适应的时代精神，时代精神是一个社会在最新的创造性实践中激发出来的，反映社会进步的发展方向、引领时代进步潮流，为社会成员普遍认同和接受的思想观念、价值取向、道德规范和行为方式，是一个社会最新的精神气质、精神风貌和社会时尚的综合体现。

伟大的时代呼唤伟大的精神，时代精神不仅是时代发展的重要标志，而且是推动民族进步的精神动力。中国共产党在领导中国人民进行革命、建设和改革的过程中，历来重视培育时代精神，并积极发挥其对于社会和人自身发展的动力作用。中国革命与建设的每一次胜利，都与其形成的时代精神密切相关。在百年奋斗的各个历史时期，先后形成了独特的伟大精神，影响和激励着一代代中国人，深刻改变着一个时代的精神面貌。

二、让改革创新成为青春远航的动力

改革创新是当代中国最突出、最鲜明的特点。大学生富有想象力和创造力，是改革创新的生力军，要在改革创新的实践中奉献祖国、服务人民、实现价值，让改革创新成为青春远航的强大动力。

（一）创新创造是中华民族最深沉的民族禀赋

中华民族是富有创新精神的民族。我们的先民很早就提出了“苟日新，又日新，日日新”“穷则变，变则通，通则久”等与创新创造有关的思想观念。在历史的漫漫长河中，变通求新、因革损益、革故鼎新、与时俱进等思想观念逐渐积淀为中华民族最深沉的民族禀赋。

勇于创新创造的民族禀赋成就了辉煌灿烂的中华文明。我国古代在天文历法、数学、农学、医学、地理学等众多领域取得举世瞩目的成就。这些发明创造同生产紧密结合，为农业和手工业发展提供了有力支撑。英国哲学家培根曾说：印刷术、火药、指南针，这些发明改变了整个世界事物的面貌和状态。资料显示，16 世纪以前世界上最重要的 300 项发明和发现中，我国占 173 项，远远超过同时代的欧洲。此外，在诗词歌赋、绘画、书法等文学艺术领域，中国也为世界奉献了唐诗、宋词、元曲等诸多人类文明宝库里的瑰宝。我国在历史上长期处于世界领先地位，我国思想文化、社会制度、经济发展、科学技术，以及其他许多方面对周边发挥了重要辐射和引领作用，中华文明对世界文明进步做出了巨大贡献，产生了深远影响。究其深层精神根源，就在于中华民族创新创造这一宝贵的精神传统和民族禀赋。

近代以来，我国逐渐由领先变为落后，一个重要原因就是错失了多次科技和产业革命带来的巨大发展机遇，在世界工业革命大潮中被时代远远甩下。从 18 世纪中叶到 19 世纪中叶的百年间，正是世界工业革命发轫和蓬勃发展的时期，当时的中国却在闭关锁国、夜郎自大中失去了工业革命带来的发展机遇，导致中国经济技术的发展大大落后于世界发展步伐。从 19 世纪中叶到 20 世纪中叶的百年间，在西方坚船利炮的攻击下，中国沦为半殖民地半封建国家。列强侵略、政府腐败，长期战火连绵、动荡不宁、民不聊生，民族存亡危机之下，根本不具备创新创造的基本物质条件和社会文化环境。

中华民族在世界工业革命大潮中落后于时代，陷入落后挨打的悲惨境地。中华人民共和国的成立，让古老的中国焕发新生，勤劳勇敢的中国人民在建设自己美好家园的伟大实践中迸发出创新创造的生机活力，在中国共产党的领导下开启了全力追赶时代、勇于引领时代的改革创新大潮。

（二）改革创新是时代要求

在当代中国，社会发展离不开改革创新，改革创新是社会发展的重要动力，坚持改革创新是新时代的迫切要求。创新始终是推动人类社会发展的第一动力。16 世纪以来，人类社会进入前所未有的创新活跃期，几百年里，人类在科学技术方面取得的创新成果超过过去几千年的总和。特别是 18 世纪以来，世界发生了几次重大科技革命，如近代物理学诞生、蒸汽机和机械、电力和运输、相对论和量子论、电子和信息技术发展等。在此带动下，世界经济发生多次产业革命，如机械化、电气化、自动化、信息化。每一次科技和产业革命都深刻改变了世界发展面貌和力量格局。一些国家抓住了机遇，经济社会发展驶入快车道，经济实力、科技实力、军事实力迅速增强，甚至一跃成为世界强国。发端于英国的第一次产业革命，使英国走上了世界霸主地位；美国抓住了第二次产业革命机遇，赶超英国成为世界第一。从第二次产业革命以来，美国就占据世界第一的位置，这是因为美国在科技和产业革命中都是领航者和最大获利者。从某种意义上说，创新决定着世界政治经济力量对比的变化，也决定着各国各民族的前途命运。

创新能力是当今国际竞争新优势的集中体现。在激烈的国际竞争中，唯创新者进，唯创新者强，唯创新者胜。今天，国际竞争的新优势越来越集中体现在创新能力上。当今世界，谁牵住了科技创新这个“牛鼻子”，谁走好了科技创新这步先手棋，谁就能占领先机，赢得优势。当前，全球新一轮科技革命和产业变革正在孕育兴起，谁在创新上先行一步，谁就能拥有引领发展的主动权。改革创新是我国赢得未来的必然要求。抓创新就是抓发展，谋创新就是谋未来。目前，虽然我国经济总量跃居世界第二，但大而不强、臃肿虚胖体弱问题相当突出，主要体现在创新能力不强，科技发展水平总体不高，科技对经济社会发展的支撑能力不足，科技对经济增长的贡献率远低于发达国家水平，这是我国这个经济大个头的“阿喀琉斯之踵”。在新一轮科技革命和产业变革中，我国能否在未来发展中后来居上、弯道超车，主要就看能否在创新驱动发展上迈出实实在在的步伐。必须把创新作为引领发展的第一动力，把人才作为支撑发展的第一资源，把创新摆在国家发展全局的核心位置，把创新驱动发展战略作为国家重大战略，不断推进理论创新、制度创新、科技创新、文化创新等各方面创新，让创新贯穿党和国家一切工作，让创新在全社会蔚然成风。

如果把科技创新比作我国发展的新引擎，那么改革就是点燃这个新引擎必不可少的点火器。实施创新驱动发展战略，最根本的是要增强自主创新能力，最紧迫的是要破除体制机制障碍，最大限度地解放和激发科技作为第一生产力所蕴含的巨大潜能，打通从科技强到产业强、经济强、国家强的通道，让改革释放创新活力，让一切创新源泉充分涌流。只有通过全面深化改革，才能加快转变经济发展方式，推进经济结构战略性调整，在全社会积极营造鼓励大胆创新、勇于创新、包容创新的良好氛围，把创新驱动的新引擎全速发动起来，为我国经济社会发展提供前所未有的强劲动力。

“聪者听于无声，明者见于未形。”改革创新永无止境。大学生要自觉树立敢为天下先的志向和信心，敢于担当、勇于超越，在攻坚克难中追求卓越，在改革创新中引领世界潮流。

三、守正创新，做改革创新生力军

青年时期是创新创造的宝贵时期。新时代的大学生置身于实现中华民族伟大复兴的时代洪流之中，应当以时代使命为己任，把握时代脉搏，迎接时代挑战，增强创新创造的能力和本领，勇做改革创新的实践者，将弘扬改革创新精神贯穿于实践中、体现在行动上。

（一）树立改革创新的自觉意识

增强改革创新的责任感。改革创新表现为一种不甘落后、奋勇争先、追求进步的责任感和使命感。在时代大潮中，有人选择安于现状、不思进取、随波逐流，还有人意气风发、力争上游、拼搏进取。这两种不同选择的根源，除了信心和勇气外，更在于是否具有为推动社会发展进步贡献力量的责任感和使命感。改革创新充满艰辛、奉献甚至牺牲，没有强烈的责任感和使命感，很难支撑人们克服和战胜改革创新过程中的艰难曲折。李大钊曾写下“铁肩担道义，妙手著文章”的警语，“铁肩、道义”讲的就是责任与使命。大学生要不断增强以改革创新推动社会进步，在改革创新中奉献服务社会、实现人生价值的崇高责任感和使命感，以时不我待、只争朝夕的紧迫感投身改革创新的实践中。

树立敢于突破陈规的意识。陈规最易束缚人的思维和手脚，创新创造的过程往往充满艰辛。要创新，就要有强烈的创新意识，凡事要有打破砂锅问到底的劲头，敢于质疑现有定论，勇于开拓新的方向，攻坚克难，追求卓越。敢于大胆突破陈规甚至常规，敢于大胆探索尝试，善于观察发现、思考批判，不唯书、唯上，只唯实，这是大学生在学习与实践中创新创造的重要前提。

树立大胆探索未知领域的信心。创新就是要走前人没有走过的路。要创新，就要有强烈的创新自信。如果总是跟踪模仿，既谈不上创新，也是没有出路的。未知领域可能是人类认识的盲区，也可能是人类实践的处女地。未知常常令人心生怯意，人们常常因充满未知的风险而停下探索和求新的脚步，但未知领域往往蕴含着发现的沃土和创新的机遇。“路曼曼其修远兮”，最需要“上下而求索”的勇气。王安石在《游褒禅山记》中所言：“而世之奇伟、瑰怪，非常之观，常在于险远，而人之所罕至焉，故非有志者不能至也。”青年应是常为新、敢创造的，理当锐意创新创造，不等待、不观望、不懈怠，勇做改革创新的生力军。

（二）增强改革创新的能力本领

夯实创新基础。推行任何一项改革，做出任何一项创新，都是站在前人积累的专业知识基础之上的。改革创新之所以能够推陈出新，提出前人不曾提出的新思想，推出令世人敬仰叹服的新创造，一个重要的原因就在于改革创新者具有扎实的专业知识基础。缺乏深厚的专业知识积淀，盲目追求改革创新，往往容易流于不切实际的空想，或者是“无知者无畏”的蛮干。无视或轻视专业知识学习，不可能担负改革创新的重任。大学生作为改革创新的生力军，应从扎实学习系统的专业知识起步和入手，而不能好高骛远，空谈改革，坐论创新。

培养创新思维。创新思维与守旧思维的区别在于，守旧思维往往求同、模仿，创新思维则注重求异、批判而不甘落入窠臼和俗套；守旧思维被动回答问题，创新思维善于发现问题；守旧思维往往机械、线性、封闭，创新思维则灵活而开放，发散而多维；守旧思维提出的观点人们往往因熟悉而易于接受，创新思维则常常因“异想天开”而被怀疑甚至嘲讽。大学生在专业学习与社会实践中应自觉培养创新型思维，勤于思考，善于发现，勇于创新。

投身创新实践。实践出真知，实践长才干。当代大学生既置身于全球新一轮科技革命和产业变革兴起的历史机遇期，又置身于我国迈向现代化强国的历史新征程，应当在全面深化改革的伟大实践中深深体悟改革创新精神，增强改革创新的意识，锤炼改革创新的意志，增强改革创新的能力本领，勇做改革创新的实践者和生力军。

青年往往朝气蓬勃、思维活跃，好奇心强、求知欲盛，敢于尝试新生事物，这些都是有利于创新创造的重要条件。纵观世界历史，许多重要创造，都是产生于创造者风华正茂、思维最敏捷的青年时期。可以说，青年身上蕴藏着巨大的创造能量和活力。大学生应当珍惜人生中最具创新创造活力的宝贵时期，有敢为人先、开拓进取的锐气，有逢山开路、遇河架桥的意志，在创新创造中不断积累经验、取得成果、演绎精彩。

民族精神与时代精神紧密关联，都是一个民族赖以生存和发展的精神支撑。一切民族精神都曾经是一定历史阶段中带动潮流、引领风尚、推动社会发展的时代精神。同时，一切时代精神都将随着历史的变迁逐步融入民族精神的长河之中，不断丰富和发展民族精神的时代内涵。弘扬和培育民族精神，必须自觉回应时代的要求，推动民族精神的不断革新，推动民族精神的创新性发展和创造性转化，从而为当下的实践提供精神力量；弘扬和培育时代精神，必须立足民族精神的根基，接续民族精神的血脉、承接民族精神的基因，使得时代精神既面向未来，又不忘本来，始终具有引领民族前行的强大吸引力和感召力。

民族精神和时代精神共同构成了我们当今时代的中国精神。民族精神赋予中国精神以民族特征，是中华民族的精神独立性得以保持的重要保证；时代精神赋予中国精神以时代内涵，是中国精神引领时代前行、拥有鲜明时代性和强大生命力的重要根源。民族精神和时代精神的交融汇通，使得中国精神既具有鲜明的民族性，又洋溢着强烈的时代性，成为中华民族共有的精神家园、奋力实现复兴的强大精神力量。

第六章　大学生爱国主义教育要传承中华优秀传统文化

文化是一个国家、一个民族的灵魂。文化兴则国运兴，文化强则民族强。没有高度的文化自信，没有文化的繁荣兴盛，就没有中华民族伟大复兴。中华民族5000多年文明历史所孕育的中华优秀传统文化是中华民族的“根”和“魂”，是最深厚的文化软实力，是中国特色社会主义植根的沃土，是我们在世界文化激荡浪潮中站稳脚跟的根基。习近平总书记指出，中华民族伟大复兴需要以中华文化发展繁荣为条件，要推动中华优秀传统文化创造性转化、创新性发展，不断增强中华文化的影响力和吸引力，创造中华文化新的辉煌。

第一节　中华优秀传统文化的价值定位

传承和弘扬中华优秀传统文化，首先要回答为什么要传承和弘扬的问题，而要回答这一问题，首要的是要弄清楚中华优秀传统文化的价值定位问题。党的十八大以来，习近平总书记就中华优秀传统文化的价值和意义多次进行阐述并提出了多个重要论断。概括起来，主要包括如下八个方面的价值定位。

一、中华民族的“根”和“魂”

“求木之长者，必固其根本；欲流之远者，必浚其泉源。”这是唐代名臣魏徵在《谏太宗十思疏》中的名言，意思是说，要想使树木生长得茂盛，必须稳固其根部，因为根深方能叶茂；要想使水流得长远，必须疏通其源头，因为源远才能流长。习近平总书记很喜欢这句话，在谈到要注重事情的本源和基础时多次引用它来说明问题，特别是谈到中华优秀传统文化之于中华民族的重要意义时，更是如此。在这方面，他有两句很形象也很贴切的话，第一句话是“优秀传统文化是一个国家、一个民族传承和发展的根本，如果丢掉了，就割断了精神命脉”。第二句话是“文明特别是思想文化是一个国家、一个民族的灵魂”。简言之便是：中华优秀传统文化是中华民族的“根”和“魂”。

这一论断深刻揭示了优秀传统文化对一个国家、民族传承、发展的关键作用。历史和现实的经验表明，一个国家、民族，必须知道自己是谁，从哪里来，要到哪里去。如果不能懂得甚至有意模糊自己的来路，不敢正视甚至全面否定自己的历史，不够珍惜甚至彻底贬损自己的思想文化，那么，这个国家、民族是立不起来的、没有希望的，不仅不可能发展起来，而且“很可能上演一场历史悲剧”。这样的历史悲剧，古往今来并不罕见，有许多曾经创造了辉煌文明成就的国家、民族，最终都昙花一现，变成浮云。究其原因，这往往与他们抛弃了自己的文化传统、迷失了来路和方向有很大关系。百年来，中国共产党之所以能够带领中国人民取得革命、建设和改革的辉煌成就，其中一个重要原因，就是把马克思主义基本原理与包括中国历史文化实际在内的中国具体实际有机结合起来，把传承和弘扬中华优秀传统文化与创造和发展社会主义先进文化有机结合起来，继承、维护和发展了中华优秀传统文化这个中华民族的“根”和“魂”。根本和灵魂俱在，这是中华民族存在和发展的重要前提。

二、中华民族的文化基因和精神家园

文化基因和精神家园是一个民族安身立命的基础、生存发展的支撑、身份归属的标志，是维系这个民族发展繁荣的最深沉的力量。中华优秀传统文化体现着中华民族的文化基因，构成了中华民族共同精神家园的重要组成部分。习近平总书记多次谈到这一点，并从不同侧面进行了阐述，概而言之，大致包括四层意思：

其一，中华优秀传统文化记载了中华民族自古以来在建设家园的奋斗中开展的精神活动、进行的理性思维、创造的文化成果。其二，中华优秀传统文化积淀着中华民族最深沉的精神追求，代表着中华民族独特的精神标识，其中最核心的内容已经成为中华民族最基本的文化基因。其三，中华优秀传统文化中蕴含的中国人最基本的文化基因，是中华民族和中国人民在修齐治平、尊时守位、知常达变、开物成务、建功立业过程中逐渐形成的有别于其他民族的独特标识。我们生而为中国人，最根本的是我们有中国人的独特精神世界，有日用而不觉的价值观。我们的同胞无论生活在哪里，身上都有鲜明的中华文化烙印，中华文化是中华儿女共同的精神基因。其四，稳步推进中国特色社会主义事业，实现中华民族伟大复兴，需要构建中华民族的共同精神家园，而中华优秀传统文化则是其中不可或缺的关键组成部分。

三、中华民族生生不息、发展壮大的丰厚滋养

世界四大文明中，唯有中华文明一次次战胜灾难、渡过难关，历经5000多年绵延不断，创造了人类文明发展史上的奇迹。其中一个很重要的原因，就在于中华民族产生并形成了为整个民族共同认可、普遍接受、一脉相承且富有强大生命力的优秀传统文化，从而为中华民族生生不息、发展壮大提供了丰厚的滋养。

关于这一点，习近平总书记进行了深刻总结：从历史的角度看，包括儒家思想在内的中国传统思想文化中的优秀成分，对中华文明形成并延续发展几千年而从未中断，对形成和维护中国团结统一的政治局面，对形成和巩固中国多民族和合一体的大家庭，对形成和丰富中华民族精神，对激励中华儿女维护民族独立、反抗外来侵略，对推动中国社会发展进步、促进中国社会利益和社会关系平衡，都发挥了十分重要的作用。可以毫不夸张地说，如果没有富有强大生命力的中华优秀传统文化持续不断的丰厚滋养，中华文明或许已经落得与另外三个古文明同样的命运了。

四、中华民族文化的坚实根基和突出优势

这一价值定位，主要是针对我国所面临的时代背景、世界政治经济格局特别是世界文化格局而提出的。从总体上说，我国今天所面临的世界文化格局，至少有两个特点：一是各种思想文化相互激荡，不同文明交流交融交锋更加频繁，思想文化力量在综合国力竞争中的战略地位进一步凸显；二是“西强我弱”的总体格局没有得到根本转变，我们虽然已经初步解决了“挨打”的问题，但“挨骂”的问题，即话语权的问题还没有解决，而在话语权的构建中，文化话语权不可或缺。

面对这样的国际大背景，中国作为社会主义大国、东方文明古国，如何在世界文化激荡中站稳脚跟，增强文化自立和自信，提高文化软实力和话语权，是必须高度重视的问题。关于文化自信的地位和作用，习近平总书记指出：坚定中国特色社会主义道路自信、理论自信、制度自信，说到底是要坚定文化自信。文化自信是更基本、更深沉、更持久的力量，文化自信是更基础、更广泛、更深厚的自信。那么，我们的文化自信从哪里来呢？我们坚定文化自信的坚实根基和突出优势就在于中华优秀传统文化。博大精深的中华优秀传统文化、中国人几千年来积累的知识智慧和理性思辨，是我们最深厚的软实力。

关于中国传统文化的时代价值，世界上不少有识之士认为，包括儒家思想在内的中华优秀传统文化中蕴藏着解决当代人类面临的难题的重要启示。可以说，中华优秀传统文化就是我们讲好中国故事的绝佳素材，是中国和中国人在世界舞台上的亮丽名片，是中华民族屹立于世界民族之林的深厚软实力。

五、涵养社会主义核心价值观的重要源泉

社会主义核心价值观是决定文化性质和方向的最深层次要素，是文化的灵魂，是一个国家的重要稳定器。在当代中国，我们应该坚守什么样的社会主义核心价值观呢？习近平总书记强调：一个民族、一个国家的社会主义核心价值观必须同这个民族、这个国家的历史文化相契合，同这个民族、这个国家的人民正在进行的奋斗相结合，同这个民族、这个国家需要解决的时代问题相适应。这实际上指明了确立当代中国社会

主义核心价值观的两条标准：一是要同中国历史和传统文化相契合，二是要同中国人民正在进行的中国特色社会主义事业和实现中华民族伟大复兴的中国梦的实践相适应。培育和弘扬社会主义核心价值观的要求，正是基于这样的标准提出的。

习近平总书记指出：我们提倡的社会主义核心价值观，就充分体现了对中华优秀传统文化的传承和升华，中华优秀传统文化已经成为中华民族的基因，植根在中国人内心，潜移默化影响着中国人的思想方式和行为方式。今天，我们提倡和弘扬社会主义核心价值观，必须从中汲取丰富营养，否则就不会有生命力和影响力。因此，社会主义核心价值观只有根植于中华优秀传统文化的源泉之中，才能成为中国人民的价值追求和行为规范；同样，中华优秀传统文化只有为社会主义核心价值观所继承和升华，并服务于中国特色社会主义事业，才能彰显其当代价值，激发其时代活力，使之传承下去。

六、中国特色社会主义植根的文化沃土

中国特色社会主义道路的开辟不是凭空、偶然产生的，而是由我国的历史传承、文化传统、基本国情决定的，是马克思主义基本原理与中国具体实际包括历史文化实际实现有机结合的产物。所以说，中国特色社会主义植根于中国文化沃土、反映中国人民意愿、适应中国和时代发展进步要求。习近平总书记在 2014 年曾说过，中国特色社会主义“是在改革开放 30 多年的伟大实践中走出来的，是在中华人民共和国成立 60 多年的持续探索中走出来的，是在对近代以来 170 多年中华民族发展历程的深刻总结中走出来的，是在对中华民族 5000 多年悠久文明的传承中走出来的，具有深厚的历史渊源和广泛的现实基础”。因此，我们理应对我们正在从事的中国特色社会主义事业充满信心。

七、治国理政的重要思想文化资源

历史是最好的老师。习近平总书记反复强调，要从传统文化中寻找治国理政的经验借鉴和智慧启示。治理国家和社会，今天遇到的很多事情都可以在历史上找到影子，历史上发生过的很多事情也都可以作为今天的镜鉴。要治理好今天的中国，需要对我国历史和传统文化有深入了解，也需要对我国古代治国理政的探索和智慧进行积极总结。中华优秀传统文化中的丰富哲学思想、人文精神、教化思想、道德理念等，可以为我们认识与改造世界、治国理政和道德建设提供有益启发。因此，各级领导干部要重视对中华优秀传统文化的学习，努力挖掘和掌握其中的各种思想精华，以学益智，以学修身，为治国理政提供借鉴。

中国传统文化中蕴含着哪些治国理政的思想文化资源呢？习近平总书记在不同场合从不同角度列举了很多，相比而言，他在纪念孔子诞辰 2565 周年国际学术研讨会开

幕会上讲得最为集中。他一口气列了17条思想：关于道法自然、天人合一，关于天下为公、大同世界，关于自强不息、厚德载物，关于以民为本、安民富民乐民，关于为政以德、政者正也，关于苟日新日日新又日新、革故鼎新、与时俱进，关于脚踏实地、实事求是，关于经世致用、知行合一、躬行实践，关于集思广益、博施众利、群策群力，关于仁者爱人、以德立人，关于以诚待人、讲信修睦，关于清廉从政、勤勉奉公，关于俭约自守、力戒奢华，关于中和、泰和、求同存异、和而不同、和谐相处，关于安不忘危、存不忘亡、治不忘乱、居安思危，等等。

八、实现中华民族伟大复兴中国梦的重要精神支撑

实现中华民族伟大复兴的中国梦，是近代以来中国人民的共同夙愿，它既体现了当代中国人的理想，也承继了中华民族悠久的历史文化传统。一个国家、一个民族的强盛，总是以文化兴盛为支撑的，中华民族伟大复兴需要以中华文化发展繁荣为条件。中华民族伟大复兴的中国梦，需要强大的精神力量作为支撑，没有中华文化的繁荣兴盛，没有中国人民精神世界的极大丰富，没有中华民族精神力量的不断增强，就没有中华民族的伟大复兴。中华优秀传统文化中蕴含的中华民族宝贵的精神品格、崇高的价值追求、丰富的思想精华，支撑着中华民族历经险阻而生生不息、薪火相传。在实现中华民族伟大复兴中国梦的征程中，需要传承和弘扬中华优秀传统文化，需要中华优秀传统文化的滋养和支撑。

第二节　中华优秀传统文化的核心思想理念

中华民族在漫长的历史中，在修齐治平、尊时守位、知常达变、开物成务、建功立业过程中形成了底蕴深厚的传统文化，凝练成了博大精深的核心思想理念。中国共产党在中华优秀传统文化核心思想理念上继承和发展其合理内核，并赋予了新时代的含义。这为人们认识和改造世界提供有益启迪，为治国理政提供有益借鉴。传承发展中华优秀传统文化，就要大力弘扬讲仁爱、重民本、守诚信、崇正义、尚和合、求大同等核心思想理念。

一、讲仁爱

“仁爱”是中华民族最核心的价值理念。孔子之前已有了“仁”的概念与“仁爱”的思想，孔子第一次明确地把“仁爱”作为礼乐文明的核心精神，把“仁”界定为“爱人”：“樊迟问仁，子曰：‘爱人。’”孔子又提出了“泛爱众而亲仁”的思想。孔

子高度肯定了“博施于民而能济众”的行为，强调“修己以安人”“修己以安百姓”。他反对滥用权力，反对以随意的态度使用民力，主张以恭敬的态度尊重、呵护百姓。他赞扬“恭、宽、信、敏、惠”，强调“因民之所利而利之”，批评不教而诛等虐、暴、贼、吝四种恶政。唐代韩愈的“博爱之谓仁”即来自孔子的“泛爱众”、爱人民、保护老百姓的思想，可见“仁爱”是普遍性的爱。朱子说：“仁者，爱之理，心之德也。”

“仁”的内涵包括尽己之“忠”与推己之“恕”，这两者是一体之两面，是互动的。一方面是“己欲立而立人，己欲达而达人”，也就是自己想要在社会上站得住，同时也想到别人，让别人也站得住；自己想通达起来，同时也想到别人，希望别人也通达起来。另一方面是“己所不欲，勿施于人”，即自己不想要的东西，不要强加给别人，也就是尊重、宽容别人，设身处地为别人着想。冯友兰在《中国哲学史》中指出：“‘为仁之方’在于‘能近取譬’，即谓为仁之方法在于推己以及人也。‘因己之欲，推以知人之欲’，即‘己欲立而立人，己欲达而达人’，即所谓忠也。‘因己之不欲，推以知人之不欲’，即‘己所不欲，勿施于人’，即所谓恕也。实行忠恕即实行仁……孔子一贯之道为忠恕，亦即谓孔子一贯之道为仁也。为仁之方法如此简易。”张岱年在《中国哲学大纲》中说：“‘己欲立而立人，己欲达而达人’乃是仁的本旨。‘立’是有所成而足以无倚；‘达’是有所通而能显于众。自己求立，并使人亦立；自己求达，并使人亦达；即自强不息，而善为人谋。简言之，便是成己成人。‘能近取譬’，则是为仁的方法，即由近推远，由己推人；己之所欲，亦为人谋之，己之所不欲，亦无加于人。”爱人就要善为人谋，成己成人成物。

儒家讲“仁爱”讲得很平实，从每个人对父母、亲人的情感开始。“仁”是以亲爱亲人为起点的道德感，首先是孝敬父母、尊重兄长，然后把它扩充出去。孝悌之所以重要，是因为爱父母兄弟乃是人之所以为人的一种基础性的情感，是人们对爱的生命体验的开端。人能够以这种爱为基点，然后推己及人。至于儒家的爱亲，并不是无限度的，它是有一定的节制与尺度的。孝悌只是“仁爱”中之一，并不是“仁”之全部，恰如孟子所宣扬的“老吾老以及人之老，幼吾幼以及人之幼”“亲亲而仁民，仁民而爱物”。由爱亲人推到爱陌生人，由爱百姓推到爱万物，爱草木鸟兽、瓦石山水。宋儒张载讲：“民吾同胞，物吾与也。”“民胞物与”这是一种宇宙家族的思想，包容性很强，表明天、地、人、物、我之间的情感相通，痛痒相关，表达了一种普遍的同情心、爱心与正义感。这也就包含我们今天所谓生态环保的意思。

历史上，在中华各民族融合的过程中，“仁爱”逐渐成为传统价值体系的内核。广义的“仁”包括仁、义、礼、智、信“五常”，狭义的“仁”则是五常之一。“仁爱”也是“孝悌忠信，礼义廉耻”等四维八德的基本精神。“仁爱”思想具有草根性，是各民族老百姓的基本诉求。各种蒙学、家训及口耳相传的人文教化，以润物细无声的方式把这种大爱精神普及到千家万户，传承于世世代代。“仁爱”也是历朝历代士大夫修身的中心内容，为官之道首先要讲爱心，关心百姓疾苦，仁民爱物。“仁爱”在今天公民社会的公德重建中有着巨大的生命力。

儒家的这种人生观，对于后世的影响极其深远。今天，“仁爱”的内涵得到了传承，还表现在自律上，即“克己复礼”，学会正视自己，克制自己的行为，使自己的行为、价值追求和个人品质符合“仁爱”的要求，“仁爱”是社会主义核心价值观的重要源泉，现代社会、国家、个人的发展，必须以“爱人”“成己成人成物”为前提与目的。我们可以毫不夸张地说，“仁爱”是二十四个字的总的基础，尤其是“和谐”“公正”“敬业”“友善”的发祥地。

二、重民本

民主是社会主义中国的核心价值观之一。民主不仅是人的精神追求，同时也是立足中华优秀传统文化，深入挖掘和阐发中华传统民本思想，是做好社会主义民主的创造性转化和发展的重要途径。

民本思想在中华文化史上源远流长，代表着中华民族独特的精神标识。在几千年的中国政治思想传统中，民本是最耀眼的思想明珠，蕴含着丰富的优秀传统文化资源。西汉贾谊在《新书·大政上》提出：“闻之于政也，民无不为本也。”这是古代民本思想的一个概述。进一步分析，中国传统民本思想包含着下列几个最重要的观念。

（一）“立君为民”的权力来源观念

国家与君主的权力来源于哪里？民本思想的倡导者坚持一切政治权力的依据来源于人民。《荀子·大略》载：“天之生民，非为君也；天之立君，以为民也。”君主总是以上天立君并使之获得政治权力，但是“天之立君”最终还是为了人民。孟子说：“民为贵，社稷次之，君为轻。是故得乎丘民而为天子，得乎天子为诸侯，得乎诸侯为大夫。”“民贵君轻”是中国古代最精彩的民本思想命题之一，其核心理念是：在追溯政治权力来源的意义上，人民的重要性要高于国家政权，更要高于君主。

（二）“民为邦本”的国家基础观念

国家政治的基础是什么？中国传统的思想家、政治家认同“民惟邦本，本固邦宁”理念，意思是只有人民才是国家体系的基础、政治稳定的条件。作为统治者要认识到人民力量的重要性，即如孟子所说：“得天下有道，得其民，斯得天下矣。得其民有道，得其心，斯得民矣。”尽管他们也相信“天”“天命”，但是他们认为，“天视自我民视，天听自我民听”“民之所欲，天必从之”。也就是说，最终决定国家体系、政治稳定的基础，只有人民。

（三）“爱民养民”的执政目标观念

执政者的目标是什么？子贡问：“如有博施于民，而能济众，何如？可谓仁乎？”孔子答：“何事于仁，必也圣乎！尧舜其犹病诸！”也就是说，能让人民过上好日子，是比尧舜还强的圣人。儒家主张执政者应能让百姓过上好日子，这是必须确立的执政目标。

总之，“民本”的基本价值理念主要表现在以上几个方面，包括“立君为民”“民惟邦本”“民贵君轻”“敬天保民”“仁民爱民”等重要古训，表现出人民在国家政治体系中的重要地位。“民本”思想揭示了深刻的执政规律，约束了政治权力和顺应了民意，维护了社会秩序和国家稳定。

但是，我们也必须承认，中国古代的民本思想存在重要缺陷，最为突出的有两点。第一，民本思想虽然强调了权力来源于人民、人民是国家政治的基础、人民的幸福生活是执政的目标等，但是肯定了现代民主理念中的“为人民的统治”的问题缺乏“人民的统治”的理念，而完整的民主理念应该是包括“为人民的统治”与“人民的统治”。这就是历史上的专制君主也能够接受并倡导民本思想的原因。第二，民本思想虽然肯定了现代民主理念中的“为人民的统治”的问题，但对于如何落实以民为本的问题，民本思想并没有进一步提出切实可行的权力制约及其制度设计的方案和步骤。提倡民本思想的士大夫更为关注以思想道德解决政治问题，而没有从权力制约及其制度设计上落实以民为本的问题，故而大大削弱了中国传统民本思想的政治作用和历史影响。

以民为本的政治思想，不仅在中国古代是一种治国之道，而且在当代，仍然具有更加重要的现实意义。习近平总书记指出，保证全体人民在共建共享发展中有更多获得感，不断促进人的全面发展、全体人民共同富裕。这赋予了“重民本”新的时代内容。在封建统治时期，“重民本”是封建君主维护封建统治的手段和工具，主权在君不在民，是君主的单向执政。今天，“重民本”是全部工作的出发点和落脚点，人民主权大于一切，提倡建设“共建共治共享”的社会治理格局，人民有了更多权利参与国家治理。

三、守诚信

诚，外在表现为坦荡，不做虚假事，不说虚假话；内在表现为真诚、忠实，即贵在真、重在诚的品质修养。孟子曰：“诚者，天之道也，思诚者，人之道也。”追求真实是做人的根本要求。信，守信用遵守诺言，表现为言出必行。“人而无信，不知其可也”。人如果不讲信用不遵守诺言，不知道还能做什么，表明了“信”的重要性。诚信的基本含义是坦诚守信，不欺不诈。

党的十八大报告提出的培养和践行社会主义核心价值观“三个倡导”中，诚信这个古老的道德目标被列入了倡导的公民价值准则之中。《管子·枢言》云：“诚信者，天下之结也。”历史积淀了其丰厚的文化内涵，时代又赋予其鲜活的历史使命。

在中国可靠的文献记载中，诚信的思想出现很早。最早的文献《尚书》中，有赞扬帝尧“允恭克让，光被四表，格于上下”（《尧典》）的记载，《尔雅》释曰：“允，信也；允，诚也。”意谓尧“诚信恭谨，推贤让能，光照四方，道通天地”。在商汤对臣民的誓言中，也有“尔无不信，朕不食言”（《汤誓》）之语，说明，早在五帝、三代时期，诚信已是为政者治国理政之本。

春秋时期，王命不振，诸侯纷争，诚信成为一个国家能否生存的根基，这是诚信思想发展的重要时期。《左传》中，“信”字出现了数百多次，“信，战之器也”“礼以行之，信以守之，仁以厉之”等话语，屡出君臣上下之口。诚信思想在政治、外交、军事层面的重要价值得到充分挖掘和运用。

对诚信从道德伦理上进行深入论析、系统阐发、大力推扬的是先秦儒家学派。孔子在《论语》中，几十次提到“信”字，“信”是出现率最高的德目之一。他从多个方面阐述“信”的丰富内涵和重要价值，并将“信”作为教育学生的四大科目之一。“信”被列入为人最基本的“五德”：“恭、宽、信、敏、惠”。以子思、孟子为代表的思孟学派，是先秦儒学发展中承先启后、影响最大的学派，其对诚信思想体系的发展贡献尤为突出。《中庸》首次对“诚”作了哲理、伦理的深入阐释，将其提升到“天人之道”来认识，“诚者，天之道也，诚之者，人之道也”。《孟子》传承发展子思“诚”的天人之道，将天人合一统一于至诚之境，孟子还发展了孔子的诚信思想，将“朋友有信”提升到与“父子有亲，君臣有义，夫妇有别，长幼有序”并列的“五伦”之中，其成为整个社会关系的道德基准。荀子对诚和信的思想各有深入论析，进一步将孔子、孟子提出的“朋友有信”的道德要求扩展为商贾、百工、农夫等各种职业的道德准则，提升、巩固了诚信的社会人伦道德属性。

需要说明的是，先秦诸子中法、道、墨、杂等各家虽然主张各异，但对诚信思想都高度关注，各有论述。例如《韩非子》中“信”字出现100多次，被郭沫若称为各家思想“杂盛于一篮”的稷下学宫论文总汇《管子》一书，对“诚”“信”论述亦颇多。杂家代表作《吕氏春秋》，不但大量论及“诚”与“信”，且有《贵信》专篇以论诚信。可见，“诚信”是百家思想的一个核心理念。

汉代“独尊儒术”，诚信被列为“三纲五常”之一，成为国家社会道德伦理的纲常规范，历代传承，弘扬光大。

从诚信思想的形成、发展和传承看：其一，诚信有丰富内涵。它由诚与信两个既有差异，又相互联通的道德范畴融为一体。大致说来，诚，既有外在的“真实无妄”（朱熹语），又有内心的真诚、忠实、专一，重在内心修养。信，既讲外在的“言忠信”（孔子语），又有内心的信任、守信、不欺，重在为人准则。而诚信相通，“诚则信矣，信则诚矣”（程颐语），诚是信的前提，信是诚的保证；诚是信的内在自觉，信是诚的外在展现。诚是神，信是形，诚信合一，立德立人，形神兼备。其二，诚信是为人之本、立国之本。孔子有言：“人而无信，不知其可也。”与人交往，要“言而有信”（孔子语），“守之以信，守之以礼”（《左传》）。作为个人的道德修养，要“身致其诚信”，“意诚而后心正，心正而后身修”（《礼记》）。为政者，要明白“民无信不立”（孔子语），“信，国之本也”（《左传》）。总之，诚信既是治国为政之本，也是进德修业之根。

中华民族是个有着诸多优秀传统美德的民族，历经数千年的社会发展、文化变迁后，“诚信”品德历久益丰，历久弥新，成为我们今天树立和践行社会主义核心价值观的重要准则之一。

习近平总书记认为，诚信，就是重规则、守契约、讲信用、言必信、行必果，要把诚信作为公民安身立命之本，着力培育公民高尚道德良知，引导人们诚实立身，诚实为人，诚实做事，做到心底真诚、行为守信，成为具有强烈社会责任感的“诚信”公民。“诚信”随着市场经济的兴起遭遇到的挑战越来越大。调查表明，社会上的人际信任呈现下降的趋势，社会迫切需要“诚信”。这既说明诚信是民族精神之魂，是我们实现中国梦的丰富精神滋养和珍贵的文化资源，也提醒我们今天在面对社会巨变、文化转型、全球化的背景下，继承、发展、创新诚信文化的重要性和迫切性。建设诚信社会、诚信政府、诚信企业、诚信家庭，人人诚信是实现中华民族文化伟大复兴的根本所在。

四、崇正义

公正、合理谓之正义，如“义，人之正路也”和“义者，宜也”所言。在传统文化中，正义产生于原始的平等观念，还指按照社会一定的价值追求和道德规范去做恰当的事情，是人类社会普遍认为的崇高价值标准，也指一种道德评价，通常与“公正”相通。

近代以来，我国学人多以英文“justice”一词为基础谈论“正义”问题，大量引进西方的“正义”理论，许多社会问题的论述也以此为依据而展开。殊不知，我国的“正义”学说更加源远流长、内涵丰富。更重要的是，它是我们核心价值观念的深厚土壤和牢固根基。

早在尧舜时代，“义”就已经是重要命题。后来，“义”作为“五常”之一，又成为极其重要的道德范畴。在我国的早期论述中，“义”就有“正义”的意义，《中庸》说：“义者，宜也。”“义”一定正，不正何“义”？所以《墨子·天志下》说：“义者，正也。”“义”包含人之行为的正当与公正，也包含社会制度评判上的合宜与公平。认真对比分析，不仅西方人“正义论”的基本内容尽在其中，而且意蕴更加丰富。

（一）正义是天下和谐、和顺的前提

人类文明的普遍法则与基本价值在于公平和正义，它首先表现为社会秩序上的和谐与和顺。孔子、儒家追求“天下为公”“公则不为私所惑，正则不为邪所媚”“唯公然后可正天下”。“义”意味着“公”，我们今天追求的自由、平等、公正、法治都以“公义”和“正义”为前提。人人“讲信修睦”，社会和谐，人心和顺，“老有所终，壮有所用，矜寡孤疾，皆有所养”（《礼运》），这是历代中国人的社会理想。只有安定才能前进，只有和谐才能发展，只有“天地位”才能“万物育”，《墨子·天志中》说：“天下有义则治，无义则乱。”《荀子·赋篇》说：“行义以正，事业以成。”贾谊《新书·威不信》也说：“古之正义，东西南北，苟舟车之所达，人迹之所至，莫不率

服。”“义”是历代国人的共同价值追求。

（二）正义是人之为人的社会性要求

中国传统文化尤其儒家学说，其突出特色在于思索人性与人的价值，思索“人之所以为人”的问题。《礼记·冠义》说：“凡人之所以为人者，礼义也。”《礼记·礼运》说：“何谓人义？父慈，子孝，兄良，弟悌，夫义，妇听，长惠，幼顺，君仁，臣忠。十者谓之人义。”儒家特别关注与“人情”相对的“人义”。所谓为人之“义”，无非是要求人们行为合乎道义，遵守礼义，即所谓“强而义”（《尚书·皋陶谟》）、“以义制事，以礼制心”（《尚书·仲虺之诰》）。当“义”与“利”冲突时，要“义以为上”（《论语·阳货》），“见利思义”（《论语·宪问》）、“见得思义”（《论语·子张》）。在个人修为方面，要明理正心，推延亲情，放大善性，循道而行，以“止于至善”。我国历代士人道义为先的价值取向、舍生取义的大丈夫精神，影响既深且广，是我们中华民族的宝贵财富。

（三）正义是社会伦理中的责任担当

“义”的内涵规定性要求社会成员“轨于正义”（《史记·游侠列传》），遵守人伦秩序。解决了基本的“人之为人”的问题，还需要有更高的要求，这就是要履行社会责任和道德义务。殷商鼎革之际，姜太公告周文王以“至道之言”，说“义胜欲则昌，欲胜义则亡”（《六韬》），无论提升国家治理境界还是个人成长，“义”都是要认真强调的道德人伦责任。孔子及儒家主张为人处世要符合“中道”，“中”首先是其思维或行为的正当性、合宜性，它要求人们认真把握“人心”和“道心”的统一，思考“人欲”和“天理”的平衡，这便是处事之“中”的问题。这个“中”一定要合乎“义”的要求。作为社会角色主体，人应有履行社会义务的自觉性、能动性。

在现代中国，“正义”的概念不仅仅存在于道德的领域，还逐渐延伸到政治、制度、法律等层面，通常与“公平”连用。公平正义是社会主义和谐社会的一个基本特征，也是社会主义法治的价值追求。一个富强、民主、文明、和谐、美丽的国家，一定是崇尚正义的国度。在这样的国度里，社会成员应按照个人的社会角色自觉修行，善养浩然正气，以天下为己任，勇于担当，爱国敬业，信义至上，不偏不颇。正义是诚信之本、友善之根，在弘扬民族精神和重塑价值体系的过程中，人们要遵循正义性原则，富于奉献精神，自觉履行社会义务，使义利有机统一，只有这样，才能找到自己的人生价值，使社会公平与公正得以维护。

五、尚和合

“和”为事物和谐关系之义；“合”为彼此融洽的两物结合、联合。《周易》说：“与天地合其德，与日月合其明，与四时合其序，与鬼神合吉凶。”这是先秦“和合”思想的代表，其核心是阴阳的对立与统一、人与天地合德。在传统文化中，“和合”指人与自然和社会各种伦理道德之间的和谐。

和合是中华优秀传统文化的思想精华，是中华民族人文精神的基本理念与首要价值，是中华文化的时代精神与生命智慧，是中华心、民族魂的体现，是当代社会主义核心价值观的重要源泉。

中华民族是善思的民族、智慧的民族，自古以来她因为人类文化贡献了一系列思想大师、科技发明、艺术创造、文学名著等，而居世界鳌头。和合一词最早见于先秦典籍《国语·郑语》；“商契能和合五教，以保于百姓者也。”和合父义、母慈、兄友、弟恭、子孝的伦常道德，百姓得到保养。稍后《管子·幼官》《墨子·尚同上》都讲和合。和合的现代意义是指自然、社会、人际、心灵、文明间诸多形相、无形相冲突融合，与在冲突融合的动态变化过程中诸多形相、无形相和合为新事物、新生命的总和。

“尚和合”所尚者包含以下六观：

（一）和生并育的宇宙观

天地万物从哪里来的？从古希腊柏拉图到费尔巴哈之前西方学者都认为天地万物由一个唯一的形而上本体派生的，犹如上帝造万物。中国智者认为“和实生物”，“先王以土与金木水火杂以成百物”。多元（五行）差异事物冲突融合而和合成万物。《周易》说：“天地细缊，万物化醇。男女构精，万物化生。”天地男女是阴阳两极，多样冲突，通过氤氲、构精的融合形式，和合而化生万物，各种差异，矛盾事物共同发育而不相互戕害，而开出海纳百川的多元性、包容性的中华民族独特的理论思维方式，与西方由唯一的形而上本体或造物主创生万物的思维方式所造成的排他性、独裁性异趣。

（二）和立不朽的人生观

人观照自我生命价值，为实现人生价值所构成与自然、社会、人际互动的关系。孔子说：“己欲立而立人”。孟子说：“人之所以异于禽兽者几希”。这几希的价值就在于“天地之性，人为贵”。之所以贵是因为人“禀阴阳之和，抱五行之秀”。人“三十而立”，对家庭、社会、国家便要负“匹夫有责”。这个责任，就如《左传》所说：“太上有立德，其次有立功，其次有立言。”人的三不朽的人生价值与日月同辉。

（三）和达共赢的发展观

孔子说：“己欲达而达人。”自己发达也要使他人发达。《中庸》说：“和也者，天下之达道也。”和达共赢是天下普遍通达的道路。在全球化信息革命时代，国际社会已成为像“太极图”一样，阴中有阳，阳中有阴，你中有我，我中有你的命运共同体。唯有合作共赢、共同发展，人类才能共同绘出文明、幸福、美好璀璨的未来。

（四）和心中节的心灵观

孟子说：“养心莫善于寡欲。”人为贪欲心的财、色、权所迷而不自觉，而导致扭曲人性，破坏心灵的宁静、平衡、和谐。《中庸》讲：“喜怒哀乐之未发谓之中，发而皆中节谓之和。”七情发出都符合一定节度，而不超过或不及，这便是和心，也就是中和、中庸。如何中和？唯有做到知足、知止、知觉三知，才能过财、色、权三关；唯有积善集义而养心，中和求放心，孔颜之乐而乐道，才能营造民族共有精神家园。

（五）和爱公正的道德观

道德观是指协调人与自然、社会、人际、心灵、文明等之间关系原则的总和。其宗旨和价值目标是和合。孔子讲："泛爱众。"墨子讲："兼相爱。""仁民爱物"才能实现"天下为公"的公平正义。唯有仁义礼智信的道德精髓和不忍人之心的和爱，才能使人类生生不息；"仇必和而解"，才不会发生大屠杀的惨剧。以和爱公正化解痛苦、烦恼、焦虑和冷漠，以和爱公正救赎谬误、过错、自杀和杀人，让爱心公正使和合心灵世界和乐无穷。

（六）和处合作的国际观

中华民族自古以来就以"协和万邦"作为处理国际关系的原则；以"己所不欲，勿施于人"作为指导自身行为和化解国家、民族、种族、宗教之间冲突的原则；以"和而不同"原则与世界各国、民族、地区、联盟、宗教和平共处；以亲、诚、惠、容深化与周边国家互利合作；以"和衷共济"原则与世界各国、民族包容互鉴、互利共赢、互信安全、合作发展，以维护世界和平。

和平、发展、合作、共赢是时代潮流，有和平环境才能发展，动乱战争只能造成破坏倒退；合作共赢才能发展，对抗、冲突会破坏发展，导致落后危机。"以他平他谓之和"的古训告诉我们，他与他者之间是平等的，国家、民族、宗教无论大小、强弱、贫富，都有平等的权利、机遇和义务；"以他平他"就要尊重他者，尊重生命。"老吾老以及人之老，幼吾幼以及人之幼"，以建设无杀人、无说谎、无偷盗、无奸淫的天和人和、天乐人乐的天人共和乐的和合世界。

今天，"和合"思想可以理解为在各种各样不同的事物之中，承认事物之间的差异和不同，承认事物的矛盾与对立，寻求不同事物之间的和谐共存与良性发展。习近平总书记提到，中华文化崇尚和合与文化源远流长，蕴含着天人合一的宇宙观、协和万邦的国际观、和而不同的社会观、人心和善的道德观。这给传统文化的"和合"理念加入了新的内容。相较于古代的"和合"理念，新时代的"和合"思想涵盖的范围更加广泛了，同时也褪去了封建时代中"和合"思想的迷信外衣。

六、求大同

自古至今，大同一直是中国人关于理想社会的梦想，并不断地被注入新的内容和精神。《尚书·洪范》最早提到了"大同"一词，用来描述王、卿士、庶民和天地鬼神同心同德的状态。但真正用大同来指称某种社会理想的则是《礼记·礼运》，该篇云："大道之行也，天下为公。选贤与能，讲信修睦。故人不独亲其亲，不独子其子。使老有所终，壮有所用，幼有所长。矜寡孤独废疾者，皆有所养。男有分，女有归。货恶其弃于地也，不必藏于己。力恶其不出于身也，不必为己。是故谋闭而不兴，盗窃乱贼而不作。故外户而不闭。是谓大同。今大道既隐，天下为家。各亲其亲，各子其子，货力为己，大人世及以为礼，城郭沟池以为固，礼义以为纪，以正君臣，以笃父子，以睦兄弟，以和夫妇，以设制度，以立田里，以贤勇知，以功为己。故谋用是作，而兵由此起。禹、汤、文、武、成王、周公由此其选也。此六君子者，未有不谨于礼者也。以著其义，以考其信，著有过，刑仁讲让，示民有常，如有不由此者，在势者去，众以为殃。是谓小康。”

大同是在和小康的对比中提出，以彰显出其伟大之精神。小康社会奠基在家、国、天下的基本社会结构之上，以宗法制度和伦理为核心，以区别和差等的精神来构造世界。其具体的落实便是禹、汤、文、武、成王、周公等代表的三代之治，小康社会的基本特点是：第一，天下为家；第二，礼义为纪；第三，兵刑为用。这正是三代之治的基本现实。与此相对，所谓大同，正如这个名词本身所包含的，克服了家天下制度下包含的亲疏远近等区分，打破人我的界限，以成至公之境。其特点是：第一，天下为公；第二，选贤与能；第三，各得其所；第四，世界太平。其中的核心是与私相对的公，选贤与能主要针对父子兄弟相继的家天下的权力转移模式，是天下为公的具体体现。

在儒家思想内部，大同和小康的区分既有历史的基础，也有心性的基础。从历史的基础来看，《中庸》说：“祖述尧舜，宪章文武”，尧舜和文武提供的政治典范并不相同，前者行禅让，尚德授贤；后者则实行宗法制度，父子兄弟相继。汉代人常说：“五帝官天下，三王家天下”，所指即在此。从心性的基础来看，如孟子所说：“尧舜，性之也；汤武，身之也。”在尧舜和汤武之间做了一个明确的区分。朱熹《孟子章句》解释道：“尧舜天性浑全，不假修习。汤武修身体道，以复其性。”

整体上说，由于家天下历史条件的限制，儒家思想的展开基本上是在小康的范围之内，三代之治成为最基本的政治理想。近代以来，随着中西思想的交汇贯通，大同开始得到关注现实的思想家们的重视。康有为著《大同书》，以西方平等、独立、人权、自由之说，激活传统的思想资源，如《礼记》中有关大同思想的论述和春秋公羊学中“据乱世”“升平世”和“太平世”的三世之说，以及佛教众生平等之论，结合大同、太平和西方观念，赋予大同思想新的意义。《大同书》的基本线索是，把人类之苦归之于九界，然后消除此九界归于大同。所谓九界，即九种分别：“一曰国界，分疆土部落也；二曰级界，分贵贱清浊也；三曰种界，分黄白棕黑也；四曰形界，分男女也；五曰家界，私父子、夫妇、兄弟之亲也；六曰业界，私农、工、商之产也；七曰乱界，有不平、不通、不同、不公之法也；八曰类界，有人与鸟兽、虫鱼之别也；九曰苦界，以苦生苦，传种无穷无尽，不可思议。”“何以救苦？……即在破除九界而已。”如破除男尊女卑、夫为妻纲之论，而行男女平等之实。其余种族、国家等亦如之。

孙中山也是大同思想的阐发者，曾经手抄《礼记·大同》章。大同和来自西方的人权、民主等一起，无疑是三民主义的重要思想基础。在《三民主义》演讲中，孙中山先生说：“我们三民主义的意思，就是民有、民治、民享。这个民有、民治、民享的意思，就是国家是人民所共有，政治是人民所共管，利益是人民所共享。照这样的说法，人民对于国家，不只是共产……就是孔子所希望的大同世界。”“民生主义就是社会主义……即是大同主义。”孙中山的特点是把大同观念和社会主义、共产主义联系在一起，其最典型的表现则是“天下为公”。

费孝通先生用“各美其美，美人之美，美美与共，天下大同”，从人类文明的角度对古代大同梦想进行了现代诠释，强调了不同的文明之间和谐发展才能求得大同。

习近平总书记提出构建“共建共治共享”的社会治理格局，精准扶贫，走向共同富裕；在国际上，提出构建人类命运共同体，都是对“大同”理念的一种诠释。古代的“大同”理想在当时的社会与制度下带着空想的色彩，如今的“大同”还表现在文明和谐发展方面，在社会方面更多注重人民共治共享。

在近代到现代的政治实践和思想探索中，大同思想都发挥了重要的作用。一方面成为接引西方先进思想的传统资源，另一方面是批判和超越传统专制政治、社会和伦理的工具。总结起来说，大同和小康的区别，使得儒家传统保持了更大的思想张力，包含着超越某种具体政治制度和价值观念的可能性。如在大同观念之下，仁的价值就更可能超越亲亲的维度，转向对天地万物一体的强调；历史上儒家对于君权的维护也更可以转变为当代社会对于民权的重视。相对于其他一些观念，“大同”可以更好地接纳自由、民主、平等、公平、正义等现代价值，在“旧邦新命”中实现中华民族的伟大复兴。

第三节 实现中华优秀传统文化创造性转化、创新性发展

文化是一个国家、一个民族的灵魂。在5000多年的历史长河中，中华民族创造了博大精深、灿烂辉煌的优秀传统文化，为中华民族的生生不息、发展壮大提供了强大的精神支撑，为广大中华儿女团结一心、砥砺奋进提供了深厚的情感联结，为中华民族屹立于世界民族之林提供了坚实的自信基础。传承和弘扬中华优秀传统文化是我们必须自觉承担的历史责任和历史使命。习近平总书记指出，中华民族伟大复兴需要以中华文化发展繁荣为条件，要推动中华优秀传统文化创造性转化、创新性发展，不断增强中华文化的影响力和吸引力，创造中华文化新的辉煌。

“不忘本来才能开辟未来，善于继承才能更好创新。”中国共产党在领导人民进行革命、建设、改革伟大实践中，自觉肩负起传承发展中华优秀传统文化的历史责任，是中华优秀传统文化的忠实传承者和弘扬者。对传统文化秉持客观、科学、礼敬的态度，不复古泥古，不简单否定，坚持古为今用、推陈出新，有鉴别地加以对待，有扬弃地予以继承，取其精华、去其糟粕，用中华民族创造的一切精神财富来以文化人、以文育人。按照时代特点和要求，对那些至今仍有借鉴价值的内涵和陈旧的表现形式加以改造，赋予其新的时代内涵和现代表达形式，激活其生命力。按照时代的新进步新进展，对中华优秀传统文化的内涵加以补充、拓展、完善，增强其影响力和感召力，实现中华优秀传统文化的创造性转化和创新性发展，让中华文化展现出永久魅力和时代风采。

一、辩证地继承

习近平总书记强调："对历史文化特别是先人传承下来的道德规范，要坚持古为今用、推陈出新，有鉴别地加以对待，有扬弃地予以继承。""有鉴别"就不是简单地持全盘肯定或全盘否定的态度，不是历史虚无主义或文化保守主义的态度；"有扬弃"是在经过分析鉴别的基础上，坚决剔除其过时落后的糟粕后，积极继承吸收其合理优秀的成分。对存在合理内核又具有旧时代要素的内容，要取其精华、去其糟粕。对明显不符合当今时代要求的内容，要加以扬弃。

中华优秀传统文化蕴含的思想观念，如革故鼎新、与时俱进，脚踏实地、实事求是，惠民利民、安民富民，道法自然、天人合一等，为人们认识和改造世界提供了有益启迪，为治国理政提供了有益借鉴。中华优秀传统文化蕴含的人文精神，如求同存异、和而不同的处事方法，文以载道、以文化人的教化思想，形神兼备、情景交融的美学追求，俭约自守、中和安泰的生活理念等，滋养了中华民族独特丰富的文学艺术、科学技术、人文学术，至今仍然具有深刻影响。中华优秀传统文化蕴含的优秀理念，如天下兴亡、匹夫有责的担当意识，精忠报国、振兴中华的爱国情怀，崇德向善、见贤思齐的社会风尚，孝悌忠信、礼义廉耻的荣辱观念，体现着评判是非曲直的价值标准，潜移默化地影响着中国人的行为方式。今天，我们传承发展中华优秀传统文化，就是要用其中蕴含的精髓滋养当代中国人的精神世界，提振当代中国人的精神力量。

习近平同志指出，要认真汲取中华优秀传统文化的思想精华和道德精髓，大力弘扬以爱国主义为核心的民族精神和以改革创新为核心的时代精神，使中华优秀传统文化成为涵养社会主义核心价值观的重要源泉。我们的先人曾经留下许多宝贵的优秀精神传统，如古人所说的"先天下之忧而忧，后天下之乐而乐"的政治抱负，"位卑未敢忘忧国""苟利国家生死以，岂因祸福避趋之"的报国情怀，"富贵不能淫，贫贱不能移，威武不能屈"的浩然正气，"人生自古谁无死，留取丹心照汗青""鞠躬尽瘁，死而后已"的献身精神等，都体现了中华民族的优秀传统文化和民族精神，我们都应该继承和发扬。当然，我们必须清楚地看到，在中国传统文化中也有一些糟粕性的东西，正如当年毛泽东主席所指出的那样："清理古代文化的发展过程，剔除其封建性的糟糕，吸收其民主性的精华，是发展新文化提高民族自信心的必要条件；但是决不能无批判地兼收并蓄。"

二、创造性转化

继承中华优秀传统文化不能照搬照抄、囫囵吞枣，关键要对其进行"创造性转化"。

对中华优秀传统文化中不适应时代发展需要，但经过改造仍然能够为现代化建设服务的部分，既不是全盘继承，也不是全部抛弃，而是推陈出新，进行创造性转化。中国特色社会主义文化是现代文化，具有鲜明的时代性。它植根于中国特色社会主义的伟大实践，反映了时代发展的主流和方向，体现了时代的特征和精神。因此，它不是传统文化的简单重复和模仿，而是结合当前、面向未来的创新、创造和再生。对此，毛泽东主席精辟地概括为四个字："推陈出新"。所谓推陈，即立足于当代，扬弃那些不适合今天需要的东西；所谓出新，即对这一层次的传统文化进行清理和提炼，并积极创造新的内容和形式，赋予其新的生命力。只有在既继承又发展、既扬弃又创新的辩证统一运动中，中国特色社会主义文化才能前进，才会有巨大生命力。因此，对于中华优秀传统文化，最有效的继承和保护就是与时俱进地不断发展，不断创新。即对那些至今仍有借鉴价值的内涵和陈旧的表现形式加以改造，赋予其新的时代内涵和现代表达形式，激活其生命力，让中华文化展现出永久魅力和时代风采。如今，有没有创新能力，能不能创新，是全球范围内各国文化竞争的决定性因素。越是能够不断自主发展、自我超越、主动创新的民族和文化，越是能够面对全球文化的竞争。为应对 21 世纪的世界文化竞争，我们要始终保持与时俱进、发展创新的观念，高扬创新的旗帜，激发全民族文化创新创造活力，建设社会主义文化强国。

习近平总书记在谈到对待中国传统文化的态度时指出："要处理好继承和创造性发展的关系，重点做好创造性转化和创新性发展。"如何才能实现对中国传统文化的创造性转化呢？在习近平总书记看来，必须使中华民族最基本的文化基因与当代文化相适应、与现代社会相协调，以人们喜闻乐见、具有广泛参与性的方式推广开来。这就告诉我们，要实现对中国传统文化的创造性转化，一要使中华传统文化与当代文化相适应，使中国传统文化和传统美德为社会主义先进文化建设服务，为提升当代中国文化软实力、建设社会主义文化强国服务；二要使中华传统文化与现代社会相协调，认真挖掘中华传统文化中的"精华"，并赋予其新的时代内涵，使之真正成为推进改革开放和社会主义现代化建设的精神动力；三要用符合时代需要和大众口味的形式对传统文化作出新的"阐释"，使之能够以人们喜闻乐见、具有广泛参与性的方式被推广开来。

三、创新性发展

继承中华优秀传统文化的目的是进一步促进中国传统文化的与时俱进，推进中国传统文化的创新性发展。那么，在当今时代条件下如何实现中国传统文化的创新性发展呢？习近平指出提高国家文化软实力，要努力展示中华文化独特魅力，把继承传统优秀文化又弘扬时代精神、立足本国又面向世界的当代中国文化创新成果传播出去。

（一）赋予传统文化以时代内涵

中国传统文化是一个有机的整体，承载着中华民族的基本价值追求，蕴含着中华民族的民族精神，有着独特的民族特质。从发展的阶段性来看，中国传统文化是一个不断发展、丰富并自我更新的过程。就古代而言，刚健有为、厚德载物、贵和尚中、仁民爱物、修己安人、天人合一、修身为本等，都反映了当时的文化精神；就近代而言，爱国主义、民族主义、科学精神、民主精神、自由精神等，反映了新的时代的文化精神，是古典文化精神的更新和进步。无论古代的还是近代的传统文化，有些基本价值理念是贯穿始终的，如：自强不息的奋斗精神，爱国主义的深厚情怀，和谐统一的博大胸襟，崇德重义的高尚情怀，文化中国的理想追求，勤劳勇敢的质相秉性，等等。这些基本的价值理念，体现了中国传统文化的主流价值，反映出中华民族文化的特质。

中国共产党人历来以弘扬中华优秀传统文化为己任，始终坚持促进中国传统文化与时代精神的结合，并不断赋予优秀传统文化以新的时代内涵。一代又一代的中国共产党人将“国家兴亡、匹夫有责”的爱国精神，“与时俱进、自强不息”的进取精神，“先天下之忧而忧”的忧患意识，“民为贵、君为轻”的民本思想，“仁者爱人”“为政以德”的仁政文化，“出淤泥而不染”的高洁品质等中华传统文化精华发扬提升到了历史上前所未有的高度。同时，中国共产党人以高度的理论自觉和文化自信，不断推进优秀传统文化与社会主义先进文化的互动融合，使优秀传统文化通过创造性转化成为中国特色社会主义先进文化的不竭源泉，使民族复兴中国梦的文化根基不断得到巩固。

比如，社会主义核心价值观所强调的爱国、友善、诚信、公正、和谐等理念，就是把中国传统文化所强调的“讲仁爱、重民本、守诚信、崇正义、尚和合、求大同”的价值理念与当今时代特征及我国实际结合发展而来的，是中国传统价值观的创新性发展。

（二）既要立足本国国情又要面向世界

文明因交流而多彩，文明因互鉴而丰富。中华民族是一个兼容并蓄、海纳百川的民族，在漫长历史进程中，不断学习他人的好东西，把他人的好东西转化成自己的东西，这才形成我们的民族特色。5000多年来，中华优秀传统文化之所以能够不断发扬光大，就是因为既坚守本源又不断与时俱进，既盛德日新又兼容并蓄，不拘泥于哪一家、哪一派的文化，对各国人民创造的优秀文明成果，采取积极学习借鉴的态度，吸纳其中的有益成分。这正是中华民族的智慧所在，坚持从本国本民族实际出发，取长补短、择善而从，在不断汲取各种文明养分中丰富和发展中华文化。

着眼当下，传承和弘扬中华优秀传统文化，绝不意味着故步自封。我们要进一步加强对中华优秀传统文化的挖掘和阐发，把跨越时空、超越国度、富有永恒魅力、具有当代价值的文化精神弘扬起来，把继承优秀传统文化又弘扬时代精神、立足本国又面向世界的当代中国文化创新成果传播出去。

向世界阐发中华优秀传统文化，也是努力提高我国国际话语权的重要途径。现在国际舆论格局总体是西强我弱，我们往往有理说不出，或者说了传不开。从话语传播上来说，中华优秀传统文化具有天然的亲和力，容易被国外不同受众所普遍接受，是我们想说的和国外想听的一个重要结合点。我们可以借助阐发中华优秀传统文化，围绕我国和世界发展面临的重大问题，着力提出能够体现中国立场、中国智慧、中国价值的理念、主张、方案，讲好中国故事。

在当今改革开放新的历史条件下，要实现中国传统文化的创新性发展，必须根据本国国情的需要，认真吸收借鉴世界文明成果之精华，形成面向现代化、面向世界、面向未来的民族的科学的大众的社会主义先进文化，比如，社会主义核心价值观所强调的自由、平等、民主、文明等理念，就是在“吸收了世界文明有益成果”的基础上产生的。

四、反对两种错误思潮

在对待中国传统文化的态度上，有两种错误思潮值得我们高度警惕并坚决抵制：一种是教条主义地对待中国传统文化。持这种态度的人把传统文化视为铁板一块的“高大全”，不加分析地照搬照抄或全盘肯定。这种对待中国传统文化的教条主义态度不仅不利于我们弘扬中国优秀传统文化，而且会给我们今天的现代化建设事业带来非常严重的危害影响。另一种就是全盘否定中国传统文化的历史虚无主义思潮。这种思潮把中华民族的“民族性”“传统性”贬得一无是处，把中国传统文化视为“沉重的包袱”“历史的惰力”，主张“要反传统”，彻底“摆脱中国文化的传统形态”，“根本改变和彻底重建中国文化”。这种全盘否定中国传统文化的历史虚无主义思潮，不仅在理论上是完全错误的，而且在实践上也是十分有害的。在对待中国传统文化这个事关国家富强、民族振兴、人民幸福的战略性问题上，我们一定要以习近平总书记的重要论述为指针，即“对我国传统文化，对国外的东西，要坚持古为今用、洋为中用，去粗取精、去伪存真，经过科学地扬弃后使之为我所用”。这就是我们对待中国传统文化的正确、科学态度。

第七章　大学生爱国主义教育要以维护祖国统一和民族团结为着力点

实现中华民族伟大复兴，是全体中国人共同的梦想。保持香港、澳门长期繁荣稳定，实现祖国完全统一，是实现中华民族伟大复兴的必然要求，是不可阻挡的历史进程，也是全体中华儿女的共同心愿。推进祖国和平统一最符合包括台湾同胞在内的中华民族的根本利益。

中华民族是一个多民族的统一体，各民族团结和睦，始终是各族人民的共同愿望和神圣职责。处理好民族问题、促进民族团结，是关系祖国统一和边疆巩固的大事，是关系民族团结和社会稳定的大事，是关系国家长治久安和中华民族繁荣昌盛的大事。

新时代的大学生要像爱护自己的眼睛一样珍惜民族团结，像爱护自己的生命一样维护社会稳定，不断增强对伟大祖国、中华民族、中华文化、中国共产党、中国特色社会主义的认同，坚决维护国家主权、安全、发展利益，旗帜鲜明地反对分裂国家图谋、破坏民族团结的言行，筑牢国家统一、民族团结、社会稳定的铜墙铁壁。自觉做民族团结进步事业的建设者、维护者、促进者。

第一节　坚持“一国两制”，推进祖国统一

“一国两制”方针是党和国家实现祖国统一大业的基本国策，实现祖国完全统一是中华民族根本利益所在。习近平总书记立足新时代坚持和发展中国特色社会主义、实现中华民族伟大复兴的战略全局，系统总结了“一国两制”实践的成功经验，深刻阐明了坚持“一国两制”方针、推进祖国统一大业的基本立场和重大原则，充分反映了我们党对“一国两制”实践的规律性认识达到了一个新高度。香港、澳门回归祖国以来，“一国两制”实践取得举世公认的成功。事实证明，“一国两制”是解决历史遗留的香港、澳门问题的最佳方案，也是香港、澳门回归后保持长期繁荣稳定的最佳制度。

一、坚持“一国两制”、推进祖国统一是实现中华民族伟大复兴必然要求

中国是包括港澳同胞、台湾同胞在内的海内外全体中国人的共同家园。实现中华

民族伟大复兴，是近代以来中华民族最伟大的梦想，是中国共产党一经成立就肩负的历史使命。今天我们比历史上任何时期都更接近、更有信心和能力实现中华民族伟大复兴的目标。在这一历史背景下，海内外中华儿女更加期盼保持香港、澳门长期繁荣稳定，实现祖国完全统一。

近代以来，中国经历了长达百余年的国破山河碎、同胞遭蹂躏的悲惨历史，所有中华儿女对此刻骨铭心。历经上下求索、千辛万苦，中华民族终于在中国共产党的正确领导下，建立了中华人民共和国，实现了祖国大陆的完全统一，确立了社会主义制度，开启了建设自己国家的伟大征程。历史告诉我们，完成祖国统一，维护国家主权和领土完整，进而实现中华民族伟大复兴，已经深深熔铸进了中华民族的历史意识，成为全体中国人民坚如磐石的共同追求。

改革开放初期，邓小平同志着眼实现国家完全统一，以超凡的智慧和胆略创造性地提出“一国两制”伟大构想，并首先成功地解决历史遗留的香港、澳门问题。香港、澳门在1997年和1999年先后顺利回归祖国并重新纳入国家治理体系。从此，香港、澳门在祖国怀抱里不断向前发展，保持了长期繁荣稳定。正如习近平总书记指出的，“一国两制”实践取得了举世公认的成功。事实证明，“一国两制”是解决历史遗留的香港、澳门问题的最佳方案，也是香港、澳门回归后保持长期繁荣稳定的最佳制度，是行得通、办得到、得人心的。

党的十八大以来，在以习近平同志为核心的党中央坚强领导下，在习近平新时代中国特色社会主义思想科学指引下，“一国两制”在香港、澳门的成功实践深入推进，两岸关系实现和平发展。中央牢牢掌握宪法和基本法赋予的中央对香港、澳门的全面管治权，深化内地和港澳地区合作发展，支持港澳在国家整体发展战略中找准定位、发挥所长，妥善应对和处理了一系列重大问题，港澳发展动力更加强劲、发展空间更加广阔、发展前景更加光明，港澳同胞对港澳保持繁荣稳定的信心、对国家发展和民族复兴的信心不断增强，“一国两制”事业开创了崭新局面。国际社会一个中国格局更为稳固；妥善应对台湾局势变化，加强政策宣示，清晰划出红线，坚决反对和遏制“台独”分裂势力，有力维护台海和平稳定。实践证明，经过党的十八大以来的探索实践，“一国两制”事业开辟了新境界，“一国两制”理论得到进一步丰富和发展，国家统一进程进入了新的历史阶段。

党的十九大报告继续明确把完成祖国统一列为我们党的三大历史任务之一，并且与实现中华民族伟大复兴的中国梦这一目标统一起来，明确实现祖国完全统一是我们党在新时代的神圣历史任务，充分体现了最广大人民和中华民族的根本利益。统则强、分必乱，这是一条历史规律。习近平总书记指出，“实现祖国完全统一，是实现中华民族伟大复兴的必然要求”。换言之，没有实现祖国完全统一，就谈不上真正意义上的中华民族伟大复兴，中华民族所企盼的中国梦也不圆。

二、坚持“一国两制”、推进祖国统一的方针原则

“一国两制”是“一个国家，两种制度”的简称，指的是在中华人民共和国内，国家的主体实行社会主义，香港、澳门和台湾实行资本主义。“一国两制”是为了实现中国统一的目标而制定的方针，是为解决祖国大陆和台湾和平统一的问题及在香港、澳门恢复行使中国主权的问题而提出的基本国策。香港问题、澳门问题和台湾问题都是历史遗留下来的问题，解决这些问题，实现国家统一，是中华民族的共同愿望。

习近平总书记指出，解决台湾问题、实现祖国完全统一，必须继续坚持“和平统一、一国两制”方针，推动两岸关系和平发展，推进祖国和平统一进程。

贯彻这一方针，必须坚持一个中国原则、坚持“九二共识”。一个中国原则是两岸关系的政治基础。推动两岸关系和平发展，最根本的是坚持一个中国原则。虽然两岸迄今尚未统一，但中国的主权和领土完整从未分裂，两岸同属一个国家、两岸同胞同属中华民族，这一历史事实和法理基础从未改变，也不可能改变。体现一个中国原则的“九二共识”，明确界定了两岸关系的根本性质，是确保两岸关系和平发展的关键。没有这个定海神针，和平发展之舟就会遭遇惊涛骇浪，甚至彻底颠覆。

贯彻这一方针，必须坚定反对“台独”这一两岸关系和平发展的最大现实威胁。“台独”分裂势力煽动两岸同胞敌意和对立，损害国家主权和领土完整，破坏台海和平稳定，阻挠两岸关系发展，只会给两岸同胞带来深重祸害。民进党当局顽固坚持“台独”立场，纵容支持各种形式的“去中国化”“台独”分裂活动，严重冲击两岸关系和平发展。习近平总书记严正指出：“维护国家主权和领土完整，实现祖国完全统一，是全体中华儿女共同愿望，是中华民族根本利益所在。在这个民族大义和历史潮流面前，一切分裂祖国的行径和伎俩都是注定要失败的，都会受到人民的谴责和历史的惩罚！中国人民有坚定的意志、充分的信心、足够的能力挫败一切分裂国家的活动！中国人民和中华民族有一个共同信念，这就是：我们伟大祖国的每一寸领土都绝对不能也绝对不可能从中国分割出去！”“我们绝不允许任何人、任何组织、任何政党、在任何时候、以任何形式、把任何一块中国领土从中国分裂出去！”两岸同胞要坚决反对“台独”分裂势力，共同维护两岸关系和平发展局面。

三、推进香港、澳门“一国两制”成功实践行稳致远

“一国两制”是中国的一个伟大创举。在统一的国家之内，国家主体实行社会主义制度，个别地区依法实行资本主义制度，这在过往的人类政治实践中还从未有过。前人用超凡的勇气探索和突破，后人要以坚定的信念实践和发展。当前，中国特色社会主义进入新时代，“一国两制”在香港、澳门的实践也进入新时代。要坚定不移把“一国两制”实践向纵深推进，奋力谱写香港、澳门长期繁荣稳定新篇章。

严格依照宪法和基本法办事。宪法是国家根本大法，是全国各族人民共同意志的体现，是特别行政区制度的法律渊源。基本法是根据宪法制定的基本法律，规定了在特别行政区实行的制度和政策，是“一国两制”方针的法律化、制度化，为“一国两制”在特别行政区的实践提供了法律保障。宪法和基本法共同构成了特别行政区的宪制基础。推进“一国两制”实践，必须严格依照宪法和基本法办事，完善与基本法实施相关的制度和机制，落实宪法和基本法确定的特别行政区宪制秩序。要把中央依法行使权力和特别行政区履行主体责任有机结合起来，确保宪法和基本法赋予中央的权力不受侵犯，保障特别行政区依法享有的行政管理权、立法权、独立的司法权和终审权。要适应“一国两制”实践的发展要求，围绕中央对特别行政区的法律备案权、行政长官和主要官员任命权、基本法解释权和修改权、中央政府向行政长官发出指令权等，健全落实基本法的具有操作性的制度和机制，确保基本法得到全面准确贯彻执行。

支持特别行政区政府和行政长官依法施政、积极作为。这是中央一贯的鲜明立场，也是落实“港人治港”、“澳人治澳”、高度自治的一个最重要的体现。党的十八大以来，在以习近平同志为核心的党中央坚定支持下，特别行政区政府和行政长官依法施政，积极发展经济、改善民生、维护法治、推进民主、促进和谐，推动港澳各项事业取得了新进展新成效。当前，香港、澳门内外环境出现了许多新的变化，特别行政区政府在推动经济发展上面临不少新挑战，在维护社会和谐稳定上面临许多新课题。中央将一如既往地支持特别行政区政府和行政长官依法施政、积极作为，团结带领港澳各界人士齐心协力谋发展、促和谐，保障和改善民生，有序推进民主，维护社会稳定，履行维护国家主权、安全、发展利益的宪制责任。支持香港、澳门融入国家发展大局。国家的持续快速发展，为港澳发展提供了难得机遇、不竭动力、广阔空间，协助港澳抵御风浪、战胜挑战、赢得先机。同时，港澳一直积极参与国家改革开放和现代化建设，在国家经济发展和对外开放中的地位和功能不断提升，做出了特殊而重要的贡献。近些年，内地与香港、澳门在CEPA框架下不断扩大和升级经贸合作，“沪港通”“深港通”“债券通”等金融市场互联互通机制有序开启，香港离岸人民币业务全面发展，澳门海域范围得以明确，港珠澳大桥、广深港高铁等基建项目加速推进，“一带一路”、粤港澳大湾区建设为港澳发展提供了新的重大机遇。实践表明，支持香港、澳门融入国家发展大局，是发挥“一国两制”优势、保持港澳长期繁荣稳定的必然要求。要以粤港澳大湾区建设、粤港澳合作、泛珠三角区域合作等为重点，全面推进内地与香港、澳门互利合作，更好发挥港澳背靠祖国、面向世界的有利发展条件和独特竞争优势，不断拓宽港澳与内地共同发展的路径和渠道。要制定完善便利香港、澳门居民在内地发展的政策措施，为港澳同胞到广阔的祖国内地发展提供更多机会，使港澳同胞在服务国家的同时实现自身更好的发展，创造更加美好的生活。

发展壮大爱国爱港爱澳力量。“港人治港”“澳人治澳”有个界限和标准，即必须以爱国者为主体。在爱国爱港爱澳旗帜下实现最广泛的团结，符合国家根本利益和港澳整体利益、长远利益，是实现港澳长治久安、繁荣发展的根本所在。要坚持爱国者为主体的“港人治港”“澳人治澳”，发展壮大爱国爱港爱澳力量，为保持“一国两制”实践的正确方向，为维护国家主权、安全、发展利益，为维护港澳长期繁荣稳定和港澳同胞福祉，提供坚强而可靠的保证。要增强香港、澳门同胞的国家意识和爱国精神，让港澳同胞同祖国人民共担民族复兴的历史责任、共享祖国繁荣富强的伟大荣光。

继续面向未来加强青少年教育培养。要保证“一国两制”事业后继有人，就要加强对香港、澳门青少年的教育培养。要高度重视和关心爱护青年一代，为他们成长、成才、成功创造良好条件。要把我国历史文化和国情教育摆在青少年教育的突出位置，让青少年更多领略中华文明的博大精深，更多感悟近代以来中华民族救亡图存、发愤图强的光辉历程，更多认识新中国走过的不平凡道路和取得的巨大成就，更多理解“一国两制”与坚持和发展中国特色社会主义、实现中华民族伟大复兴的中国梦的内在联系，从而牢牢把握香港、澳门同祖国紧密相连的命运前程，增强投身“一国两制”事业的责任感和使命感，增强为中华民族伟大复兴做贡献的责任感和使命感。

四、按照一个中国原则推动两岸关系和平发展、推进祖国和平统一进程

两岸同胞一家亲，谁都不能割断我们的血脉。贯彻习近平新时代中国特色社会主义思想，实现中华民族伟大复兴，要努力推动两岸关系和平发展，扎实推进祖国和平统一进程。

推动两岸关系和平发展。两岸关系和平发展是一条维护两岸和平、促进共同发展、造福两岸同胞的正确道路，是两岸同胞的共同心声，也是通向和平统一的光明大道。习近平总书记指出，我们应该坚定不移走和平发展道路，坚定不移坚持共同政治基础，坚定不移为两岸同胞谋福祉，坚定不移携手实现民族复兴。确保国家完整不被分裂，维护中华民族根本利益，实现民族复兴大业，是全体中华儿女的共同意志，是不可阻挡的历史潮流。当前，两岸关系和台海形势复杂多变，要把握好两岸关系和平发展大局，巩固和深化两岸关系和平发展的政治、经济、文化、社会基础，推动两岸关系沿着正确方向不断向前迈进。

秉持“两岸一家亲”理念。两岸同胞同根同源、同文同宗，心之相系、情之相融，本是命运与共的骨肉兄弟、血浓于水的一家人。我们理解台湾同胞因特殊历史遭遇和不同社会环境而形成的心态，尊重台湾现有的社会制度和台湾同胞生活方式，愿意用真诚、善意、亲情拉近两岸同胞的心理距离，做到将心比心、推心置腹。我们愿意率先同台湾同胞分享大陆发展的机遇，逐步为台湾同胞在大陆学习、创业、就业、生活提供与大陆同胞同等的待遇，把这些有利于增进两岸同胞亲情和福祉的好事办好。

推进两岸经济社会融合发展。两岸开展经济合作具有得天独厚的优势，促进两岸经济社会融合发展符合两岸同胞共同利益。两岸交流开启以来，经济合作在拓展，人员往来在增加。1987 年两岸人员往来不足 5 万人次，两岸贸易额仅 15 亿美元；2019 年

两岸人员往来达到900万人次，两岸贸易额达到2071亿美元。在新时代，祖国大陆各项事业取得了历史性成就、发生了历史性变革，继续推进两岸经济社会融合发展基础更好了、条件更充分了。要顺应经济发展规律，创新方式推动扩大两岸经贸往来，加强两岸产业合作，欢迎台湾同胞积极参与“一带一路”建设。要面向基层、面向青年，努力扩大两岸民众的受益面、增强获得感，让两岸同胞参与越多受益越多。

推动两岸同胞共同弘扬中华文化。中华民族有绵延5000多年的灿烂文明，中华优秀传统文化植根在两岸同胞内心深处，是两岸同胞的“根”与“魂”。两岸同胞是中华文化的传人，血脉里流动的都是中华民族的血，精神上坚守的都是中华民族的魂。要推进两岸文化交流，加强两岸教育交流，弘扬中华文化优秀传统，阐发中华文化的时代内涵，加固两岸同胞的精神纽带，增强中华文化自信、中华民族自信。两岸共同弘扬中华文化，最重要的是两岸同胞要以心相交、尊重差异、增进理解，不断增强民族认同、文化认同、国家认同。

实现中华民族伟大复兴，需要港澳与祖国内地坚持优势互补、共同发展，需要港澳同胞与内地人民坚持守望相助、携手共进；需要两岸经济社会融合发展、互惠互利，需要两岸同胞心灵契合、相互支持。当前，中国特色社会主义进入新时代，“一国两制”事业和祖国统一大业站在新的起点上。我们要高举习近平新时代中国特色社会主义思想旗帜，紧密团结包括港澳台同胞在内的全体中华儿女，顺应历史大势、共担民族大义，把民族命运牢牢掌握在自己手中，共同开创中华民族伟大复兴的美好未来。

第二节　建立和完善广泛的爱国统一战线

建立和完善广泛的爱国统一战线，是建立、巩固和发展人民民主专政制度的重要保障，为维护国家安全做出了重要贡献。爱国统一战线的内容可以概括为十六字方针——“长期共存，互相监督，肝胆相照，荣辱与共”，它是中国共产党领导的多党合作和政治协商制度的基本方针，也是中国共产党和各民主党派及无党派人士团结合作的指导方针。党的领导问题是统一战线中的核心问题。

一、爱国统一战线的提出

1978年12月，中共中央召开十一届三中全会，决定把党和国家的工作重点转移到社会主义现代化建设上来。全会的召开标志着我国进入了新的历史时期，统一战线也进入了新的历史发展阶段。统一战线高举社会主义和爱国主义两面旗帜，发展壮大成为爱国统一战线。

为了贯彻党的十一届三中全会精神，使统一战线更好地为四个现代化和统一祖国的中心工作服务，1979 年中央决定召开全国统战工作会议。

根据中央的指示，1979 年 8 月 15 日，第十四次全国统战工作会议在北京召开。会议认真贯彻落实十一届三中全会精神及中央领导同志对统战工作的一系列指示，认真总结历史经验教训，对新时期统战工作中提出的一些理论和政策问题，进行了深入的讨论和研究。

会议认为，新时期统一战线性质发生了根本变化，从国内关系上看，资本家阶级已不再存在，过去工人阶级同民族资产阶级的联盟也就不存在了。社会主义的工人、农民、知识分子和其他拥护社会主义的爱国者，都是我国社会的主人翁。建设和发展社会主义事业是所有这些人的共同利益愿望。统一战线的社会主义一致性比过去任何时期都更加发展和巩固了。此外，新时期的统一战线还包括广大的台湾同胞、港澳同胞和海外侨胞，包括一切热爱祖国的人们。只要赞成祖国统一，即使并不赞成社会主义制度的人，也要团结。因此，新时期统一战线是一个全体社会主义劳动者（包括拥护社会主义的爱国者和拥护祖国统一的爱国者）的非常广泛的联盟。会议明确了该阶段统一战线是革命的爱国统一战线。提出革命的爱国统一战线称谓，不是一般名称的变动，而是反映了国内阶级状况和整个形势的根本变化。

二、爱国统一战线的正式确立

1981 年 6 月，中国共产党召开十一届六中全会，一致通过了《关于建国以来党的若干历史问题的决议》（简称《决议》）。《决议》提出：“一定要毫不动摇地团结一切可以团结的力量，巩固和扩大爱国统一战线。”

《决议》把新时期的统一战线，明确地称为“爱国统一战线”，这是因为：爱国统一战线的提法同革命的爱国统一战线的提法虽然没有实质上的改变，但这种提法，有利于更广泛地团结一切可以团结的力量，即凡是热爱我们伟大祖国的集体和个人都可以、都能够加入统一战线中来，从而进一步扩大了统一战线的范围。另外，这种提法既不会影响在政治上比爱国者更进步的集体和个人加入统一战线，也不会因此减弱统一战线的革命意义。

从党的十一届六中全会之后，统一战线明确地称为爱国统一战线。这种称谓的确定，使新时期统一战线在社会主义和爱国主义基础上的团结更加广泛。

2018 年 3 月 11 日，第十三届全国人民代表大会第一次会议通过的《中华人民共和国宪法修正案》，将“包括全体社会主义劳动者、社会主义事业的建设者、拥护社会主义的爱国者和拥护祖国统一的爱国者的广泛的爱国统一战线”修改为“包括全体社会主义劳动者、社会主义事业的建设者、拥护社会主义的爱国者、拥护祖国统一和致力于中华民族伟大复兴的爱国者的广泛的爱国统一战线”。

三、巩固和发展爱国统一战线

社会主义的建设事业必须依靠工人、农民和知识分子，团结一切可以团结的力量。在长期的革命、建设和改革过程中，已经结成了由中国共产党领导的，有各民主党派和各人民团体参加的，包括全体社会主义劳动者、社会主义事业的建设者、拥护社会主义的爱国者、拥护祖国统一和致力于中华民族伟大复兴的爱国者的广泛的爱国统一战线，这个统一战线是党的事业取得胜利的重要法宝，将继续巩固和发展。要高举爱国主义、社会主义旗帜，牢牢把握大团结大联合的主题，坚持一致性和多样性统一，找到最大公约数，画出最大同心圆。

第一，坚持长期共存、互相监督、肝胆相照、荣辱与共，支持民主党派按照中国特色社会主义参政党要求更好履行职能。支持民主党派更好履行参政议政、民主监督、参加中国共产党领导的政治协商职能。支持民主党派加强思想、组织、制度特别是领导班子建设，提高政治把握能力、参政议政能力、组织领导能力、合作共事能力、解决自身问题能力。

第二，深化民族团结进步教育，铸牢中华民族共同体意识。多民族是我国的一大特色。在历史演进中，我国各民族形成了你中有我、我中有你、谁也离不开谁的多元一体格局。中华民族和各民族的关系，是一个大家庭和家庭成员的关系；各民族之间的关系，是一个大家庭里不同成员的关系。处理好民族问题、做好民族工作，必须坚持中国共产党的领导，坚持维护祖国统一，坚持各民族一律平等，坚持和完善民族区域自治制度。旗帜鲜明地反对各种错误思想观念，增强各族干部群众识别大是大非、抵御国内外敌对势力思想渗透的能力，牢固树立正确的祖国观、历史观、民族观。积极培养中华民族共同体意识，把建设各民族共有精神家园作为战略任务来抓。加强各民族交往交流交融，促进各民族和睦相处、和衷共济、和谐发展，巩固和发展平等团结互助和谐的社会主义民族关系，促进各民族像石榴籽一样紧紧抱在一起，共同团结奋斗、共同繁荣发展。

第三，全面贯彻党的宗教工作基本方针，坚持我国宗教的中国化，积极引导宗教与社会主义社会相适应。无论本土宗教还是外来宗教，都要不断适应我国社会发展，充实时代内涵。要用社会主义核心价值观引领、用中华文化浸润我国各种宗教，支持宗教界对宗教思想、教规教义进行符合时代进步要求的阐释，坚决防范西方意识形态渗透，自觉抵御极端主义思潮影响。要提高宗教工作法治化水平，辩证看待宗教的社会作用，重视发挥宗教界人士作用，引导宗教人士努力为促进经济发展、社会和谐、文化繁荣、民族团结、祖国统一服务。

第四，牢牢把握大团结大联合的主题，做好统战工作。加强党外知识分子工作，做好新的社会阶层人士工作，发挥他们在中国特色社会主义事业中的重要作用。构建亲清新型政商关系，促进非公有制经济健康发展和非公有制经济人士健康成长。广泛团结联系海外侨胞和归侨侨眷，共同致力于中华民族伟大复兴。

第三节　铸牢中华民族共同体意识

中华民族共同体是指以中国为主要区域，形成的具有中华民族历史文化联系、稳定经济活动特征和心理素质的民族综合体。

一、中华民族共同体的内涵

中华民族共同体是我国各族人民在长期历史发展中形成的政治上团结统一，文化上兼容并蓄，经济上相互依存，情感上相互亲近，你中有我、我中有你、谁也离不开谁的民族共同体，是建立在共同历史条件、共同价值追求、共同物质基础、共同身份认同、共有精神家园基础上的命运共同体。

习近平总书记明确指出：加强中华民族大团结，长远和根本的是增强文化认同，建设各民族共有精神家园，积极培养中华民族共同体意识。中共中央办公厅、国务院办公厅印发的《关于实施中华优秀传统文化传承发展工程的意见》，也对中华优秀传统文化传承发展作出了高瞻远瞩的顶层设计。人的现代性转化和民族共同体构建的本质都是一种文化的“寻根”，中华优秀传统文化与中华民族共同体二者存在内在的历史认同、文化认同和价值认同之辩证关系，中华优秀传统文化是培育中华民族共同体意识的重要精神力量。

（一）经济利益共同体

经济利益共同体是中华优秀传统文化传承的物质载体。马克思曾强调民族形成的重要原因之一是经济原因，指出共同的经济生活、经济依附、经济联系在民族形成中起着至关重要的作用。经济因素也是中华民族共同地域、共同语言、共同文化等全部要素系统“赖以旋转的轴心”，因此，建构中华民族共同体的核心内容之一是塑造中华民族经济利益共同体。把中华优秀传统文化内涵更好更多地融入生产生活各方面，建立各民族相互嵌入式的社会经济结构和社会经济环境，是推进中华民族共同体意识建构的物质保障。

经济包含着各种文化因素，生产力充实着各种上层建筑，邓小平同志提出“科学技术是第一生产力”，生产力本身包含着科学文化、教育、管理等因素。习近平总书记提出的“一带一路”倡议，打造了一条促进欧亚各国更加紧密的经济联系、更加深入的共同合作、更加广阔的发展空间进一步发展的互利共赢的创新合作模式，加强了海陆通道互联互通建设，拉紧相互利益纽带，有效地推进了各国打造互利共赢的“利益共同体”和共同发展繁荣的“命运共同体”，充分彰显了构建人类命运共同体进程中的中国力量。这个伟大的“一带一路”倡议既体现了中华优秀传统文化中的“合则强，孤则弱”的内涵，又是对西汉开启的丝绸之路历史文明的传承和发展，充分体现了对优秀传统文化应用中的传承和创新。党的十八届五中全会提出的贯彻落实好“创新、协调、绿色、开放、共享的发展理念”，为我们培育中华民族共同体意识提供了方法论指导。在推进中华民族共同体意识培育中，要结合少数民族文化特色，要从少数民族和民族地区经济发展实际情况出发，不以 GDP 考核为重心，注重绿色 GDP 考核，转变少数民族和民族地区经济社会发展方式和改进支援少数民族和民族地区发展的模式，促进各民族相互依存、休戚与共的“民族互惠”经济利益共同体认同。

（二）文化共同体

文化共同体是中华优秀传统文化传承的精神磁场。文化观念不仅是经济基础、物质客体的主观反映，而且是经济基础、物质客体创建的推动者和发动者。文化作为民族共同体的精神承载体，它在承载民族传统文化的同时，还赋予民族传统文化以时代精神。文化认同是民族团结之根、民族团结之魂。可以说，没有中华文化共同体的认同，中华民族共同体认同的建构也就没有了安身立命的根基。在 2014 年召开的中央民族工作会议上，习近平总书记强调，加强中华民族大团结，长远和根本的是增强文化认同，建设各民族共有精神家园，积极培养中华民族共同体意识。民族精神构建的实质就是一种文化寻根和文化建构，因此，文化自信是道路自信、理论自信、制度自信的基石。中国共产党用自身的伟大实践，诠释了中华文化如何通过吸取世界先进文化和古代灿烂文化的精华，阔步走向社会主义先进文化，从而实现了中华民族共同体意识培育从自发走向自觉的历史性成就。

对中华文化的认同既包括对各民族共同创造的优秀传统文化的认同，也包括对当代中国与时俱进创造的中国特色社会主义文化的认同。近年来，形形色色的文化虚无主义对中华文化的认同构成巨大挑战。近年来所谓“中国威胁论”“中国崩溃论”，背后都隐藏着西方价值观和政治观的渗透。因此，增强对中华文化的认同，要求各族群众了解优秀传统文化的价值，确立起对中国特色社会主义先进文化的自信，使中华文化成为实现民族复兴的强大精神支柱。加强中华民族精神文化共同体认同的建设，应充分发挥文化工程的引领力，积极培育中华民族共同的文化意识。

（三）政治共同体

政治共同体是中华优秀传统文化传承的现实场域。马克思认为文化结构、经济结构与政治结构是基本要素，这里面最主要的是经济结构，它是所有经济社会发展的基本；文化结构与政治结构在一个统一的整体内发生互动作用。政治、经济和文化结构是社会结构的基本要素，文化结构和政治结构之间内在的互动作用，有时会让反作用变成能动作用，如政治体制对文化体制和经济体制会产生重要的影响。中国共产党在领导中国革命、建设和改革开放中，形成了具有中国特色的政治制度，铸就了中华民族政治共同体，中国共产党的领导为中华优秀传统文化传承提供了领导核心。

二、加强中华民族共同体意识

中华民族伟大复兴有着深厚的历史渊源和广泛的现实基础。中国共产党自成立后先后提出民族独立、民族平等、民族区域自治等民族共同体理念。

早在抗战时期，中国共产党就积极倡导全国各族人民团结起来建立抗日民族统一战线，共同抗日，共同斗争，特别强调中华民族统一性、整体性，积极促进中华民族共同体意识的形成。中华人民共和国成立后，我们党开辟了中华民族共同体意识培育新的征程，建立民族区域自治制度，体现了中华民族共同体意识不断趋于完善，反映出中华民族共同体意识的构建与政治共同体的创建有其内在统一性。

根据马克思对于整个人类文化发展方向的设想，世界各民族文化具有普遍性和特殊性，各民族文化的交流和融合势所必然。为此，我们弘扬中华优秀传统文化既要吸取世界先进文化之精华，又要结合中国传统文化之特色，始终坚持以社会主义核心价值观为引领，从政治、经济、文化等多个维度来推进中华民族共同体意识建设，从而实现中华民族政治共同体认同、经济利益共同体认同、精神文化共同体认同。

坚定“四个自信”，把牢“中华民族一家亲、同心共筑中国梦”这一新时代民族工作创新推进的鲜明特征。

中华人民共和国的70多年，是中国人民和中华民族沧桑巨变、换了人间的70多年，也是我国民族团结进步事业大发展大繁荣、开创新纪元的70多年。2014年中央民族工作会议上，习近平总书记旗帜鲜明地指出：同世界上其他国家相比，我国的民族工作做得是最成功的。在中华人民共和国成立70周年前夕的全国民族团结进步表彰大会上，习近平总书记鲜明指出，“70年前，我国各族人民在中国共产党领导下，共同缔造了新中国”，70年来，少数民族的面貌、民族地区的面貌、民族关系的面貌、中华民族的面貌都发生了翻天覆地的历史性巨变。特别是结合党的十八大以来十几次到民族地区调研、多次同各族群众面对面交流、收到各族群众许多来信，习近平总书记形象生动、充满感情地总结和回顾了新时代民族工作取得的新的历史性成就，突出强调中华民族一家亲、同心共筑中国梦，这是新时代我国民族团结进步事业的生动写照，也是新时代民族工作创新推进的鲜明特征。习近平总书记的这些重要论述，是对中华人民共和国民族工作70多年波澜壮阔历程的精辟勾画，是对我国民族工作时代特征的新概括新阐释，具有重大的理论和实践指导意义。习近平总书记的重要论述，尺幅万里、打通70多年，具有一种史诗般的恢宏气势，让全体中华儿女倍受鼓舞、倍感自豪，极大增强了全国各族人民为实现中华民族伟大复兴而团结奋斗的决心和勇气。我们要进一步增强做好民族工作的自豪感、荣誉感和自信心，坚定道路自信、理论自信、制度自信、文化自信，不忘初心、牢记使命、永远奋斗，坚定不移把党的民族理论政策方针落到实处，不断推动民族团结进步事业在新时代取得新辉煌，巩固好、发展好“中华民族一家亲、同心共筑中国梦”的良好局面。

三、加强民族共同体意识的意义

习近平总书记指出：我们对时间的理解，是以百年、千年为计。民族问题具有长期性、复杂性、国际性的特点，做好民族工作，尤其要观大势、谋长远。在全国民族团结进步表彰大会上，习近平总书记对中华民族几千年的文明史进行了重点回顾，深刻指出：一部中国史，就是一部各民族交融汇聚成多元一体中华民族的历史，就是各民族共同缔造、发展、巩固统一的伟大祖国的历史，强调“我们辽阔的疆域是各民族共同开拓的”“我们悠久的历史是各民族共同书写的”“我们灿烂的文化是各民族共同创造的”“我们伟大的精神是各民族共同培育的”，强调“各民族之所以团结融合，多元之所以聚为一体，源自各民族文化上的兼收并蓄、经济上的相互依存、情感上的相互亲近，源自中华民族追求团结统一的内生动力”。这些重要论述，站在中华民族的高度系统地重述了中国历史，深刻揭示了中华民族多元一体从自在走向自觉的必然规律和内生动力，开辟了马克思主义民族理论中国化的新境界。这些重要论述，凝聚着我国各族人民的共同心愿，一经提出便得到社会各界的普遍反响和广泛认同。我们要始终牢记我国是统一的多民族国家这一基本国情，引导各族干部群众树立正确的祖国观、民族观、文化观、历史观，坚持把维护民族团结和国家统一作为各民族最高利益，不断铸牢中华民族共同体意识，共建美好家园、共创美好未来。

第四节　坚持民族区域自治制度

民族区域自治制度，是指在国家统一领导下，各少数民族聚居的地方实行区域自治，设立自治机关，行使自治权的制度。民族区域自治制度是我国的基本政治制度之一，是建设中国特色社会主义政治的重要内容。民族区域自治制度就是在统一的祖国大家庭里，在国家的统一领导下，以少数民族聚居的地区为基础，建立相应的自治机关，行使自治权，自主地管理本民族、本地区的内部事务，行使当家作主的权利。

一、民族区域自治制度的产生和发展

中国在历史上长期以来就是一个集中统一的国家。在长期的历史发展中，中国境内各民族逐步汇合成了中华民族。长期以来中国的民族分布以大杂居、小聚居为主。长期的经济文化联系，形成了各民族只适宜合作互助，而不适宜分离的民族关系。我国人口、资源分布和经济文化发展不平衡，只有实行民族区域自治制度，才有利于各民族的发展和国家的繁荣昌盛。

自1840年以来，中国各民族都面临着反帝反封建、为民族解放而奋斗的共同任务和命运。在共御外敌、争取民族独立和解放的长期斗争中，中国各民族建立了休戚与共的亲密关系，形成了互相离不开的政治认同。这就为建立一个统一的新中国，并在少数民族地区实行民族区域自治奠定了坚实的政治和社会基础。

中国共产党自成立以来，就非常重视民族问题。随着对中国国情认识的不断深化，中国共产党逐步明确提出了符合我国国情的民族区域自治制度，并将其作为解决中国民族问题的基本政策。1941年5月1日，陕甘宁边区政府颁布了《陕甘宁边区施政纲领》，其中规定“依据民族平等原则，实行蒙回民族与汉族在政治经济文化上的平等权利，建立蒙回民族的自治区。”

民族区域自治制度有利于维护国家统一和安全。民族区域自治是以领土完整、国家统一为前提和基础的，是国家的集中统一领导与民族区域自治的有机结合。它增强了中华民族的凝聚力，使各族人民，特别是少数民族把热爱本民族与热爱祖国的深厚感情结合起来，更加自觉地担负起捍卫祖国统一、保卫边疆的光荣职责。民族区域自治制度有利于保障少数民族人民当家作主的权利的实现，有利于发展平等团结互助和谐的社会主义民族关系，有利于促进社会主义现代化建设事业蓬勃发展。

二、民族自治地方的自治机关及其自治权

（一）民族自治地方的自治机关

民族自治地方的自治机关是自治区、自治州、自治县的人民代表大会和人民政府。民族自治地方的自治机关的组成和工作，根据宪法和法律，由民族自治地方的自治条例或者单行条例规定。

民族自治地方的自治机关实行人民代表大会制。民族自治地方的人民政府对本级人民代表大会和上一级国家行政机关负责并报告工作，在本级人民代表大会闭会期间，对本级人民代表大会常务委员会负责并报告工作。

各民族自治地方的人民政府都是国务院统一领导下的国家行政机关。民族自治地方自治机关实行自治区主席、自治州州长、自治县县长负责制，分别主持本级人民政府的工作。

（二）民族自治地方自治机关的自治权

民族立法权。民族自治地方的人民代表大会有权依照当地的政治、经济和文化的特点，制定自治条例和单行条例。

自治条例规定有关本地实行民族区域自治的基本问题；单行条例规定有关本地实行民族区域自治的某一方面的具体事项。

自治条例、单行条例可以对国家法律和政策作出变通性规定。自治区的自治条例和单行条例，须报全国人民代表大会常务委员会批准后生效。

自治州、自治县的自治条例和单行条例须报省或者自治区的人民代表大会常务委

员会批准后生效，并报请全国人民代表大会常务委员会备案。

变通执行权。上级国家机关的决议、决定、命令和指标，如果不适合民族自治地方实际情况，自治机关可以报经上级国家机关批准，变通执行或者停止执行。

财政经济自主权。民族自治地方的自治机关具有较大程度的财政经济自主权，并可以享受国家的照顾和优待。

民族自治地方的财政收入和财政支出的项目，由国务院按照优待民族自治地方的原则规定。民族自治地方的财政预算支出，按照国家规定，设立机动资金，预备费在预算中所占比例高于一般地区。

文化、语言文字自主权。民族自治地方的自治机关享有一定程度的文化自主权。

民族自治地方的自治机关在执行公务的时候，依照本民族自治地方自治条例的规定，使用当地通用的一种或者几种语言文字。同时使用几种通用的语言文字执行公务的，可以以实行区域自治的民族的语言文字为主。

组织公安部队权。民族自治地方的自治机关依照国家的军事制度和当地的实际需要，经国务院批准，可以组织本地方维护社会治安的公安部队。

少数民族干部拥有任用优先权。

三、充分发挥民族区域自治制度优势

党的十八大后，习近平同志强调指出，要坚定不移坚持党的民族政策、坚持民族区域自治制度。党的十八届三中全会明确要求，发展社会主义民主政治，必须坚持和完善包括民族区域自治制度在内的各项制度，充分发挥我国社会主义政治制度优越性。我们一定要坚持好、完善好、落实好民族区域自治，凝聚起全国各族人民大团结的力量，为实现中华民族伟大复兴的中国梦做出新的贡献。

（一）坚持正确政治方向，切实维护国家统一和民族团结

民族区域自治是维护国家统一和民族团结的重大制度安排。我们党经过长期探索和反复比较，采取并实行单一制国家结构形式下的民族区域自治，根本目的在于实现和维护国家统一和民族团结。实行民族区域自治，做到了承续历史传统与符合民族现状的统一，维护国家集中统一与照顾民族地区差异的统一，体现中华民族一体性与尊重各民族多元性的统一，是最适合中国国情的制度安排。我国宪法明确规定："各少数民族聚居的地方实行区域自治，设立自治机关，行使自治权。各民族自治地方都是中华人民共和国不可分离的部分。"这两句话缺一不可。其中，国家统一是第一位的，是实行民族区域自治的前提和基础。没有国家的集中统一，就谈不上民族区域自治；脱离国家集中统一，就不是我们所要实行的民族区域自治。没有国家的统一领导，没有国家的授权，民族自治地方的自治权就失去了合法性基础。

民族区域自治制度的实行，有力维护了国家统一和民族团结。在创建中华人民共和国的过程中，我们党提出并实行民族区域自治，赢得了各族人民的衷心拥护，结束

了我国“人民五亿不团圆”的局面，加快了我国革命胜利、民族解放、建立新政权的进程。中华人民共和国成立后，民族区域自治的实行，让各族人民实现了真正当家作主的夙愿，体现了社会主义制度的优越性，增强了各族人民对社会主义的理想信念，激发了共同建设社会主义的积极性和主动性。改革开放后，民族区域自治对于巩固我国团结稳定的政治局面、切实抓住发展战略机遇期，发挥了重要作用。20 世纪 90 年代，世界形势发生重大变化，民族主义浪潮兴起。在此背景下，民族区域自治发挥了稳定器的作用，使我们党和国家有更大的话语权和更强的内聚力，经受住了各种严峻考验。近年来，敌对势力加紧对我渗透，民族分裂主义、宗教极端主义、暴力恐怖主义相互勾连、活动加剧，制造了一系列恶性事件。对此，民族区域自治有很强的反制力，成为反击敌对势力分裂破坏、维护民族团结的制度利器。可以说，民族区域自治制度的政治功能在不同时期的表现形式有所不同，但维护国家统一、民族团结始终是鲜明主线。

坚持和完善民族区域自治制度，必须坚持正确政治方向。习近平总书记指出，实现中国梦必须凝聚中国力量。这就是中国各族人民大团结的力量。当前，坚持和完善民族区域自治制度，必须牢牢把握这个根本要求。一是在党的集中统一领导下，完善民族区域自治的具体制度安排，确保国家政令畅通，拓宽利益诉求表达的正规渠道，扩大各族群众有序政治参与，保证各族人民共同当家作主，不断增强对伟大祖国、对中华民族、对中华文化、对中国特色社会主义道路的认同。二是促进各民族交往交流交融，构建各民族相互嵌入式的社会结构和社区环境，促进各民族和睦相处、和衷共济、和谐发展。坚持依靠和团结各族群众，促进群众多层次、多方式、多形式走动互动，巩固各民族谁也离不开谁的关系，不断增强国家意识、公民意识和中华民族共同体意识。三是造就政治过硬、敢于担当、群众信任的少数民族干部队伍、民族地区各族干部队伍，做好少数民族代表人士和知识分子工作，为坚持和完善民族区域自治提供坚强组织保证。四是牢牢把握舆论主导权，及时纠正对民族区域自治的错误和片面认识，使各族干部群众心往一处想、劲往一处使，汇聚起维护国家统一、民族团结的正能量。

（二）加快民族地区发展步伐，促进各民族共同繁荣进步

促进区域协调发展，实现各民族共同繁荣进步，是实现中国梦的重要基础。实行民族区域自治，彰显了我们推动少数民族和民族地区加快发展的根本立场，是社会主义本质要求在民族工作上的具体体现。

实行民族区域自治，既是为了团结各民族，也是为了发展各民族。我们采取民族区域自治政策，是为了通过民族合作、民族互助，求得共同发展、共同繁荣。在设计和实行民族区域自治之初，我们就充分考虑了经济因素，比如在建立广西壮族自治区的过程中，就综合考虑广西东部和西部的人口分布、自然资源、经济发展水平等情况，认为合则双利、分则两害，最终作出整合建区的决策。实行民族区域自治是促进民族互助、地区合作的重大制度安排。实行民族区域自治，不仅有利于把党和国家总的方

针政策与民族地区的实际结合起来，因地制宜推进民族地区改革发展，而且为我们党和国家制定实施区域发展扶持政策提供了重要依据和载体。无论是发达地区的对口支援体制，还是国家的脱贫攻坚、西部大开发战略，都把民族自治地方作为重点，其目标都是加快民族地区经济社会发展，促进形成各地区共同发展、各民族共同繁荣的良好局面。

加快民族地区发展是民族区域自治的重要内容。邓小平同志指出，实行民族区域自治，不把经济搞好，那个自治就是空的。民族区域自治实行以来，特别是《中华人民共和国民族区域自治法》实施 30 多年来，民族地区经济综合实力得到极大提升。经济总量由 1984 年的 680. 95 亿元增加到 2013 年的 64772 亿元，按可比价格计算增长了 17 倍，年均增长 17. 0%；地方公共财政预算收入由 63. 5 亿元增加到 8436 亿元，增长了 131. 9 倍，年均增长 18. 4%。这两项指标无论是增长倍数，还是增长速度，都高于全国平均水平。民族地区的基础设施条件有了很大改善。全社会固定资产投资由 184. 49 亿元增加到 57077. 8 亿元，增长了 308. 4 倍。各族群众生活条件发生了翻天覆地的变化，生活水平有了质的飞跃。城镇居民人均可支配收入由 585 元增加到 22699 元，增长了 37. 8 倍；农牧民人均纯收入由 299 元增加到 6579 元，增长了 21 倍。民族地区的教育、文化、医疗卫生等事业得到全面发展。尤其是实施西部大开发战略以来，民族地区进入跨越式发展、科学发展的轨道，进入发展速度最快、变化最大、各族群众得实惠最多的时期，发展速度自改革开放以来第一次超过了东部。这些巨大成就，集中体现了民族区域自治促进民族地区与全国协调发展的制度功能。现在，我们已经形成了各民族平等互助、各地区协调发展的良好格局，民族地区各族群众与全国人民一道，正在向全面建成小康社会的宏伟目标挺进。

发挥“三个积极性”，加快民族地区全面建成小康社会步伐。习近平总书记强调，加快民族地区发展，核心是加快民族地区全面建成小康社会步伐。当前，坚持完善落实民族区域自治，就要牢牢把握这一关键任务，充分发挥中央、发达地区和民族地区“三个积极性”，因地制宜科学谋划民族地区发展，着力于打基础、破瓶颈，不断缩小民族地区与发达地区及民族地区之间的发展差距。一是把民族因素与区域因素结合起来，着重加大对贫困和边疆民族地区发展的支持力度，着眼于促进基本公共服务均等化，着力解决好就业、教育等民生难题，解决不通路、不通水、不通电等实际问题，切实让各族群众共享发展成果。二是优化对口支援体制，做好发达地区对口支援民族地区发展工作，调动央企、社会慈善组织等的积极性，开展全方位、多层次的支援，解决民族地区各族群众生产生活水平仍然较低的问题，使支援的过程成为促进各民族交往交流交融、地区合作发展的过程。支持民族地区融入全国和区域一体化发展，加快全国统一市场建设，加快基础设施互联互通，推进产业跨区域有序转移，实现资金流、人流、物流、信息流有序循环。三是民族地区要认真贯彻中央全面深化改革的总体部署，立足自力更生和发挥后发优势，充分发挥资源优势和沿边优势，优化资源配置，下决心破除发展体制机制障碍，抓住建设丝绸之路经济带和21世纪海上丝绸之路的新机遇，努力提高开放型经济水平，不断增强自身造血功能。

（三）贯彻建设法治中国的要求，推进民族事务治理法治化

推进民族事务治理法治化，是实施依法治国方略的重要内容，是实现中国梦的重要保障。贯彻好、落实好民族区域自治法，是建设法治中国的必然要求，也是推进民族事务治理体系和治理能力现代化的核心要义。我国宪法、民族区域自治法、《国务院实施〈中华人民共和国民族区域自治法〉若干规定》等，都对民族区域自治相关法律关系进行了明确规范和调整。这些法律法规，贯穿着民族平等这一基本原则，确立了三个层面的法律关系：明确了每个地区、每个民族、每个公民都必须一体遵守我国法律，不能自外于我国法律约束或者有选择性地执法；明确了各民族之间、民族地区与其他地区之间既是平等的，又是互助的；明确了各民族自治地方的自治机关都必须确保中央权威和政令畅通，做到依法行使自治权和贯彻执行党的方针政策相统一，而上级国家机关则有支持各民族自治地方加快发展的法定职责。

习近平总书记强调：努力建设法治中国，以更好发挥法治在国家治理和社会管理中的作用。当前，贯彻执行民族区域自治，必须牢牢把握这一方向，坚持依法治国基本方略，推进民族事务治理法治化，把法治思维和法律手段运用到民族事务治理的各方面和全过程。

健全配套法规。要加强对民族区域自治法落实中重大问题的研究，按照“统筹规划，先易后难”的原则逐步加以解决，重点是建立健全与民族区域自治法相配套的具体规定。制定涉及民族因素的法律规定，要广泛征求各族群众意见，符合我国国情和民族地区实际，使法律真正起到维护平等、团结、互助、和谐的社会主义民族关系的作用。民族自治地方行政体制改革、少数民族权益保障、清真食品管理、散杂居地区民族事务治理等，需要通过法律进一步规范的，都要确立合适的法律形式。

坚持严格执法。从国家层面来说，要坚持依法治国，履行好国家机关法定权利义务，既在法律框架内保障自治机关依法行使自治权，又依法制定和落实加快民族自治地方发展的政策措施。从民族自治地方层面来说，要保证宪法和法律在本地方的遵守和执行，坚持依法治理地方事务，在贯彻国家统一政令前提下依法行使自治权。从民族事务层面来说，要坚持各族公民在法律面前人人平等，以法律为准绳，一断于法，决不搞法外的从宽从严，法律规定什么权益就保障什么权益，是什么问题就按什么问题处理。对于极少数蓄意挑拨民族矛盾的违法犯罪分子，不论什么民族、信仰哪种宗教，都要坚决依法打击。

强化监督检查。要充分认识做好有关法律和民族政策执行情况监督检查的重要性，增强监督检查的权威性，扩大监督检查工作内容和对象的覆盖面，规范工作程序，建立各方面协调配合、自查督查相结合、重在平时抓在平常的长效机制，把法律的精神真正落到实处。促进各族干部群众知法、守法、用法、护法，提高干部应用法律手段的能力，引导群众走法律维权的路子，推动形成办事依法、遇事找法、化解矛盾靠法

的良好法治环境。

只要我们在党的领导下，坚定不移走中国特色解决民族问题的正确道路，坚定不移坚持和完善民族区域自治制度，就一定能够开创各民族共同团结奋斗、共同繁荣发展的新局面，为实现中华民族伟大复兴的中国梦增添动力。

第八章　大学生爱国主义教育要凸显中国智慧

当今世界多元多样多变，如何让世界各国各美其美、美美与共？如何在世界百花园中扩大中国“朋友圈”？如何向世界提供中国方案，贡献中国智慧，与世界各国携手共创人类美好未来？中国放眼世界，胸怀天下，坚持独立自主的和平外交政策，提出“一带一路”倡议和构建人类命运共同体重大理念，为中国特色大国外交谋篇布局，对世界走向之问作出响亮回答。

第一节　独立自主的和平外交政策

实现和平发展，是中国人民的真诚愿望和不懈追求。中华人民共和国成立 70 多年来特别是改革开放 40 多年来，中国形成了独立自主的和平外交政策，成功地走上了一条与本国国情和时代特征相适应的和平发展道路。在错综复杂的国际环境下，中国维护国家主权、安全和发展利益，倡导和平共处五项原则，始终不渝走和平发展道路，反对强权政治，维护世界和平，促进共同发展，在百年未有之大变局中成为独树一帜的非西方新兴战略力量，深刻地影响着世界的发展和变革。

一、坚定不移维护国家主权、安全、发展利益

独立自主地处理本国的内外一切事务，不允许任何外国干涉中国内政，是中国人民革命斗争历史经验的结晶，也是中华人民共和国成立以来建立对外关系、处理国际事务的经验总结。中国人民在鸦片战争后 100 多年的时间里不断遭受西方列强的侵略、干涉和欺侮。中华人民共和国成立后，坚决划清与旧中国屈辱外交的界线，在平等互利的新基础上同各国建立新的外交关系，捍卫国家主权、安全和领土完整，维护了民族尊严。1949 年 9 月，中国人民政治协商会议通过《共同纲领》，把“平等、互利及互相尊重领土主权”规定为新中国外交的基本原则。这是中华人民共和国独立自主和平外交政策的基石。

主权是一个国家独立自主的根本性标志，也是一个国家核心利益最集中的体现。

这一点对于一个新生的政权尤为重要。中华人民共和国刚刚成立时，美国政府奉行与中国为敌的政策，拒不承认中华人民共和国，反对中华人民共和国进入联合国，企图在国际社会孤立、包围、封锁中华人民共和国，并且把中华人民共和国同以苏联为首的社会主义阵营联系在一起，对中国展开战略进逼。我国顶住压力同美国的侵略政策和封锁政策进行了反复的较量。到了 20 世纪 70 年代初，美国政府再也无法无视中华人民共和国的客观存在，于是便有了毛泽东和尼克松 1972 年历史性的会见，为中美两国在完全平等的基础上实现关系正常化奠定了重要基础。

在中华人民共和国成立初期，我国采取“一边倒”的外交方针，与社会主义国家苏联建立友好同盟关系，但并不以牺牲主权为代价。在处理对苏关系方面，中国始终坚持独立自主的基本立场，坚决维护国家主权安全。对于苏联侵犯中国主权的任何企图，中国政府都给予了坚决的抵制。中国采取了坚决顶住、绝不退让的原则，最大限度地维护了国家主权和尊严。

运用多种手段坚守“一个中国”原则。在中华人民共和国成立之初，维护新政权安全的一个基本方面就是维护中国的统一而不是分裂，维护“一个中国”原则而不是承认“两个中国”。中华人民共和国领导人把这个问题置于议事日程的首位，并把它与反对美国帝国主义等外交斗争联系起来。中华人民共和国初期的对台政策，为此后中华人民共和国外交的“一个中国”原则和在更大范围、更多议题上维护中国主权利益打下了坚实的基础，也为开展内政外交密切联动情势下的外交工作提供了重要的样板。

中华人民共和国成立 70 多年来，中国在对外交往中始终尊重别国的主权和领土完整，同时也要求别国尊重中国的主权和核心利益。中国坚决反对强权政治，反对任何国家以任何借口干涉中国内政，确保国家主权、安全和发展利益不受侵犯。在事关独立、主权和领土完整的重大原则问题上，中国从来不屈服于任何大国的压力。对于任何损害国家独立和主权的行为，中国政府和人民都与之进行坚决的斗争，正如邓小平所说：“任何外国不要指望中国做他们的附庸，不要指望中国会吞下损害我国利益的苦果。”

在处理国际事务方面，中国的基本主张是：国家不分大小、强弱、贫富，都是国际社会的平等成员，都有平等参与国际事务的权利。各国的事务应该由各国人民来管。我们要尊重各国自主选择的社会制度和发展道路，反对出于一己之私或一己之见，采用非法手段颠覆别国合法政权。中国认为所有国家都应遵守联合国宪章和公认的国际法准则，尊重和维护每个国家的主权和领土完整不容侵犯，各国应该尊重彼此核心利益和重大关切。这些都是硬道理，任何时候都不能丢弃，任何时候都不应动摇。

中华人民共和国外交的历史经验表明，维护国家主权、安全、发展利益要树立底线思维，要有底线意识。习近平指出：“我们要坚持走和平发展道路，但决不能放弃我们的正当权益，决不能牺牲国家核心利益。”中国的核心利益包括：国家主权，国家安全，领土完整，国家统一，中国宪法确立的国家政治制度和社会大局稳定，经济社会可持续发展的基本保障。这是中国外交一定要守住的底线。

二、倡导和平共处五项原则，探索建立新型国际关系

和平共处五项原则是由中国最早提出，并与印度、缅甸在20世纪50年代共同倡导的处理国际关系的指导原则。中国外交理论的这一重大创新，经过半个多世纪的实践检验，已成为世界公认的指导国际关系的准则，有人评价说："这是国际关系史上的重大创举，为推动建立公正合理的新型国际关系做出了历史性贡献。"

中华人民共和国成立前夕，毛泽东在阐述中华人民共和国对外政策时提出了国与国之间交往的原则问题。1949年4月30日，毛泽东在一份对外声明中指出，即将成立的中华人民共和国"愿意考虑同各外国建立外交关系，这种关系必须建立在平等、互利、互相尊重主权和领土完整的基础上，首先是不能帮助国民党反动派"。

1950年签订的《中苏友好同盟互助条约》第五条规定："缔约国双方保证以友好合作的精神，并遵照平等、互利、互相尊重国家主权与领土完整及不干涉对方内政的原则，发展和巩固中苏两国之间的经济与文化关系，彼此给予一切可能的经济援助，并进行必要的经济合作。"这里又加上了不干涉内政的原则，这是中华人民共和国首次在对外条约中对国与国之间交往的主要原则进行具体表述。

1953年12月，周恩来在会见印度政府代表团时，首次系统地提出了和平共处五项原则。和平共处五项原则经过1955年的万隆会议为许多亚洲国家所接受。这五项原则后来进一步完整地表述为：互相尊重主权和领土完整、互不侵犯、互不干涉内政、平等互利、和平共处。此后，和平共处五项原则一直是我国处理对外关系的基本准则。

党的十一届三中全会以后，我们党在对国际形势作出新的分析和判断的基础上，对我国的外交战略和对外政策进行了重大调整，强调要反对霸权主义，维护世界和平，坚持在和平共处五项原则基础上发展同所有国家的友好合作关系。

和平共处五项原则作为一个开放包容的国际法原则，集中体现了主权、正义、民主、法治的价值观，"五项原则是一个长期方针"在中华人民共和国的外交实践中得到了全方位的普遍运用，受到国际社会的普遍认同，并被写进多项国际协议和国家间声明之中，显示出强大生命力。这是中国对当代国际政治理论的一大贡献。和平共处五项原则表明，中华人民共和国处理国际事务，以和平为根本目标，以平等互利为基本准则，尊重各国主权和领土完整、互不侵犯、互不干涉内政，从根本上改变国际政治中的丛林法则、弱肉强食和强权政治，为走出一条国与国之间交往的新路奠定了基础。党的十九大报告提出："中国将高举和平、发展、合作、共赢的旗帜，恪守维护世界和平、促进共同发展的外交政策宗旨，坚定不移在和平共处五项原则基础上发展同各国的友好合作，推动建设相互尊重、公平正义、合作共赢的新型国际关系。"这是新时代中国外交的努力方向。

三、加强同发展中国家团结合作，巩固中国外交基础

中华人民共和国外交的历史表明，发展中国家对中国外交具有特别重要的意义。每当历史的重大关头都是发展中国家在支持中国。1971 年 10 月，中国在联合国的合法席位得以恢复，就是得益于发展中国家的支持。时至今日，发展中国家依然是中国外交的基本立足点，在近些年来的南海问题、中美贸易争端及与西方在人权问题上的交锋中，中国都得到发展中国家的有力支持。所以发展中国家过去是今后仍然是中国在国际事务中最靠得住的朋友和一支不容忽视的战略力量。

中国的自身定位是：中国不仅是一个社会主义大国，同时还是一个发展中国家。毛泽东明确指出："中国属于第三世界。"中国的命运与发展中国家的命运始终紧紧联系在一起，因此，崭新的中国一贯支持发展中国家争取独立和主权的正义斗争，一贯支持发展中国家为维护民族独立、振兴民族经济而做出的努力，一贯重视维护发展中国家的正当诉求和共同利益。

中华人民共和国对第二次世界大战之后亚洲、非洲和拉丁美洲新兴独立国家给予了大力支持。中国领导人多次发表声明，声援亚非拉人民维护民族独立，捍卫国家主权的正义斗争，呼吁亚非拉人民要互相帮助、团结合作。毛泽东在 20 世纪 50 年代就提出要把交朋友的重点放在三大洲，就是亚洲、非洲和拉丁美洲。他还多次表示："希望第三世界团结起来。第三世界人口多啊!"

广大发展中国家与中国有着相似的历史遭遇，又都面临着争取和维护民族独立与发展经济的任务，是新中国天然的同盟军。对发展同新兴独立国家的关系，新中国一贯采取积极主动的姿态。中国政府在建交问题上采取灵活的态度，很快地打开了中国和亚非拉国家关系的新局面，形成了建交高潮。

冷战结束后，国际局势发生了巨大的变化，发展中国家经过长期发展，已经成为国际社会重要的战略力量，"第三世界国家总体实力在增强，国际影响不断扩大，成为推动世界多极化趋势发展的一支不可忽视的力量。第三世界国家人口占世界人口总数的四分之三，它们的逐步发展壮大，是第二次世界大战以来国际关系的重大变化。尽管它们面临诸多困难和问题，但作为一个整体，政治、经济实力和世界影响都在增大"。特别是在推动世界多极化，推动全球治理体系朝着公正合理的方向变革的进程中，广大发展中国家始终是中国依托的重要力量。因此，中国在重大国际场合支持发展中国家合理的政治、经济诉求，加强发展中国家的战略对话与协调，不断拓展同发展中国家经济贸易及能源合作的渠道。

中国特色社会主义进入了新时代，中国将进一步加强同亚、非、拉发展中国家的团结与全面合作，这包括在国际事务中注重与发展中国家磋商协调，维护他们的利益和诉求。在解决地区性的冲突与矛盾中，采取积极、稳妥、推动和平解决的方针。在经济贸易方面，继续向一些发展中国家提供力所能及的援助，并按照互利互惠、共同

发展、形式多样、讲求实效的原则探索新的合作途径。

加强同发展中国家的团结和合作既是中国特色大国外交的基本立足点，也是中国扩大国际回旋余地的主要借助力量。党的十九大报告强调要“秉持正确义利观和真实亲诚理念加强同发展中国家团结合作”。对发展中国家要义利兼顾，以义当先，中国在国际社会坚决维护发展中国家正当权益，支持扩大发展中国家在国际事务中的发言权和增强代表性，不断使发展中国家从与中国的合作中得到实实在在的利益，以增强发展中国家对中国的认同感。

四、坚持走和平发展道路，打破国强必霸的“铁律”

西方大国崛起的历史就是一部血腥暴力史。西方这种穷兵黩武式的暴力崛起，给世界各国人民带来了挥之不去的阴影，也产生了一种“国强必霸”的所谓历史“铁律”。正是在这种偏见笼罩下，许多西方学者认为中国崛起是西方最大的威胁，中国崛起论就是“中国威胁论”“中国霸权论”。显然，这是西方国家的意识形态斗争的阴谋。历史有力地证明：中国崛起是和平崛起，中国道路是一条和平发展之路。

回顾中华民族五千年的悠久历史，中国有着和平发展的基因，无论强大还是弱小，中国从来不侵略、不扩张，主张和而不同、多元共存。中华人民共和国成立 70 多年来，始终高举着和平的旗帜。毛泽东提出“和平为上”的方针；邓小平提出了不结盟全方位的和平外交政策；江泽民提倡国际关系民主化，构建不结盟、不对抗、不针对第三方的伙伴关系。进入 21 世纪，世界多极化、经济全球化深入发展，随着中国综合实力的迅速增长和国际影响力的持续提升，国际社会围绕中国崛起、中国道路、中国模式的议论越来越多。其中不乏客观的评价，但也有诸多负面的议论，如“中国威胁论”、国强必霸论等。还有很多是对中国战略取向的误读，但也有冷战思维带来的固执与偏见。在国际社会众说纷纭之际，中国需要正面回应国际社会的关切，郑重阐明自己的发展道路。

2005 年 12 月，国新办发布了《中国的和平发展道路》白皮书，研究借鉴其他大国崛起经验教训，全面论述了中国走和平发展道路的依据和路径。2007 年，党的十七大报告明确指出：“中国将始终不渝走和平发展道路。”和平发展道路进入国家战略层面。党的十八大进一步指出“和平发展是中国特色社会主义的必然选择”。党的十九大报告提出：“必须统筹国内国际两个大局，始终不渝走和平发展道路、奉行互利共赢的开放战略。”这是中国发展道路和国际战略思想的经验总结与理论升华。

2014 年 1 月 22 日，习近平接受美国《世界邮报》记者采访，在回应中国崛起后是否会和美国陷入“修昔底德陷阱”时，习近平指出，我们都应该努力避免陷入“修昔底德陷阱”，强国只能追求霸权的主张不适用于中国，中国没有实施这种行动的基因。中国延续数千年的文明历来崇尚和平、和谐，奉行“亲仁善邻，国之宝也”的理念，追求“和而不同”的最高境界，这是中国强大的传统基因，已经融入中国人的血脉之中，体现了中华民族悠久的文化传承，也是中国坚持走和平发展道路浓厚的历史底蕴。在长达数千年的历史长河中，中国曾长期处于世界领先的地位，但是，即便是中国最强盛的时期，中国也没有侵略掠夺其他国家。近代以后，由于封建统治者封闭保守，中国落后了。从 1840 年开始，中国频频遭受西方国家的侵略和蹂躏，中国人民生活在水深火热的悲惨状态之中，直到中华人民共和国成立才获得自由和平等的地位。中国人民懂得“己所不欲，勿施于人”的道理，决不会把自身经历过的被欺侮被压迫的苦难遭遇再强加给其他国家和民族。“中国人民深信，只有和平安宁才能繁荣发展。”

中国要走的是一条与其他大国崛起完全不同的全新发展之路，既不同于一战时的德国、二战时的德国和日本那种通过发动侵略战争来重新瓜分世界的道路，也不同于苏联的大国沙文主义道路。我们这条全新的道路，有这么“几个依靠”：依靠自身的发展，依靠市场的开放，依靠制度的创新，依靠同经济全球化相联系而不是相脱离，依靠同相关国家的互惠互利、达到双赢。这是中国和平发展道路的本质和内涵。

坚持和平发展就要打破国强必霸的陈旧逻辑，通过争取和平的国际环境来发展自己，又以自身发展来维护和促进世界和平，不断提高我国综合实力，不断让广大人民群众享受到和平发展带来的利益，不断夯实走和平发展道路的物质基础和社会基础。中国主要依靠发挥自己的力量和改革创新实现和平崛起，同时坚持对外开放，学习借鉴别国长处；中国坚持科学发展、自主发展、开放发展、和平发展、合作发展、共同发展，实现中华民族的伟大复兴和人民的共同富裕是中国和平发展的总体目标。

在新时代，中国和世界的关系已经发生历史性的变化。中国和平发展的前途和命运与世界发展的前途和命运已紧紧地联系在一起。世界总体上的和平与稳定给中国提供了跨越式追赶的历史机遇，而中国的飞速发展也给世界带来繁荣和增长。因此，中国这条和平发展道路能不能走通，很大程度上要看我们能不能把世界的机遇转变为中国的机遇，把中国的机遇转变为世界的机遇，在中国与世界各国良性互动、互利共赢中开拓前进。只要中国能牢牢把握住世界和平发展、经济全球化带来的机遇，开拓进取，中国的综合国力就能上一个大的台阶，为实现两个一百年的目标奠定坚实的基础；与此同时，中国还要本着共同发展的理念把中国的机遇转化成世界的机遇，让世界各国感受到中国和平发展带来的前所未有的红利，如果能做到这一点，中国和平发展前进道路上的阻力、障碍就会减少很多，中国的和平发展就能走得更加畅快一些，就能够实现中国与世界的良性互动和互利共赢，推动更多的国家和中国一起坚持走和平发展道路。

五、开创新时代中国特色大国外交新局面

党的十八大以来，以习近平同志为核心的党中央针对当今世界格局的新态势和中国在世界上的新定位，创造性地提出中国特色大国外交的新命题，并在全面推进中国特色大国外交的丰富实践中，逐步形成了习近平新时代中国特色社会主义外交思想和

中国特色大国外交战略，这是新时代中国外交工作的根本指针和基本遵循。

当今世界正处于百年未有之大变局，世界多极化、经济全球化、社会信息化、文化多样化大趋势成为潮流、不可逆转，科技革命孕育新突破，全球的合作与竞争向多层次全方位拓展。作为世界第二大经济体、第一制造业大国、第一贸易大国，新时代的中国已经开启由富变强的进程，日益走近世界舞台中央。这是党中央对国际局势和中国在世界上的位置做出的重大战略判断，也是开创性推进中国特色大国外交的现实依据。在此背景下，习近平总书记在2014年召开的中央外事工作会议上，明确提出构建“中国特色大国外交”的历史任务。他指出：中国必须有自己特色的大国外交。我们要在总结实践经验的基础上，丰富和发展对外工作理念，使我国对外工作有鲜明的中国特色、中国风格、中国气派。由此提出构建“中国特色大国外交”的历史任务。在2018年6月召开的中央外事工作会议上，习近平进一步指出，对外工作要统筹国内国际两个大局，坚持战略自信和保持战略定力，坚持推进外交理论和实践创新，坚持战略谋划和全球布局，以此开创中国特色大国外交的新局面。

中国特色大国外交着眼于在全球范围内实现好维护好国家利益，为中华民族伟大复兴营造良好外部环境，以和平发展和合作共赢为基本价值取向，以推动构建人类命运共同体为中国外交核心理念，以推动构建新型国际关系，推动全球治理体系变革和“一带一路”建设为战略路径，充分展现中国外交为民族复兴尽责、为人类进步担当的历史使命。中国的大国外交与传统的大国外交相比，具有鲜明的中国特色。一是坚持中国共产党对外交工作和国际战略的集中统一领导。坚持党的领导在国际战略和对外政策方面的体现，就是党中央统筹制定中国国际战略和对外政策，并通过中央外事工作委员会和中央国家安全委员会等机构领导实施。二是坚持以中国特色社会主义为根本，在此基础上增强道路自信、理论自信、制度自信、文化自信。三是继承和发扬中华优秀传统文化，“以对外工作优良传统和时代特征相结合为方向”形成和塑造出中国外交的独特风范和独特行为方式。中国优秀传统文化的思想观念和思维方式，始终潜移默化地影响着中国的国际战略和外交政策。四是高举和平、发展、合作、共赢的旗帜，永远不扩张、不称霸。这就彻底摆脱了过去一些大国之间恶性竞争、称霸、争霸的怪圈，在世界各国面前树立了和平友好的国际形象，有利于消除一些西方国家对“中国威胁”的疑虑，为中国经济社会发展赢得有利国际环境。

大国外交是中国在当今世界格局中实力、地位、角色变化的必然结果和战略上的新定位。当今中国的定位不仅仅是亚洲大国和区域性大国，更是具有全球辐射力和影响力的世界性大国。办好这样的大国外交不仅要有中国自己的特色，还需要有更宽广的国际视野与更宏大的战略谋划和布局。

新时代中国特色大国外交的主要任务是为深化改革开放营造良好环境；维护世界和平、促进共同发展，争取为人类做出更大贡献。这两个方面相辅相成，同时推进。作为党和国家工作的重要组成部分，中国外交服务于中华民族伟大复兴这一主线，维护国家的核心利益和日益增长的海外利益，不断提升中国在国际社会的影响力和话语权。这就需要处理好中国与外部世界的关系，尤其需要处理好与世界主要大国的关系，争取赢得他们对中国和平发展的认同和支持，至少是减少或缓解其对中国发展的消极影响。

作为有影响力的世界大国，中国在全力搞好自身发展的同时，还要积极参与全球治理并承担力所能及的大国责任，为解决全球性问题和推动共同发展提出中国的方案，贡献中国的智慧，展现和提升中国的良好形象。这既是一个世界大国应有的国际担当，也是国际社会对中国的普遍期待。为了完成中国特色大国外交的历史使命，新时代，中国大力发展遍布全球的伙伴关系，结伴而不结盟，不树敌，不对抗，广交朋友，形成了全方位和平外交新局面。党的十八大以来，中国以周边为首要，深化同周边国家关系；以大国为重点，构建总体稳定、均衡发展的大国关系框架；以发展中国家为基本立足点，加强团结合作；以多边为重要舞台，维护多边体制，共同应对重大挑战，全方位发展同各国友好合作。中国外交全方位、多层次、多领域，立体化的战略布局更加完善。

第二节　促进“一带一路”国际合作

提出共建丝绸之路经济带和21世纪海上丝绸之路重大倡议，是习近平总书记深刻思考人类前途命运及中国和世界的发展大势，为促进全球共同繁荣、打造人类命运共同体所作出的重大战略决策，开辟了我国参与和引领全球开放合作的新境界，在世界发展史上具有里程碑意义。

一、破解人类发展难题的中国智慧

习近平总书记指出，在新的历史条件下，我们提出“一带一路”倡议，就是要继承和发扬丝绸之路精神，把我国发展同沿线和世界各国发展结合起来，把中国梦同沿线和世界各国人民的梦想结合起来，赋予古丝绸之路全新的时代内涵。这是深刻把握和理解“一带一路”重大意义的基本出发点。

建设“一带一路”是新时代我国对外开放和经济外交的顶层设计。建设“一带一路”，是以习近平同志为核心的党中央统揽政治、外交、经济社会发展全局作出的重大战略决策，是实施新一轮扩大开放的重要举措。习近平总书记形象地指出，这“一带一路”就是要再为我们这只大鹏插上两只翅膀，建设好了，大鹏就可以飞得更高更远。这一重大合作倡议，既对新时代我国开放空间布局进行了统筹谋划，又对中国与世界实现开放共赢的路径进行了顶层设计。这是我们党关于开放理论的重大创新，彰显了中国特色社会主义道路自信、理论自信、制度自信、文化自信。

建设“一带一路”是破解人类发展难题的中国智慧和中国方案。国际金融危机后，世界经济深度调整、贫富分化加剧，反全球化、民粹主义等思潮抬头。其深层次根源，仍然是发展不平衡问题。如何实现发展？是在弱肉强食、以邻为壑中掠夺，还是在求同存异、共生共荣中实现？历史告诉我们，人类可以作出完全不同的选择。正是基于这样的历史纵深视野和大国责任担当，习近平总书记提出“一带一路”重大合作倡议，紧紧抓住发展这个最大公约数，着眼于世界各国人民追求和平与发展的共同梦想，致力推动经济全球化朝着更加开放、包容、普惠、平衡、共赢的方向发展。这一重大合作倡议，旨在同沿线和世界各国分享中国发展机遇，欢迎各方搭乘中国发展的“快车”“便车”，不仅造福中国人民，更造福世界各国人民。这一重大合作倡议，为全球发展合作提供了创新思路，为破解全球发展难题贡献了中国智慧、中国方案，体现了中国将自身发展同世界发展相统一的全球视野、世界胸怀和大国担当。

建设“一带一路”是探索全球经济治理新模式、构建人类命运共同体的重要路径。推动建立公正合理的国际秩序，实现持久和平与繁荣稳定，一直是人类社会努力的方向。为此，国际社会不断探索，既有成功经验，也不乏失败教训。当今世界，国际格局深度调整，全球治理体系变革处在历史转折点上。在这一时代背景下，习近平总书记多次强调，“一带一路”建设不是封闭的，而是开放包容的；不是中国一家的独奏，而是与沿线和世界各国的合唱。这一重大合作倡议，坚持继承创新、主动作为，强调求同存异、兼容并蓄，致力打造不同文明和谐共融的利益共同体、责任共同体、命运共同体，推动现有国际秩序、国际规则增量改革，为完善全球治理体系变革提供了新思路新方案，成为有关各国实现共同发展的巨大合作平台。

二、“一带一路”倡议的丰富内涵

“一带一路”倡议顺应时代潮流，适应发展规律，符合各国人民利益，具有广阔前景。要把“一带一路”真正打造成一条和平之路、繁荣之路、开放之路、创新之路和文明之路。

“一带一路”是和平之路。古丝绸之路，和时兴，战时衰。“一带一路”建设离不开和平安宁的环境。习近平总书记指出，古丝绸之路沿线地区曾经是“流淌着牛奶与蜂蜜的地方”，如今很多地方却成了冲突动荡和危机挑战的代名词。这种状况不能再持续下去。沿线各国应该尊重彼此主权、尊严、领土完整，尊重彼此发展道路和社会制度，尊重彼此核心利益和重大关切。要树立共同、综合、合作、可持续的新安全观，营造共建共享的安全格局。要着力化解热点，坚持政治解决；要着力斡旋调解，坚持公道正义；要着力推进反恐，标本兼治，消除贫困落后和社会不公。

“一带一路”是繁荣之路。发展是解决一切问题的总钥匙。推进“一带一路”建设，应聚焦发展这个根本性问题，释放各国发展潜力，实现经济大融合、发展大联动、成果大共享。要深入开展产业合作，推动各国产业发展规划相互兼容、相互促进，抓好大项目建设，加强国际产能和装备制造合作，抓住新工业革命的发展新机遇，培育新业态，保持经济增长活力。要建立稳定、可持续、风险可控的金融保障体系，创新投资和融资模式，推广政府和社会资本合作，建设多元化融资体系和多层次资本市场，发展普惠金融，完善金融服务网络。要加强互联互通合作，大力推进基础设施“硬联通”和政策规则标准“软联通”。

“一带一路”是开放之路。对一个国家而言，开放如同破茧成蝶，虽会经历一时阵痛，但将换来新生。共建“一带一路”倡议源于中国，但机会和成果属于世界，中国不打地缘博弈小算盘，不搞封闭排他小圈子，不做凌驾于人的强买强卖。“一带一路”建设以开放为导向，解决经济增长和平衡问题。结合自身国情，积极发展开放型经济，参与全球治理和公共产品供给，携手构建广泛的利益共同体。要有“向外看”的胸怀，维护多边贸易体制，推动自由贸易区建设，促进贸易和投资自由化便利化。着力解决发展失衡、治理困境、数字鸿沟、分配差距等问题，建设开放、包容、普惠、平衡、共赢的经济全球化。

“一带一路”是创新之路。创新是推动发展的重要力量。“一带一路”建设本身就是一个创举，搞好“一带一路”建设也要向创新要动力。坚持创新驱动发展，加强在数字经济、人工智能、纳米技术、量子计算机等前沿领域合作，推动大数据、云计算、智慧城市建设，连接成21世纪的数字丝绸之路。促进科技同产业、科技同金融深度融合，优化创新环境，集聚创新资源。我们要为互联网时代的各国青年打造创业空间、创业工场，成就未来一代的青春梦想。践行绿色发展的新理念，倡导绿色、低碳、循环、可持续的生产生活方式，加强生态环保合作，建设生态文明，共同实现联合国2030年可持续发展目标。

“一带一路”是文明之路。“国之交在于民相亲，民相亲在于心相通。”“一带一路”建设以文明交流超越文明隔阂、以文明互鉴超越文明冲突、以文明共存超越文明优越，推动各国相互理解、相互尊重、相互信任。建立多层次人文合作机制，搭建更多合作平台，开辟更多合作渠道。在文化、体育、卫生领域，要创新合作模式，推动务实项目。加强各国议会、政党、智库、民间组织往来和国际反腐合作，密切妇女、青年、残疾人等群体交流，促进包容发展。

三、“一带一路”建设造福沿线各国人民

浩渺行无极，扬帆但信风。“一带一路”重大合作倡议提出以来，备受国际社会关注，沿线国家广泛响应。“一带一路”建设，从倡议走向实践、从愿景变为行动，进展和成果超出预期，合作伙伴越来越多，影响力和号召力日益增强，“朋友圈”不断扩大，不仅为中国的发展营造了有利外部环境，也为构建人类命运共同体奠定了坚实基础。习近平总书记强调，要总结经验、坚定信心、扎实推进，让“一带一路”建设造福沿线各国人民。

以共商共建共享为基本原则。共商共建共享，是习近平总书记倡导的全球治理观，也是“一带一路”建设的重要指导原则。“共商”就是沟通协商，充分尊重各国发展水平、经济结构、法律制度、营商环境和文化传统的差异。“共建”就是共同参与，深度对接有关国家和区域发展战略。“共享”就是实现互利共赢，充分调动各方面积极性。这三者相辅相成、密不可分，构成一个有机统一的整体。坚持共商共建共享原则，遵循平等原则，追求互利，充分尊重各国差异，坚持具体问题具体分析，共同探讨符合各国国情的合作模式；加强经济、金融、贸易、投资等领域宏观政策协调，实现优势互补，协同并进；不断增强各参与方的获得感，寻找与沿线和世界各国更多利益交汇点，以实实在在的合作成果，充分调动各方面积极性。

以深化“五通”合作为关键支撑。政策沟通、设施联通、贸易畅通、资金融通和民心相通，是“一带一路”建设的核心内容。习近平总书记多次深入阐释“五通”的内涵，提出深化“五通”合作的务实举措。促进“一带一路”国际合作，以“五通”为抓手，广泛凝聚合作共识，全面提升合作水平。加强政策沟通，形成政策协调、规划对接的合力，促进相关国家协同联动发展，不断夯实“一带一路”建设的政治基础；加强设施联通，以重大项目和重点工程为引领，不断完善“一带一路”建设的基础设施网络；加强贸易畅通，促进贸易和投资自由化便利化，不断释放互利合作的活力；加强资金融通，深化金融领域合作，不断健全“一带一路”建设的多元化投融资体系；加强民心相通，不断搭建沿线和世界各国的友好桥梁，让“一带一路”建设更好造福沿线和世界各国人民。

以构建全面开放新格局为努力方向。习近平总书记指出，过去我国的开放基于沿海地区，面向海洋、面向发达国家，今后要更多考虑中西部地区和沿边地区开放，进一步向西开放、向周边国家开放。新形势下推进“一带一路”国际合作，就是要着眼于打通内陆开放、向西开放通道，畅通海上开放通道，在提升“向东”开放水平的同时，加快“向西”开放步伐，推动内陆沿边地区成为开放前沿，实现开放空间逐步从沿海、沿江向内陆、沿边延伸。加强“一带一路”建设同京津冀协同发展、长江经济带发展、粤港澳大湾区建设等国家战略的对接，同西部开发、东北振兴、中部崛起、东部率先发展、沿边开发开放结合，优化区域开放布局，加大西部开放力度，打造西部及东北地区开放新前沿，发挥内陆地区开放腹地新优势，实现沿海地区引领开放新突破，形成陆海统筹、东西联动的全面开放新格局。

一花独放不是春，百花齐放春满园。“一带一路”国际合作展现出蓬勃生机与活力。在“一带一路”实践中，内陆地区特别是中西部地区逐步从开放末梢走向开放前沿，拓展了开放型经济发展空间，一大批互联互通项目规划实施，各领域人文合作深入开展。据统计，自 2013 年至 2017 年，中国与“一带一路”沿线国家和地区，货物贸易额累计超过 5 万亿美元，对外直接投资超过 700 亿美元，中国企业在沿线国家和地区推进建设 75 个经贸合作区，上缴东道国税费 22 亿美元，创造 21 万个就业岗位。在国际舞台上，全球 140 多个国家和地区、80 多个国际组织积极支持和参与“一带一路”

建设，“一带一路”国际合作高峰论坛成功举办，成为推动全球发展合作的机制化平台，赢得国际社会的高度赞誉。“一带一路”建设的生动实践，给世界上那些既希望加快发展又希望保持自身独立性的国家和民族提供了重要借鉴，让世界更加关注中国道路，提升了中国特色社会主义制度的国际影响力、感召力。

四、拓展“一带一路”国际合作新空间

习近平总书记强调，要积极促进“一带一路”国际合作，努力实现政策沟通、设施联通、贸易畅通、资金融通、民心相通，打造国际合作新平台，增添共同发展新动力。这是在新的历史起点上谱写“一带一路”新篇章的政治宣言和行动纲领。

深化贸易投资合作。开展贸易和投资合作要统筹国际国内两个市场、两种资源，双向开放才能实现更好的利益融合。一是完善贸易投资促进机制。在现有区域和双边合作框架下，进一步完善与相关国家的贸易投资促进机制，与国际组织联合开展战略性问题研究。推动与沿线和有关国家商签或修订贸易投资便利化条约和协定。二是有序引导支持对外投资。开展优势产能、装备制造和基础设施建设合作，共同建好一批示范性经贸合作区。创新对外投资方式，以投资带动贸易发展、产业发展。三是鼓励沿线和有关国家来华投资。积极开展投资促进工作，吸引沿线和有关国家企业到我国投资兴业，特别是投向高新技术产业、先进制造业和现代服务业，支持国内实体经济发展。四是促进贸易双向平衡。搭建好经贸交流新平台，进一步向世界开放市场。优化出口商品结构，提高传统优势产品的竞争力。加强跨境电子商务合作，大力发展服务贸易，培育贸易新增长点。

促进基础设施互联互通。基础设施互联互通是“一带一路”建设的优先领域。当前，“一带一路”建设进入深耕细作的新阶段，要继续把互联互通作为重点，打破沿线和有关国家发展瓶颈。一是完善基础设施联通网络。扎实推进国际经济合作走廊建设。以铁路、公路、航空、水运、通信、电力、油气管网为重点，聚焦关键通道、关键城市、关键项目，着力推动陆上、海上、天上、网上四位一体的联通。二是协调政策规则标准联通。加强与相关国家和地区基础设施建设规划、质量技术体系对接，开展海关、检验检疫、边境管理等合作，促进政策、规则、标准三位一体的联通，为互联互通提供机制保障。三是创新设施联通融资渠道。充分发挥亚洲基础设施投资银行、丝路基金等平台作用，深化金融机构与金融市场合作，创新投资和融资模式，完善服务“一带一路”建设金融支持保障体系。

加强创新能力开放合作。创新是推动发展的重要力量，搞好“一带一路”建设也要向创新要动力，加强创新能力开放合作，推动创新资源共享、创新优势互补，促进沿线和有关国家创新能力的共同提升。加强技术创新的开放合作，把握新一轮产业革命带来的机遇，推进国际科研项目合作，着力加强在数字经济、人工智能等前沿领域的合作。加强理论创新的交流互鉴，建设好智库联盟和合作网络，加强“一带一路”

建设学术研究、理论支撑、话语体系建设，为各国开辟发展新路径提供智力支持。加强创新人才资源的交流合作，加强同沿线和有关国家的科技人才交流，合作培养培训各类专业人才，夯实“一带一路”建设的民意基础。

加强全球经济治理合作。全球经济治理应该以合作为动力，全球性挑战需要全球性应对。主动参与和引领全球经济议程，参与全球治理和公共产品供给，增强新兴经济体和发展中国家在国际事务中的代表性和发言权，推动形成更加公正、合理的国际经济秩序。积极同有意愿的国家和地区商建自由贸易区，逐步形成立足周边、辐射“一带一路”、面向全球的高标准自由贸易区网络。积极参与国际经贸规则制定、争取全球经济治理制度性权力，不当旁观者、跟随者，要做参与者、引领者，在国际规则制定中发出更多中国声音、注入更多中国元素。

第三节　推动构建人类命运共同体

一、“中国之道”力解“世界之问”

有一种智慧，穿越迷雾，洞悉大势。

有一种勇气，不惧风雨，砥砺前行。

有一种气魄，冲破险阻，力挽狂澜。

有一种担当，为世界谋发展，为人类创未来。

2017 年习近平在瑞士达沃斯和日内瓦发表的两场历史性演讲，跨越时空，在 2019 年世界经济论坛年会上，进一步感召和影响着面临百年未有之大变局的世界。经济遇冷、冲突不断、全球化受阻、不确定性加剧……世界怎么了？我们怎么办？

凝聚东方智慧、顺应历史潮流、基于发展实践、体现大国担当的“中国之道”在达沃斯有力地回答着“世界之问”。

人类只有一个地球，各国共处一个世界。2012 年党的十八大明确提出要倡导人类命运共同体意识，在追求本国利益时兼顾他国合理关切，在谋求本国发展中促进各国共同发展，建立更加平等均衡的新型全球发展伙伴关系，同舟共济，权责共担，增进人类共同利益。2015 年 3 月，习近平出席博鳌亚洲论坛 2015 年年会时提出了“迈向亚洲命运共同体，推动建设人类命运共同体”的倡议。2015 年 9 月，习近平在纽约联合国总部发表重要讲话指出：当今世界，各国相互依存、休戚与共。我们要继承和弘扬联合国宪章的宗旨和原则，构建以合作共赢为核心的新型国际关系，打造人类命运共同体。

提出构建人类命运共同体思想，具有鲜明的时代背景。从国际上看，一方面，世界格局正处在加快演变进程之中，和平、发展、进步的阳光足以穿透战争、贫穷、落后的阴霾，经济全球化、社会信息化极大解放和发展了社会生产力，创造了前所未有的发展机遇；人类生活在同一个地球村，各国相互联系、相互依存、相互合作、相互促进的程度空前加深，国际社会日益成为一个你中有我、我中有你的命运共同体。另一方面，世界发展面临各种问题和挑战，经济全球化遭遇逆风，世界经济长期低迷，发展鸿沟日益突出，地区冲突频繁发生，恐怖主义、难民潮等全球性挑战此起彼伏，各种社会政治思潮交锋激荡。世界怎么了？我们怎么办？面对全球性挑战，没有哪个国家可以置身事外、独善其身，世界各国需要以负责任的精神同舟共济、协调行动，共同维护和促进世界和平与发展。国际社会迫切呼唤新的全球治理理念，构建新的更加公正合理的国际体系和秩序，开辟人类更加美好的发展前景。从国内来看，改革开放以来我国发展取得重大成就，党和国家事业发生历史性变革，我国发展站到了新的历史起点上，中国特色社会主义进入了新时代，中国的治理理念和实践受到高度赞赏和广泛认同，国际影响力、感召力、塑造力进一步提高。中国有信心、有能力为世界做出更大贡献。

二、构建人类命运共同体思想的科学内涵

构建人类命运共同体思想，是一个科学完整、内涵丰富、意义深远的思想体系，其核心就是党的十九大报告所指出的，“建设持久和平、普遍安全、共同繁荣、开放包容、清洁美丽的世界”。这充分说明，我们要着重从政治、安全、经济、文化、生态等五个方面推动构建人类命运共同体。

政治上，坚持对话协商，建设一个持久和平的世界。国家和，则世界安；国家斗，则世界乱。相互尊重、平等协商，坚决摒弃冷战思维和强权政治，走对话而不对抗、结伴而不结盟的国与国交往新路。人类历史上战乱频发，生灵涂炭，从公元前的伯罗奔尼撒战争到两次世界大战，再到延续40余年的冷战，教训惨痛而深刻。要和平不要战争是各国人民朴素而真实的愿望。建设一个持久和平的世界，根本要义在于国家之间要构建平等相待、互商互谅、互学互鉴的伙伴关系。大国要尊重彼此核心利益和重大关切，管控矛盾分歧，努力构建不冲突不对抗、相互尊重、合作共赢的新型关系。大国对小国要平等相待，不搞唯我独尊、强买强卖、恃强凌弱的霸道。任何国家都不能随意发动战争，不能破坏国际法治，不能打开潘多拉魔盒，国家间出现矛盾、分歧和争端，要通过平等协商以和平方式处理，以最大诚意和耐心，坚持对话解纷争、对话促安全。只有各国都走和平发展道路，各国才能共同发展，国与国才能和平相处。

安全上，坚持共建共享，建设一个普遍安全的世界。世上没有绝对安全的世外桃源，一国的安全不能建立在别国的动荡之上，他国的威胁也可能成为本国的挑战。要坚持以对话解决争端、以协商化解分歧，统筹应对传统和非传统安全威胁，反对一切形式的恐怖主义。“单则易折，众则难摧。”习近平总书记指出，邻居出了问题，不能光想着扎好自家篱笆，而应该去帮一把。国家不论大小、强弱、贫富以及历史文化传

统、社会制度存在多大差异，都要尊重和照顾其合理安全关切。各方应树立共同、综合、合作、可持续的新安全观。要恪守尊重主权、独立和领土完整，互不干涉内政等国际关系基本准则，统筹应对传统和非传统安全挑战，深化双边和多边协作，促进不同安全机制间协调包容、互补合作，不这边搭台、那边拆台，实现普遍安全和共同安全。各国都有平等参与地区安全事务的权利，也都有维护地区安全的责任，要坚持以对话解决争端、以协商化解分歧。

经济上，坚持合作共赢，建设一个共同繁荣的世界。同舟共济，促进贸易和投资自由化便利化，推动经济全球化朝着更加开放、包容、普惠、平衡、共赢的方向发展。发展是第一要务，适用于各国，而人类命运共同体追求的是共同发展。要增强各国发展能力，发展归根到底要靠本国自身努力，各国要根据自身禀赋特点，制定适合本国国情的发展战略。各国要加强宏观政策协调，兼顾当前和长远，着力解决深层次问题。抓住新一轮科技革命和产业变革的历史性机遇，转变经济发展方式，坚持创新驱动，进一步发展社会生产力、释放社会创造力。要改善国际发展环境，各国要共同维护国际和平，以和平促进发展，以发展巩固和平。要创造良好外部制度环境，加强全球经济治理，健全发展协调机制，各国特别是主要经济体要维护世界贸易组织规则，支持开放、透明、包容、非歧视性的多边贸易体制，推动建设开放型世界经济。要优化发展伙伴关系，最大限度解决南北之间和地区内部发展失衡问题，让发展成果更多惠及全体人民，为世界经济全面可持续增长提供新动力。经济全球化是历史大势，要加强协调、完善治理，引导经济全球化健康发展，既做大蛋糕，又分好蛋糕，着力解决公平公正问题。

文化上，坚持交流互鉴，建设一个开放包容的世界。“和羹之美，在于合异。”人类文明多样性是世界的基本特征，也是人类进步的源泉。多样带来交流，交流孕育融合，融合产生进步。尊重世界文明多样性，以文明交流超越文明隔阂、以文明互鉴超越文明冲突、以文明共存超越文明优越。世界上有 200 多个国家和地区、2500 多个民族、多种宗教。不同历史和国情，不同民族和习俗，孕育了不同文明，不同文明凝聚着不同民族的智慧和贡献，文明没有高下、优劣之分，只有特色、地域之别。文明差异不应该成为世界冲突的根源，而应该成为人类文明进步的动力。要促进和而不同、兼收并蓄的文明交流对话，在竞争比较中取长补短，在交流互鉴中共同发展，使文明交流互鉴成为增进各国人民友谊的桥梁、推动人类社会进步的动力、维护世界和平的纽带。

生态上，坚持绿色低碳，建设一个清洁美丽的世界。人与自然共生共存，伤害自然最终将伤及人类，建设生态文明关乎人类未来。要坚持环境友好，合作应对气候变化，保护好人类赖以生存的地球家园。习近平总书记指出，工业化创造了前所未有的物质财富，也产生了难以弥补的生态创伤。我们不能吃祖宗饭、断子孙路，用破坏性方式搞发展。人类可以利用自然、改造自然，但归根结底是自然的一部分，必须呵护自然，不能凌驾于自然之上。建设生态文明关乎人类未来。要解决好工业文明带来的矛盾，以人与自然和谐相处为目标，实现世界的可持续发展和人的全面发展。要牢固树立尊重自然、顺应自然、保护自然的意识，绿水青山就是金山银山。要坚持走绿色、低碳、循环、可持续发展之路，平衡推进2030年可持续发展议程，采取行动应对气候变化等新挑战，不断开拓生产发展、生活富裕、生态良好的文明发展道路，构筑尊崇自然、绿色发展的全球生态体系。

三、构建人类命运共同体思想的新时代意义

构建人类命运共同体思想顺应了历史潮流，回应了时代要求，凝聚了各国共识，为人类社会实现共同发展、持续繁荣、长治久安绘制了蓝图。这一思想继承和发展了中华人民共和国不同时期重大外交思想和主张，反映了中外优秀文化和全人类共同价值追求，适应了新时代中国与世界关系的历史性变化，成为中国引领时代潮流和人类文明进步方向的鲜明旗帜，已被多次写入联合国文件，对中国的和平发展、世界的繁荣进步都具有重大和深远的意义。

（一）彰显了中国的大国责任

人类命运共同体重要理念是以习近平同志为核心的党中央准确把握时代发展大势的产物，是为未来世界发展提供的中国方案，同时让中国作为一个负责任的大国，在兼顾世界各国正当利益的前提下，用不同于西方传统的国强必霸、殖民扩张的思想，构想了具有中国特色、中国气派的新型世界秩序，彰显了中国的大国责任。大国之所以为大，在于国际影响力之大，这种国际影响力来源于一个国家的国际威信，而非用强权使他国屈服，这种威信源自一个国家为世界所做的贡献和其所积极履行的责任。中国以世界和人类的和平发展为已任，通过推动当代世界政治、经济新秩序及新型国际关系的构建，履行了促进世界繁荣稳定、和平发展的责任。此外，习近平总书记在国际交往的多种场合将中国的国际特殊责任诠释为“世界梦”。他多次宣示：中国梦是和平、发展、合作、共赢的梦，与世界各国人民的美好梦想息息相通。为了这个梦，中国正通过一个务实行动为世界人民筑就这个梦想。世界人民有目共睹。2013年习近平总书记分别倡导建立了“21世纪丝绸之路经济带”和“21世纪海上丝绸之路”，提出打造“一带一路”命运共同体，并为此投资400亿美元成立丝绸之路基金，出资近300亿美元发起成立亚洲基础设施投资银行，推动互联互通建设，支持沿线国家互利合作。这些举措印证了中国构建人类命运共同体的决心，彰显了中国推动人类发展的大国责任。

（二）适应了新时代中国与世界关系的历史性变化

中国与世界的关系正站在新的历史起点上。首先，中国越来越离不开世界，世界也越来越离不开中国。2016年，中国对世界经济增长的贡献率超过30%，进出口总额达到3.69万亿美元，超过国内生产总值的30%，我国已经成为名副其实的贸易大国。事实证明，只有世界好，中国才能发展好，反过来只有中国发展好，世界才能变得更

好。在日内瓦的演讲中，习近平以“三个决心”向国际社会回答了中国未来的政策走向：中国维护世界和平的决心不会改变、中国促进共同发展的决心不会改变、中国打造伙伴关系的决心不会改变。其次，中国的改革开放取得重大成就离不开世界的支持合作，而日益崛起的中国有责任也有能力同各国分享发展机遇。中国发展得越好就越有能力塑造和影响世界，为国际社会做出更大贡献。构建人类命运共同体思想就是我们为全球治理贡献的中国智慧、中国方案。

（三）有利于改进全球治理

当今全球面临的挑战极为严峻，任何政府、企业和个人都不可能独自应对，无论国际、地区还是行业问题，都不可能孤立地得到解决，而是需要制定“系统性方案”。

2017 年 1 月 17—18 日，习近平访问瑞士的日内瓦和达沃斯时“闪耀全场”的两场演讲，给出的正是“系统性方案”、是全球治理的指南针。习近平系统、全面地提出构建人类命运共同体的“五个坚持”：坚持对话协商，建设一个持久和平的世界；坚持共建共享，建设一个普遍安全的世界；坚持合作共赢，建设一个共同繁荣的世界；坚持交流互鉴，建设一个开放包容的世界；坚持绿色低碳，建设一个清洁美丽的世界。清晰勾勒了中国方案和行动路径，为走向不确定的世界指明了和平发展的方向。

一年间，构建人类命运共同体理念屡屡在国际场合获得认同。2017 年 2 月 10 日，联合国社会发展委员会第 55 届会议一致通过“非洲发展新伙伴关系的社会层面”决议，构建人类命运共同体理念首次被写入联合国决议。同年 3 月 17 日，联合国安理会通过关于阿富汗问题的第 2344 号决议，构建人类命运共同体理念首次载入安理会决议。3 月 23 日，联合国人权理事会第 34 次会议通过关于“经济、社会、文化权利”和“粮食权”两个决议，构建人类命运共同体理念首次载入联合国人权理事会决议。11 月 2 日，中国关于构建人类命运共同体的理念又写入联大“防止外空军备竞赛进一步切实措施”和“不首先在外空放置武器”两份安全决议……从理念到共识，彰显了中国方案对全球治理的巨大贡献。从中国的提倡到世界的相和，凸显了构建人类命运共同体理念的智慧闪光。

（四）有利于促进世界共赢

在构建人类命运共同体理念的指导下，中国将与各国命运休戚与共的决心，化为一个坚实的脚步，成为世界经济增长的重要贡献者和主要推动力。国家统计局 2018 年 1 月 18 日公布了一组数字：2017 年中国 GDP 总量超过 82 万亿元人民币，全年增长达 6.9%，亮眼的成绩单再次令世界惊叹。习近平在日内瓦的主旨演讲中表示，中国发展得益于国际社会，中国也为全球发展做出了贡献。中国将继续奉行互利共赢的开放战略，将自身发展机遇同世界各国分享。事实上，已经有不少国家搭上中国经济腾飞的“快车”，构建人类命运共同体的生动实践不断向世界释放合作共赢的红利。

中国已同多个国家和组织签署“一带一路”合作协议，阿曼杜库姆经济特区建设、巴基斯坦 M4 高速公路、印度古吉拉特邦农村公路项目……亚投行的融资项目点亮了各方发展繁荣的大道，是构建人类命运共同体的生动实践。

（五）有利于推动世界和平发展

自2013年中国首次在国际场合提出构建人类命运共同体倡议以来，习近平在不同场合多次深刻阐释这一理念。在二十国集团领导人汉堡峰会上，习近平强调，二十国集团要坚持建设开放型世界经济大方向，为世界经济增长发掘新动力，使世界经济增长更加包容，完善全球经济治理，推动联动增长，促进共同繁荣，向着构建人类命运共同体的目标迈进。在越南岘港举行的亚太经合组织工商领导人峰会中，习近平提出果敢应对世界经济深刻转变的四个主张：继续坚持建设开放型经济，努力实现互利共赢；继续谋求创新增长，挖掘发展新动能；继续加强互联互通，实现联动发展；继续增强经济发展包容性，让民众共享发展成果。在中国共产党与世界政党高层对话会上，习近平提出，构建人类命运共同体是一个历史过程，不可能一蹴而就，也不可能一帆风顺，需要付出长期艰苦的努力。为了构建人类命运共同体，我们应该锲而不舍、驰而不息进行努力，不能因现实复杂而放弃梦想，也不能因理想遥远而放弃追求。另外，在金砖国家工商论坛开幕式上，习近平呼吁，各国人民同心协力，构建人类命运共同体，建设持久和平、普遍安全、共同繁荣、开放包容、清洁美丽的世界。

中国的长期稳健发展给世界源源不断地注入了正能量，国际社会期盼分享中国经验、中国方案。对中国快速发展成果的惊叹令各国掀起学习中国先进发展和治理经验的热潮。《习近平谈治国理政》系列图书在世界多地热销。

“国家和，则世界安；国家斗，则世界乱。”构建人类命运共同体理念是中国智慧的结晶，承载着中国对建设美好世界的崇高理想和不懈追求。只要牢固树立构建人类命运共同体思想意识，携手努力、共同担当，同舟共济、共渡难关，就一定能够让世界更美好、让人民更幸福。

四、积极推动构建人类命运共同体

（一）理念共识是前提

人类命运共同体乃共同理念所依，凝聚理念共识是支撑和引领国际合作的基本前提。一个国家，一个民族，要同心同德向前进，也必须有共同的理想信念作支撑。自古以来，健康、安全、和平就是人类生存和发展的先决条件，也成为构建人类命运共同体的理念共识。离开了这些前提和条件，国家之间的一切合作行动都缺乏必要的认同和归属。基于这些理念共识的指引，无论东方世界还是西方世界，无论发达国家还是发展中国家，都必须坚持以人民为中心的发展思想，把人民生命安全和身体健康放在至高无上的地位，保障和尊重人民健康与医疗卫生等各项基本权利。特别是对处于灾难中的国家和人民，无论国别种族，无论贫富强弱，都应该感同身受，满怀同情，提供支援，而不是幸灾乐祸、自私冷漠，更不能落井下石、污名抹黑。这是人类道德操守的基本底线和世界文明进步的共同标准。

（二）目标共设是方向

人类命运共同体乃共同目标所遵。崇高的目标可以激发不同国家为实现共同利益而紧密合作的巨大力量。建设一个持久和平、普遍安全、共同繁荣、开放包容、美丽清洁的世界，是构建人类命运共同体的共同目标，体现了世界各国的普遍愿望和美好追求。习近平总书记立足人类命运与共的高度，以高远的世界眼光和博大的人类情怀，提出构建人类命运共同体的重要思想，不仅体现了对人类未来的深刻思考和人文关怀，而且为解决当今世界面临的共同威胁提出了中国方案，为人类社会实现共同发展、持续繁荣和长治久安指明了方向。虽然各国国情和所处的发展阶段不同，历史文化和制度选择有异，但是都必须遵循这一共同目标，构建人类命运共同体正是不同国家、文化之间加强沟通理解、开展合作的精神动力。

（三）命运与共是基础

人类命运共同体乃共同命运所系。“山川异域，风月同天”，在人类重大挑战与艰难考验面前，没有国家能够置身其外，国际社会只有勠力同心、患难与共，才能共克时艰，破浪前行。随着经济全球化的深入发展，世界各国之间的交流互动日益频繁，人员往来和货物流动更加便捷，传统安全与非传统安全交织，国内问题和全球问题彼此转化，人类面临的共同风险挑战越来越突出，各国命运休戚与共，彼此相互依存。可以说，在这种唇亡齿寒的全球化背景下，“环球同此凉热”，世界早已成为你中有我、我中有你的地球村，人类已经成为安危与共、守望相助的命运共同体。构建人类命运共同体，正是着眼解决当今世界面临的现实问题，倡导所有国家求同存异，同舟共济，共同呵护好人类赖以居住的星球，共同建设好荣损与共的地球村。

（四）责任共担是保障

人类命运共同体乃共同责任所属。天下兴亡，匹夫有责。世界犹如一条大船，每个国家都有划桨行船的责任。面对当今时代日益凸显的全球性威胁，面对全球治理出现的严重赤字，世界发展对全球公共产品的需求与日俱增。从共同掌握世界命运、共同完善国际规则到共同治理全球问题，从共同创造发展机遇、共同扩大公共利益到共同应对风险挑战，各国都必须共同承担责任，贡献自己的智慧和力量，尤其是大国更应该率先垂范，积极行动起来，担当起更大责任，发挥更重要作用。构建人类命运共同体要求国际社会共同遵守现有合理有效的国际规则，增强供给全球公共产品的责任，特别是要充分发挥联合国的作用，共同维护联合国权威和基本原则。要共同促进全球化进程的深化和全球治理体系变革，使全球治理体制更加公平地反映绝大多数国家的意愿和利益。

（五）利益共融是纽带

人类命运共同体乃全人类共同利益所在。利益是人类一切行为的动力，也是国家组织集体行动的纽带。当今世界是一个不可分割的整体，各国一荣俱荣、一损俱损，利益高度融合。和平、发展、合作本身就是各国的共同利益，也是给各国带来根本利益的最好选择。面对近年来贸易保护主义和逆全球化思潮的泛起，面对威胁世界各国共同利益的灾难和挑战，各国合作则两利，不合作则共损，不存在你输我赢的零和博弈。构建人类命运共同体，必然要求国际社会所有成员秉持天下为公之大道，超越本国的狭隘私利或绝对利益，不断扩大和增加全球公共利益，切实做到互利共赢、义利兼顾。各国要以经济合作为纽带，发挥各自优势，寻求最大公约数，做普惠互利、开放型世界经济的建设者，维持好持续扩大共同利益的稳固基础。

（六）行动共为是关键

人类命运共同体乃共同行动所践。一步实际行动胜过一打纲领，只有实践才是检验真理的唯一标准。构建人类命运共同体关键要落实到具体的实干行动上，否则再美好的蓝图也只能成为空中楼阁。在人类命运共同体的构建实践中，众人拾柴火焰高，每个国家都应该成为经济全球化的积极促进派和全球治理的有效行动者，都应该将人类命运共同体的思想理念转化为共商的规划方案、共建的实际行动和共赢的理想结果，通过共同努力把人类前途命运掌握在各国人民自己的手中。从经贸发展、政治对话、安全合作、文化交流到环境共治，从全球治理、区域合作、双多边关系到周边共同体，各国的参与和合作都是有力构建人类命运共同体的重要实践。

“人类只有一个地球，各国共处一个世界。”中国从构建人类命运共同体高度，积极开展疫情防控的国际合作表明，“病毒威胁不分国籍，疫情防控没有国界”，面对全球公共卫生安全的共同挑战，构建人类命运共同体已经成为世界各国人民的共同目标和普遍共识。人类命运共同体首倡于中国但属于世界，顺应历史又立足现实更面向未来，是一个内涵极其丰富的多元复合共同体。它基于命运共同体本源，超越地理范围与问题领域，将理念共同体、目标共同体、利益共同体、责任共同体、行动共同体融为一体。因此，推动构建人类命运共同体，必须秉持共商共建共享原则，凝聚理念共识，设定共同目标，汇通共同利益，担当共同责任，实施共同行动，进一步聚合世界各国人民的智慧和力量，共同促进世界人民的健康福祉，努力创造一个更加美好的新世界。

第九章　大学生爱国主义教育要坚持总体国家安全观

国家安全是安邦定国的重要基石，维护国家安全是全国各族人民根本利益所在。实现中华民族伟大复兴的中国梦，保证人民安居乐业，国家安全是头等大事。要加强国家安全教育，深入学习宣传总体国家安全观，增强大学生国家安全意识，自觉维护政治安全、国土安全、经济安全、社会安全、网络安全和外部安全。要加强国防教育，增强全民国防观念，使关心国防、热爱国防、建设国防、保卫国防成为全社会的思想共识和自觉行动。要深入开展增强忧患意识、防范化解重大风险的宣传教育，引导大学生强化风险意识，科学辨识风险、有效应对风险，做到居安思危、防患未然。

第一节　国家安全是安邦定国之重要基石

国家安全是人民幸福安康的基本要求，是安邦定国的重要基石。贫弱落后就要挨打，即使闭关锁国也保护不了任何生灵。这是历史规律和教训，对于近代曾经遭受欺凌之苦的中华民族来说，更是刻骨铭心的血泪记忆。从站起来、富起来到强起来的中国人民，从来没有像现在这样倍加珍惜和平与安宁，也从来没有像现在这样更能体会国家安全的深刻意义与内涵。维护国家安全是全国各族人民的根本利益所在。习近平总书记强调：我们党要巩固执政地位，要团结带领人民坚持和发展中国特色社会主义，保证国家安全是头等大事。“安而不忘危，存而不忘亡，治而不忘乱。”进入新时代，我国面临复杂多变的安全和发展环境，各种可以预见和难以预见的风险因素明显增多，各方面风险可能不断积累甚至集中显露，国家安全的内涵和外延比历史上任何时候都要丰富，时空领域比历史上任何时候都要宽广，内外因素比历史上任何时候都要复杂，维护国家安全的任务更加繁重艰巨。我们必须审时度势、与时俱进，创新国家安全理念，统揽国家安全全局，坚持总体国家安全观，走出一条中国特色国家安全道路。

一、坚持总体国家安全观，适应了新时代的新要求

坚持总体国家安全观，适应了进行具有许多新的历史特点的伟大斗争的新要求。当前，我国比历史上任何时期都更接近实现中华民族伟大复兴的目标，迎来了大有可为的历史机遇期，前景十分光明，但挑战也十分严峻。在新的历史起点上，必须时刻准备应对各种风险考验，必须进行伟大斗争、建设伟大工程、推进伟大事业、实现伟大梦想。这既对国家安全工作提出了新挑战，也为做好国家安全工作提供了新机遇。坚持总体国家安全观，归根到底是为了更好维护我国发展的历史机遇期，确保中华民族伟大复兴进程不被迟滞或打断。

中国特色社会主义是改革开放以来党的全部理论和实践的鲜明主题。党的十八大以来，以习近平同志为核心的党中央一以贯之坚持和发展中国特色社会主义，以实现中华民族伟大复兴为历史使命，统筹国内国际两个大局，统筹发展安全两件大事，举旗定向，谋篇布局，迎难而上，开拓进取，全面加强国家安全，为推动党和国家事业取得历史性成就、发生历史性变革提供了坚强保障，中国特色社会主义进入新时代。

新时代踏上新征程。中国特色社会主义进入新时代，迎来了从站起来、富起来到强起来的伟大飞跃，迎来了实现中华民族伟大复兴的光明前景。但中华民族伟大复兴绝不是轻轻松松、敲锣打鼓就能实现的。近代以后，中华民族复兴进程曾多次被打断，给我们留下了深刻警示。历史机遇稍纵即逝，风险挑战如影随形。前进道路不可能一帆风顺，越是接近奋斗目标，前进阻力和风险压力就越大。在新征程上，还有许多“娄山关”“腊子口”需要跨越，还有许多“雪山”“草地”需要征服。这就要求我们必须付出更为艰巨、更为艰苦的努力，一以贯之增强忧患意识，做到居安思危、知危图安，越是取得成绩的时候，越是要有如履薄冰的谨慎，越是不能犯战略性、颠覆性的错误，确保中国特色社会主义伟大航船胜利驶向光辉的彼岸。

当前，我国面临的国际国内环境正在发生深刻变化。从外部看，当今世界正处于百年未有之大变局，全球经济发展动力不足，局部冲突和动荡频繁。新冠疫情这样的重大突发公共卫生事件表明，各种传统安全和非传统安全问题会不断带来新的考验，全球性挑战日益增多，国际形势的不稳定性不确定性上升。从国内看，改革已进入深水区，各种可以预见和难以预见的风险因素明显增多，党面临的长期执政考验、改革开放考验、市场经济考验、外部环境考验具有长期性和复杂性，党面临的精神懈怠危险、能力不足危险、脱离群众危险、消极腐败危险具有尖锐性和严峻性。

习近平总书记说：“时代是出卷人，我们是答卷人，人民是阅卷人。”确保我们党永不变质，确保红色江山永不变色，确保人民日益增长的美好生活需要不断满足，确保历史机遇不失之交臂，确保中华民族伟大复兴进程不被滞缓打断，既是全体中国人民的共同心愿，也是新时代提出的根本要求。面对波谲云诡的国际形势、复杂敏感的周边环境、艰巨繁重的改革发展稳定任务和向第二个百年奋斗目标进军的目标要求，

必须深刻认识我国社会主要矛盾变化是关系全局的历史性变化，把握住人民日益增长的安全需要的基本面，瞄准不平衡不充分的聚焦点，认清国家安全新形势、新任务、新要求，立足国际秩序大变局来把握规律，立足防范风险的大前提来统筹，立足我国发展重要战略机遇期大背景来谋划，牢牢掌握维护国家安全的战略主动权，有效应对重大挑战、抵御重大风险、克服重大阻力、解决重大矛盾，进行具有新的历史特点的伟大斗争，交上人民满意的新答卷，书写中国特色社会主义的新篇章。

二、坚持总体国家安全观，回应了人民对国家安全的新期待

国泰民安是人民群众最基本、最普遍的愿望。中国特色社会主义进入了新时代，随着我国经济社会发展和对外开放不断扩大，人民对国家安全有了更多更高的期待。人民希望国家更加强大，更有力地维护国家统一和民族团结，更坚定地捍卫国家利益，为实现国家长治久安提供可靠支撑；希望党和政府更加主动作为，更有效地保护生命财产安全，营造安居乐业的社会环境；希望着力解决空气、水、土壤污染及农产品、食品药品安全等突出问题。人民对美好生活的向往，就是我们党的奋斗目标。

总体国家安全观强调以人民安全为宗旨，坚持国家安全一切为了人民、一切依靠人民，不断提高人民的安全感、获得感、幸福感。党的十九大作出新时代我国社会主要矛盾发生变化的新论断，明确将安全作为人民美好生活需要的重要内容。这是对历史、现实、未来的深刻洞察。有了安全感，获得感才有保障，幸福感才会持久。国家安全工作，归根结底是保障人民利益，为群众安居乐业提供坚强保障。中国抗疫“一个都不放弃”的实践，正是践行以人民为中心的发展思想的生动写照，也是人民生命安全至上理念的深刻诠释。

三、坚持总体国家安全观，顺应了世界发展变化的新趋势

当今世界正处在大发展大变革大调整时期，充满希望，也充满挑战。和平与发展仍然是时代主题。世界多极化、经济全球化、社会信息化、文化多样化深入发展，全球治理体系和国际秩序变革加速推进，各国相互联系和依存日益加深，国际力量对比更趋平衡，和平发展大势不可逆转。同时，世界面临的不稳定性不确定性突出，世界经济增长动能不足，贫富分化日益严重，地区热点问题此起彼伏，恐怖主义、网络安全、重大传染性疾病、气候变化等非传统安全威胁持续蔓延，人类面临许多共同挑战，没有哪个国家能够置身事外、独善其身，没有哪个国家能够妄自尊大或独善其身。

“单丝不线，孤掌难鸣。”只有坚持共同、综合、合作、可持续的新安全观，同心协力应对各种问题，才能实现共享正义尊严、共享发展成果、共享安全保障。总体国家安全观超越了西方传统国家安全理念排他性的零和思维模式，不追求自身的绝对安全，不谋求霸权安全，而是追求共享安全，强调包容与共赢。总体国家安全观实现了

国内安全与世界安全的有机统一，有助于不冲突、不对抗、相互尊重、合作共赢的新型国际关系的构建，有助于世界各国基于自身长远利益考量探索一条和平、合作、共享的国家安全道路，有利于打造世界“命运与共、唇齿相依”的共同安全新格局，为构建人类命运共同体提供了行动指南。

第二节　正确理解和把握总体国家安全观

习近平总书记指出，坚持总体国家安全观，必须坚持国家利益至上，以人民安全为宗旨，以政治安全为根本，统筹外部安全和内部安全、国土安全和国民安全、传统安全和非传统安全、自身安全和共同安全，完善国家安全制度体系，加强国家安全能力建设，坚决维护国家主权、安全、发展利益。这一重大论断，准确把握了新时代国家安全形势变化的新特点、新趋势，深刻揭示了总体国家安全观的原则要求和丰富内涵。

一、总体国家安全观的原则要求

（一）坚持统筹发展和安全两件大事

这是治国理政的一个重大原则，也是推进国家安全工作的必然要求。安全和发展是一体之两翼、驱动之双轮。发展是安全的基础。建立在发展基础上的安全才更可靠、更可持续。要从国情出发，坚持发展是解决中国一切问题的关键，坚持在改革发展中促进国家安全，增强发展的全面性、协调性、可持续性，从源头上预防和减少安全问题的产生。安全是发展的保障。一个国家选择什么样的国家安全战略，决定了这个国家的生存、发展与兴盛之路。实施发展和安全并重的国家安全战略，既要善于运用发展成果夯实国家安全的实力基础，又要善于塑造有利于经济社会发展的安全环境，做到坚持发展不停步、维护安全不懈怠。

（二）坚持人民安全、政治安全、国家利益至上有机统一

人民安全是国家安全的宗旨，政治安全是国家安全的根本，国家利益至上是国家安全的准则。以人民安全为宗旨，就是要坚持以人民为中心，维护人民根本利益，保障人民当家作主各项权利，保障人民生命财产安全和其他合法权益，为人民创造良好的生存发展条件和安定的生产生活环境。以政治安全为根本，就是要坚持党的领导和中国特色社会主义制度不动摇，把制度安全、政权安全放在首要位置，为国家安全提供根本政治保证。以国家利益至上为准则，就是要把国家利益作为制定国家安全战略的出发点，牢固树立捍卫国家利益的机遇意识，强化捍卫国家利益的底线思维，创新捍卫国家利益的方式方法，更坚决更有效地维护好捍卫好国家利益尤其是核心利益。习近平总书记强调，要坚持人民安全、政治安全、国家利益至上的有机统一，实现人

民安居乐业、党的长期执政、国家长治久安。

（三）坚持维护和塑造国家安全

这是新时代国家安全的基本定位。塑造是更高层次更具前瞻性的维护。当前我国正处于中华民族伟大复兴的关键阶段，也处于从发展中大国迈向社会主义现代化强国的关键时期。新时代国家安全，既要解决好大国发展进程中面临的安全共性问题，更要处理好中华民族伟大复兴关键阶段面临的特殊安全问题。要立足国际秩序大变局来把握规律，立足防范风险大前提来谋划思路，立足我国发展历史机遇期大背景来统筹工作，做到国家利益延伸到哪里、安全保障就跟进到哪里，为国家发展创造良好外部安全环境。

（四）坚持科学统筹的根本方法

坚持总体国家安全观，要求始终把国家安全置于中国特色社会主义事业全局中来把握，充分调动各方面积极性，形成国家安全合力。要统筹外部安全和内部安全，对内求发展、求变革、求稳定，建设平安中国；对外求和平、求合作、求共赢，维护世界和平与发展。统筹国土安全和国民安全，坚持以民为本、以人为本，坚持国家安全一切为了人民、一切依靠人民，真正夯实国家安全的群众基础。统筹传统安全和非传统安全，构建集政治安全、国土安全、军事安全、经济安全、文化安全、社会安全、科技安全、网络安全、生态安全、资源安全、核安全、海外利益安全等于一体的国家安全体系。统筹自身安全和共同安全，构建人类命运共同体，推动各方朝着互利互惠、共同安全的目标相向而行。

二、总体国家安全观的科学内涵

（一）总体国家安全观是发展的安全观

习近平总书记提出，要“既重视发展问题，又重视安全问题，发展是安全的基础，安全是发展的条件，富国才能强兵，强兵才能卫国”。安全与发展可以说是一枚硬币的两面，二者相互支撑，相互促进，高度融合，有机统一，“贫瘠的土地上长不成和平的大树，连天的烽火中结不出发展的硕果”。“手里有粮，心中不慌”，“不慌”其实指的就是安全感，只有国家发展、实力强盛，才能为保障国家安全提供坚实的物质基础，可以说安全源于实力，实力来自发展，发展是永远的硬道理；同时，只有有了安全稳定的国际国内环境，才能心无旁骛地发展生产，改革开放以来中国发展的战略机遇期正印证了这点。发展是最大的安全，发展利益与安全利益统一于国家的核心利益。总体国家安全观深刻揭示了发展与安全关系的本质，其立足点不是单纯的安全视角，而是将安全问题放在中华民族永续发展的宏大视野中去审视。随着中国日益发展成为全球性大国，中国也面临越来越多的非传统安全问题，如金融安全、科技安全、网络信息安全、能源安全、生态安全、粮食安全等，这些在发展中产生的安全问题最终也只能在经济、社会、科技等方面的全面发展中得到解决。特别是在全面深化改革的今天，新常态伴随新问题、产生新矛盾，一些潜在风险逐渐显现。我们决不能因噎废食，因为惧怕面对新的安全问题而放弃发展，而是要从国家安全的层面，站在维护国家经济安全、社会稳定的角度，理解、支持全面深化改革。

（二）总体国家安全观是辩证的安全观

总体国家安全观是唯物辩证法在国家安全领域的最新实践，突破了过去“安全观”只强调国际安全忽视国内安全的局限，将内部安全与外部安全、传统安全与非传统安全统一于国家安全，将自身安全与共同安全紧密联系起来，更加完整、全面地认识国家安全。内部安全要始终坚定维护国家的核心利益，科学系统地分析应对国内存在的各种安全问题，关键是要坚定维护政治安全。要以维护政治安全为根本，坚定中国特色社会主义的道路自信、理论自信、制度自信和文化自信，为各项事业的发展提供和平稳定的国内环境。外部安全要随着全球一体化程度不断加深，各国利益交织，相互依存度不断提高，国内问题国际化和国际问题国内化已成普遍趋势，一方面单凭一己之力解决所有安全问题已不可能，另一方面国内安全、国际安全、全球安全问题相互交叉，别国的安全问题或国际安全问题随时可能影响本国安全。要既重视传统安全，又重视非传统安全，构建集政治安全、国土安全、军事安全、经济安全、文化安全、社会安全、科技安全、信息安全、生态安全、资源安全、核安全等于一体的国家安全体系。目前，传统安全威胁与非传统安全威胁交织，只有将传统安全与非传统安全统一于国家安全、社会稳定，借助军事、经济、科技、文化等多种手段，才能综合保障国家的安全。

（三）总体国家安全观是包容的安全观

总体国家安全观强调以促进国际安全为依托，摒弃了零和博弈、绝对安全、结盟理论等旧思维，超越了“你输我赢，你兴我衰”，而是“你中有我，我中有你”，大家“既重视自身安全，又重视共同安全，打造命运共同体，推动各方朝着互利互惠、共同安全的目标相向而行”，体现了合作共赢、以共同安全确保自身安全的新型国际关系思想。零和博弈模式催生了以现实主义为代表的传统安全观，将国与国的关系简单归结为你输我赢的竞争关系和你死我活的对抗关系，一度成为国际社会上关于国家安全的普遍模式。然而，在全球高度一体化的当代世界，没有哪个国家可以在牺牲他国利益的情况下真正实现自身安全。总体国家安全观突破了零和博弈的历史局限，回应了世界政治经济一体化的时代特征，立足于构建人类命运共同体，“一个国家要谋求自身发展，必须也让别人发展；要谋求自身安全，必须也让别人安全；要谋求自身过得好，必须也让别人过得好”。中国作为世界第二大经济体和最大的发展中国家，尊重并包容各国的差异性，并将这种差异性转化为国际交往合作的动力和活力，遵循和平发展，坚持合作共赢，积极承担与我国国力地位相适应的国际责任，尊重各国人民的愿望和选择，这既是大国的胸怀，也是大国的担当。

（四）总体国家安全观是人民的安全观

人民安全是国家安全的宗旨，人民的安全感、幸福感是检验国家安全的根本标准。维护国家安全最终是为了人民，维护国家安全最终也需要依靠人民。总体国家安全观是马克思主义群众观点和党的群众路线“一切为了群众、一切依靠群众”在国家安全领域的贯彻和实践，体现了我们党对人的内在关切和重视，找到了国家安全的最终归宿。国土安全立足于对物的关切，但国家不是物的简单累积和拼凑，脱离了人民这一国家主体，国土安全就成了没有意义的口号。对物的关切只有建立在对人的关切的基础上才有存在的意义和生命力。如果将对人的关切和对物的关切割裂开来，一方面对物的关切很难保证，另一方面对物的关切也将失去其终极价值和意义，因为保证国家安全就是为了人民的幸福生活和中华民族的永续发展。离开国民安全仅仅追求国土安全，就是舍本逐末。总体国家安全观实现了国土安全与国民安全的高度统一，厘清了人民群众在国家安全中的主体、核心地位，为国家安全找到了最根本的支撑和依托，将国家安全观提升到了一个新的境界。

第三节　维护重点领域的国家安全

习近平总书记强调，前进的道路不可能一帆风顺，越是前景光明，越是要增强忧患意识，做到居安思危，全面认识和有力应对一些重大风险挑战。要聚焦重点，抓纲带目，着力防范各类风险挑战内外联动、累积叠加，不断提高国家安全能力。

全面贯彻落实总体国家安全观，着力推进新时代国家安全事业全面发展进步，维护重点领域国家安全是主阵地、主战场。要把确保政治安全作为首要任务，从维护政治安全高度谋划和推进各重点领域国家安全工作；以防控风险为主线，既要防控本领域主要安全风险，又要防范不同领域安全风险叠加共振；落实国家安全政策，织密国家安全网。当前和今后一个时期，要着重抓好政治安全、国土安全、经济安全、社会安全、网络安全、外部安全等重点领域的国家安全工作。

一、维护政治安全

政治安全攸关党和国家安危，是国家安全的根本。坚持中国共产党领导，坚持社会主义制度，确保党执政安全，是维护政治安全的根本任务。习近平总书记强调，意识形态领域是争夺“制脑权”的没有硝烟的战场。各种敌对势力从来没有停止对我国实施西化分化战略，从来没有停止对中国共产党领导和我国社会主义制度进行颠覆破坏活动。要切实加强意识形态工作，牢牢掌握意识形态领域的领导权和话语权，坚定“四个自信”，推动习近平新时代中国特色社会主义思想深入人心。敌对势力在我国策划“颜色革命”的战略图谋是长期的。要时刻保持头脑清醒，不能放松警惕，坚决防范和抵御“颜色革命”，坚决遏制西方敌对势力渗透颠覆破坏活动。维护政治安全，要始终坚持党对一切工作的领导，坚持全面从严治党，牢固树立“四个意识”，自觉维护党中央权威和集中统一领导，自觉在思想上政治上行动上同以习近平同志为核心的党中央保持高度一致。

二、维护国土安全

国土安全是立国之基。国土的安全状态与国家能否繁荣息息相关。国土不受外来侵略和威胁，资源不因战争或预防战争过分消耗，国家才能稳定发展，人民才能安居乐业。当前，我国国土安全面临复杂严峻挑战，维护国土安全是维护国家安全重大而紧迫的战略任务。要提升维护国土安全能力，加强边防、海防、空防建设，周密组织边境管控和海上维权行动，坚决捍卫领土主权和海洋权益，有效遏制侵害我国国土安全的各种图谋和行为，筑牢国土安全的铜墙铁壁。坚决反对一切分裂祖国的活动，深入打击宗教极端势力、民族分裂势力、暴力恐怖势力“三股势力”，坚决防范“藏独”“疆独”，坚决挫败任何形式的“台独”分裂图谋，全力维护香港、澳门繁荣稳定。

我国海洋事业总体上已进入历史上最好发展时期，但海洋战略利益拓展维护滞后于我国作为陆海兼备大国实力快速提升的需求，需要统筹内外、陆海、海洋开发和生态保护、海洋维稳和维权；坚持走依海富国、以海强国、人海和谐、合作共赢的发展道路，扎实推进海洋强国建设；坚持“主权属我、搁置争议、共同开发”的方针，用和平方式、谈判方式解决争端，推进互利友好合作，寻求和扩大共同利益的汇合点，更好地维护海洋安全。

三、维护经济安全

经济安全是国家安全的基础。习近平总书记强调，安全是发展的前提，发展是安全的保障，安全和发展要同步推进。国家制定和实施安全战略，国家的政治、军事乃至环境政策在很大程度上都是以经济建设为中心。没有经济安全，文化、教育、社会等领域安全也就无从谈起。

近年来，随着中国的快速发展，以美国为首的守成国家极力阻挡中国发展脚步，“中国威胁论”甚嚣尘上，单边主义和贸易保护主义逆势而动，对我国发展进行恶意的限制、制裁和围堵，形成了一些新的安全矛盾和安全冲突，甚至陷入“安全困境”。2018 年以来，美国政府罔顾世贸组织规则，对我悍然发动贸易战。面对美国的咄咄逼人，我们既要敢于斗争，又要善于斗争，一方面针锋相对，“奉陪到底，必定予以坚决回击”；另一方面自力更生，清醒认识“核心技术受制于人是最大的隐患，而核心技术靠化缘是要不来的”，用革命的两手对付反革命的两手，坚决打赢这场自由贸易的保卫战。维护国家安全，根本上是为了发展经济，更好地满足人民对美好生活的需要。

维护经济安全，要坚持中国特色社会主义基本经济制度不动摇，不断完善社会主义市场经济体制，建设现代化经济体系，特别注重金融安全、资源能源安全、粮食安全、科技安全、重大基础设施网络安全、生态安全、产品安全等，强化风险防控，打好防范化解金融风险这场攻坚战，坚决守住不发生系统性金融风险的底线，把发展实体经济作为重中之重，切实解决核心技术受制于人的问题，增强资源安全保障能力。

当前和今后很长一个时期，维护经济安全，要主动适应经济发展新常态，切实把经济工作着力点放到转方式调结构上来，推进新型工业化、信息化、城镇化、农业现代化同步发展，着力推动传统产业向中高端迈进，积极发现培育新增长点；坚持互利共赢的开放战略，扎实推进“一带一路”建设，增强国际经济竞争力，切实提高海外利益保护能力和水平。确保经济持续健康稳定发展，筑牢国家繁荣富强、人民幸福安康、社会和谐稳定的物质基础。

四、维护社会安全

社会安全与人民群众切身利益关系最密切，是人民群众安全感的晴雨表，是社会安定的风向标。随着经济发展、社会进步，人民群众对过上美好生活有更高的期待，对社会安全有更高的标准。人民群众不仅关注人身安全，而且关注吃得放不放心、住得安不安心、出行是否平安；不仅关注打击犯罪、维护稳定成效如何，而且关注社会治理、公共服务的水平高不高；不仅关注自身合法权益能不能得到有效保障，而且关注执法司法是否严格公正，社会公平正义能否像阳光一样照耀到每个人。要大力推进平安中国建设，完善立体化社会治安防控体系，提高社会治理整体水平，注意从源头上排查化解矛盾纠纷。

坚决打击恐怖主义。当前，“伊斯兰国”和“基地”组织等国际恐怖组织和极端组织在西亚、北非、中亚、南亚、东南亚等地肆虐，对地区安全和国际安全构成严重威胁。“东突”等恐怖主义势力在我国境内不断制造暴力恐怖活动。这种内外形势的共同作用使反恐怖斗争成为事关维护祖国统一、事关广大人民群众切身利益、事关改革发展稳定全局的斗争。必须采取坚决果断措施，凡“恐”必打、露头就打，出重手、下重拳，给暴力恐怖势力以毁灭性打击，坚决把暴力恐怖分子的嚣张气焰打下去，坚决挤压暴力恐怖活动空间。同时，要建立健全反恐工作格局，完善反恐工作体系，加强反恐力量建设；要坚持专群结合、依靠群众，深入开展各种形式的群防群治活动，筑起铜墙铁壁，使暴力恐怖分子成为“过街老鼠，人人喊打”。

加强公共安全工作，妥善应对重大自然灾害和突发事件，加强交通运输、消防、危险化学品等重点领域安全生产治理，坚决遏制重特大安全事故发生，确保人民生命财产安全。

五、维护网络安全

当今世界，以互联网为代表的新兴技术日新月异，对人类社会的发展进程产生深刻影响。同时，网络安全问题也相伴而生，世界范围内侵害个人隐私、侵犯知识产权、网络犯罪等时有发生，网络监听、网络攻击、网络恐怖主义活动等成为全球公害。网络安全已经成为我国面临的最复杂、最现实、最严峻的非传统安全问题之一。习近平总书记指出，没有网络安全就没有国家安全，就没有经济社会稳定运行，广大人民群众利益也难以得到保障。互联网的核心技术是国之重器，是我们的“命门”之一，核心技术受制于人是我们最大的隐患。要下定决心、保持恒心、找准重心，坚持自力更生、自主创新，加速推动信息领域核心技术突破。不能人家用飞机大炮，我们还用大刀长矛，要以技术对技术，以技术管技术，做到“魔高一尺，道高一丈”。要加强关键信息基础设施网络安全防护，加强网络安全信息统筹机制、手段、平台建设，加强网络安全事件应急指挥能力建设，制定网络安全标准，不断增强网络安全防御能力和威慑能力。加强网络安全预警监测，确保大数据安全，实现全天候全方位感知和有效防护。贯彻落实好《中华人民共和国网络安全法》，依法加强网络空间治理，净化网络环境，使网络空间清朗起来。切实维护国家网络空间主权安全，共同构建网络空间命运共同体。

六、维护外部安全

和平稳定的国际环境和国际秩序是国家安全的重要保障。要坚定奉行独立自主的和平外交政策，坚持走和平发展道路，同世界各国一道，推动构建人类命运共同体。切实维护我国海外利益安全，保护海外中国公民、组织和机构的安全与正当权益，不断提高保障能力和水平，努力形成强有力的海外利益安全保障体系。加强安全领域国际合作，坚决支持国际反恐怖斗争，坚定支持和积极参与联合国维和行动，引导国际社会共同维护国际安全，为全球安全治理不断贡献智慧和力量。

第十章　爱国主义的时代楷模

爱国主义是我们民族精神的核心，是实现中华民族伟大复兴永不枯竭的精神动力。中华民族在自己的发展历程中，经历过许多大风大浪，遇到过无数艰难险阻。从中华人民共和国的诞生，到中国特色社会主义进入了新时代……正是凭着对国家和民族的深厚感情，依靠在爱国主义旗帜下熔铸而成的凝聚力和向心力，中国人民和中华民族才得以经受住了各种难以想象的困难和风险的考验，也涌现出了一批又一批心有大我、至诚报国的时代楷模，谱写了一篇又一篇壮丽的爱国主义诗篇。

第一节　心有大我　至诚报国

一、钱学森：我必将效忠中国人民

1955 年 10 月 1 日清晨，广阔无垠的太平洋上，一艘巨轮正劈波斩浪驶往香港。一位 40 来岁的中年人，迈着稳健的步伐踏上甲板。阵阵海风不时掠过他的前额。眺望着水天一色的远方，他屈指一算，已经在海上航行 15 天了。想到前方就是自己魂牵梦绕的祖国，他多么希望脚下不是轮船的甲板，而是火箭的舱壁啊！他，就是世界著名的科学家钱学森。

（一）艰难回国路

早在中学时代，钱学森就树立了努力学习、振兴中华的信念。那时，军阀混战、民不聊生、政府腐败、外敌入侵，这一切激发了他强烈的爱国心，立志要好好学习，改变国家任人欺凌的面貌。

1935 年 8 月，钱学森作为一名公费留学生赴美国学习和研究航空工程和空气动力学，曾担任加州理工学院超音速实验室主任和古根罕喷气推进研究中心主任，由于发表了“时速为一万公里的火箭已成为可能”的惊人火箭理论而誉满全球，在美国是屈指可数的杰出人才。

当中华人民共和国宣告成立的消息传到美国后，钱学森和夫人蒋英按捺不住内心的喜悦，商量着早日赶回祖国，为自己的国家效力。

此时的美国，以麦卡锡为首的反共、极右势力对共产党人实行全面追查，并在全美国掀起了一股驱使雇员效忠美国政府的歇斯底里式的狂热。钱学森因被怀疑为共产党人和拒绝揭发朋友，被美国军事部门突然吊销了参加机密研究的证书，这使他非常气愤。钱学森以此作为要求回国的理由。

然而，钱学森万万没想到，他的回国之路那么漫长。1950 年，钱学森到港口准备离开美国回国时，被美国官员拦住，并被关进监狱。从此，钱学森开始蒙受美国政府迫害，同时也失去了宝贵的自由，他 1 个月瘦了 30 斤。移民局抄了他的家，将他在特米那岛上拘留 14 天，直到收到加州理工学院送去的 1.5 万美元保释金后才释放了他。之后，海关又没收了他的行李，包括 800 千克书籍和笔记本。后来美国检察官再次审查了他的所有材料后，才证明了他是无辜的。

“我的事业在中国，我的成就在中国，我的归宿在中国。”1955 年 8 月 4 日，钱学森终于收到了美国移民局允许他回国的通知。

由于以钱学森为代表的一批优秀科学家回国效力，中国的导弹发射和原子弹爆炸成功时间至少向前推进了 20 年。

美国时任海军部副部长金贝尔曾说过这样一句话：一个钱学森抵得上 5 个海军陆战师!

（二）人生的三个阶段

人们一般把钱学森留学美国以后的人生分为三个阶段：

1935—1955 年留学美国阶段。

钱学森在这个阶段作为技术科学的先驱，在应用力学、喷气推进及火箭与导弹研究方面取得了举世瞩目的成就。

1956—1982 年奉献航天阶段。

钱学森在这个阶段作为中国航天事业奠基人，在开创中国航天事业的过程中，不仅实现了中国航天跨越式的发展，还提出了一整套既有中国特色又有普遍科学意义的系统工程方法与技术。

1983—2009 年金色晚年阶段。

钱学森在这个阶段涉足系统科学、思维科学、人体科学、地理科学、军事科学、行为科学、建筑科学，以及马克思主义哲学等诸多领域，提出了一系列新观点、新思想、新理论。他的两个最具亮点的学术创新就诞生在这个阶段。

这三个阶段构成了钱学森整个科学报国人生的华彩乐章，也构成了钱学森科学历程中的三个创造高峰。

（三）圆梦之路的五次选择

钱学森在报考大学时，因为上大学是“大事”，所以钱学森的父亲让钱学森先听听大家的看法，再填报志愿。中学的数学老师认为钱学森数学学得好，让他报数学系，将来当数学家；国文老师认为钱学森的文章作得好，让他报中文系，将来当作家；而钱学森的母亲希望钱学森学教育，子承父业；还有一些老师认为钱学森艺术上有天赋，建议他去学画画、学作曲，将来当画家、作曲家。而这时的钱学森有他自己的主意。做出了人生的第一次选择：他要学铁道工程，给中国造铁路。在中学读书的时候，他经常听老师讲到孙中山和孙中山的《建国方略》。如何让一个衰败的中国迅速复兴？孙中山给出了一整套振兴国家的设想。其中在建设方面，孙中山提出要发展交通，尤其要发展铁路交通，让我们国家的铁路像人体的血管一样通向我们国家四面八方。那时中国的铁路多是外国人铺设的，这方面中国自己的人才很缺乏。受到这种观念的影响，再加上当时交通大学是全国大学里面最好的，所以钱学森报考了交通大学机械工程学院，学的是铁道机械工程专业，当时叫“铁道门”。

正当他立志做詹天佑式的工程师的时候，1932 年 1 月 28 日夜，日本上海驻军突袭上海中国守军，史称“一·二八事变”。当时驻守上海地区的第 19 路军顽强抗击日本人的进攻。为了消灭 19 路军，日本人动用空军狂轰滥炸。由于当时中方守军没有战场制空权，所以伤亡巨大。在校园里目睹着天空中的日本飞机，钱学森做出了人生的第二次选择：改学航空工程。他认为，在当时的情况下，学铁道机械工程已经对国家用处不大了，要学习能打下日本飞机的本事。为此他用业余的时间把校区图书馆里所有的航空方面的书都读完了。钱学森从交通大学毕业后报考了国家第二届“庚款留学”公费生，专业是航空工程，当时叫“航空门”。他以当年“庚款留学”公费生航空专业第一名的成绩被录取了，开始了涉足航空工程的历程。

钱学森是经过一年的预备班式的培训才出国的。到了美国，钱学森去了麻省理工学院航空系读研究生，一年后获航空工程硕士文凭。在学习航空工程的过程中，他感到当时航空工程的工作依据基本上是经验，很少有理论指导。如果能掌握航空理论，并以此来指导航空工程，一定可以取得事半功倍的效果。主意一定，钱学森做出了人生的第三次选择：从做一名航空工程师，转为从事航空理论方面的研究。他把自己的想法告诉了父亲，同时向当时航空理论研究的最高学府加州理工学院提出申请，并且只身一人来到加州理工学院敲开了后来成为他导师的冯·卡门教授办公室的门。经过一番口试，冯·卡门教授非常满意这个年轻人，录取了他。

钱学森父亲得知儿子要改学航空理论，坚决反对。钱学森的父亲是 20 世纪初的日本留学生，回国以后一直从事教育工作，是那个年代的“海归”。他认为过去的读书人只动嘴不动手，这是人才培养上的错误。他对儿子的培养就是让他从事工程方面的工作，以彻底改变读书人那种只动嘴不动手的毛病。从这点出发，他反对自己的儿子改学航空理论。这个时候的钱学森也就 25 岁左右，面对这么一种情况他很困惑。这时候一个好心人来到了他的身边，这就是后来他的岳父、我国近代著名军事理论家蒋百里。他受国民政府委派，于 1936 年出国考察欧美军工发展状况，在美国考察时顺便来到了洛杉矶，来看望老朋友的孩子。钱学森把心中的困惑倾诉给这位军事理论家，没想到蒋百里非常支持钱学森，说现代军事发展空军非常重要，我们中国早晚要有航空方面的自己的专家，你学航空理论我非常同意，至于你爸爸的想法你不用忧虑，我回去会做通他的工作的。有了这么一位长辈的支持，钱学森的第三次选择成功地实现了。钱学森在导师的指导下很快就成为航空理论方面杰出的科学家。随着第二次世界大战的爆发，钱学森在导师指导下的一系列学术成果为美国、为第二次世界大战中反法西斯同盟国战胜轴心国发挥了应有的作用。

20 世纪 50 年代，钱学森回到祖国以后，国家作出要研制中国自己的导弹、火箭的战略决策。有关方面询问钱学森中国人自己搞导弹行不行，钱学森的答复非常肯定。但是钱学森也没有料到国家会把研制中国自己的导弹、火箭的任务交给了他，并且让他来负责，让他来领军，让他来做技术方面的“头”。国家的需要使得钱学森做出了他人生的第四次选择：从学术理论研究转向大型科研工程建设。钱学森晚年曾经对他的秘书说：我实际上比较擅长做学术理论研究，工程上的事不是很懂，但是国家叫我干，我当时也是天不怕地不怕，没有想那么多就答应了。做起来以后才发现原来做这个事困难这么多，需要付出那么大的精力，而且国家受国力所限只给这么一点钱，所以压力非常大。但是钱学森既然以国家的需要作为自己工作的选择，就义无反顾把毕生的精力贡献给了中国航天事业。经过了半个多世纪的发展，中国跻身世界航天大国之列，弹（导弹）、箭（火箭）、星（人造地球卫星）、船（飞船）、器（深空探测器）全面发展。钱学森出色完成了国家赋予他的任务。

在国人眼中，中国航天的发展似乎非常“顺”，比外国发展还“快”，好像没费什么力气中国就跻身于世界航天大国之列了。2012 年和 2013 年全国人民一同分享了天宫一号和神舟九号、神舟十号飞船交会对接任务圆满完成的喜悦。这两次任务的圆满完成标志着中国航天事业新的发展。不仅如此，中国航天在其他方面也同样取得了巨大的发展。回想 100 多年前，那时我们中国有边无防，被西方列强肆意宰割；中国人被人称为“东亚病夫”，毫无尊严可言。而今天，中国航天事业的成就和中国核事业的成就一起成为中华民族伟大复兴征程中的一座丰碑，成为 100 年来中华民族从衰弱、受人欺辱走向强盛的标志。中国自从有了“两弹一星”，外国人再也不能够欺负中国人了。

聂荣臻元帅的秘书在钱学森归国 50 周年之际写信给钱学森，信中讲：中国航天事业“是中国这五十年最光彩的事业”；中国航天事业“是中国共产党的领导，在这五十年中最成功的事业”；中国航天事业“是让中国人最得意、拍胸脯、翘大指，就是没有袜子穿，打着赤脚走五十年也愿意的事业”！一位科学家曾经这样说过：如果没有钱学森这个人，我们国家航天的起步要推迟 10 年。

1982 年，从行政领导岗位退下来的钱学森年已 70 多岁了，为国家做出了这么大贡献，他完全可以休息了，写写回忆录、做做报告。但是钱学森又做出了他人生的第五次选择：再次回到学术理论研究当中。此时的国家刚刚实现从以“阶级斗争为纲”向以“经济建设为中心”的战略的转变，全国上下都憋着一股劲，要把被“文革”耽误的时间夺回来。钱学森认为，自己没有任何理由置身事外。他以独到的研究角度，从 71 岁到 85 岁，在诸多领域进行了不懈的探索，他提出的开放复杂巨系统概念，为系统学的建立奠定了基础；他创建的“从定性到定量的综合集成方法”的理论及其实现形式，给出了人们认识和解决复杂巨系统问题所应遵循的方法论和有效途径；他潜心研究系统工程理论，并把该理论从工程系统工程进一步发展成社会系统工程，使之成为社会各领域为取得长期和整体最佳效益而采用的科学方法。钱学森自己对他晚年工作怎么看？钱学森曾经对他的堂妹，中国人民大学教授钱学敏讲：“关于‘两弹一星’的科学与技术，我在美国时就都掌握了，也做出来了。回到祖国以后，只不过是把它拿过来运用，虽然也有一些创新，但基本的、原始的创新不多。而我这些年来和你们一起研究和探讨的这些问题与设想，才是我回国以后开创性的、全新的观点和理念。它的社会意义和对现代科学技术发展的重要性，可能要远远超过我对中国‘两弹一星’的贡献。”

“五年归国路，十年两弹成。”钱学森作为先行者，披荆斩棘，把智慧锻造成阶梯，留给后来的攀登者。

二、邓稼先：要是有来世，我还选择中国，选择核武器事业，选择你

1964 年 10 月 16 日，中国第一颗原子弹爆炸成功，为了祖国，多少优秀年轻人隐姓埋名。警卫员追忆邓稼先院士去世前对爱人说的话：“要是有来世，我还选择中国，选择核武器事业，选择你！”让我们向“两弹一星”元勋及科研工作者致敬！

他，出身书香门第，西南联大毕业后赴美留学，仅用 22 个月就获得了博士学位。他，有贤惠的妻子，一双可爱的儿女，父亲是著名美学家。人生道路本来是无比轻松、平坦的，但是，为了一个使命，他选择了为祖国隐姓埋名 28 年，与亲人聚少离多，他把全部才智和精力，都贡献于深爱的国家，自己却因辐射伤害和极度疲劳过早逝去。

32 岁的邓以蛰为儿子取名“稼先”，意味深长。《说文》中说：稼，禾之秀实为稼，茎节为禾。“稼先”，预示着这位邓家后代根植于中华大地，并且早早地秀实和成熟，成为造福民众的沧海之一粟。邓稼先，就这样带着父亲的期许出生了。谁也不会预料到，这个出了书法家、篆刻家、美学家、哲学家的大家族，却有一位走上核弹研究之路的年轻人。

在西南联合大学这段时间里，他遇到了生命中重要的两个人。一位是北大医学院学生许鹿希，在许鹿希从医学院毕业后，两人结为夫妻，相伴终生。另一位是物理系大二学生于敏，两人邂逅在北大校园，却相见恨晚，一见如故。20 年之后，两人再度相逢，携手干出一番大事业。

1948 年，短暂的北大助教生涯结束，邓稼先远赴重洋，进入美国普渡大学物理系就读。从入学的 1948 年 10 月算起，到获得博士学位的 1950 年 8 月，邓稼先在普渡大学的学习和研究时间只有 22 个月。1950 年 8 月 20 日，邓稼先以《氘核的光致蜕变》一文，获得博士学位，这一年，他 26 岁。

在去美国学习之前，邓稼先已经加入了中国共产党的外围组织，领导他的人叫袁

永厚，新中国成立以后曾任北京工业局的领导，也是对邓稼先思想产生巨大影响的人之一。

1948 年邓稼先到美国去的时候，袁永厚说很快天就要亮了，你先别走。彼时的邓稼先明白老领导的意思，他只坚定地讲了一句："将来国家建设需要人才，我学成以后一定回来。"当然，祖国的这一边不只有等待他的领导，以及那完全未知尚待开创的事业，还有一个喜欢着他的姑娘，人在等，心也在等。如此勤奋、聪慧的学生，导师十分欣赏，有意带他去英国继续深入研究。那里平台更大，前景会更广阔。但他没有片刻犹豫，婉拒了导师的好意。拿到学位的第九天，邓稼先就登上了回国的轮船。东方，有他的父母和爱人；东方，还有一个崭新的中国。

中华人民共和国刚成立的 20 世纪 50 年代，一切都充满了活力和希望，归国后的邓稼先生活平稳、轻松、愉快。1950 年 10 月，邓稼先到中国科学院近代物理研究所工作。1953 年与许鹿希成婚。也许，邓稼先陪着夫人回娘家的时候，除了家长里短，应该还会聊一聊物理学。因为，邓稼先的岳父许德珩，除了"五四领袖"、水产部部长等政治身份外，还曾师从著名科学家居里夫人研究放射物理学。邓稼先的岳母劳君展，是居里夫人唯一的中国籍女学生。幸福接连而至，1954 年女儿典典出生了，大名邓志典。1956 年儿子平平出生了，大名邓志平。四口之家，其乐融融。

从 1958 年接受研制原子弹任务开始，整整 28 年，他不要功名利禄，隐姓埋名进入了与世隔绝的戈壁滩。这 28 年里，邓稼先带领团队研制出了第一颗原子弹、第一颗氢弹、第一颗中子弹；这 28 年里，邓稼先妻子许鹿希信守离别时的承诺，始终无怨无悔地等待，可是在等到夫妻团聚的那一天时，邓稼先已经因为核辐射身患重病，苦等 28 年只换来一年的相处时间，随后邓稼先便离开了人世。

这是 1958 年 8 月的一天，邓稼先来到了钱三强的办公室。"国家要放一个'大炮仗'，调你去做这项工作，怎样?"邓稼先没有犹豫，义无反顾地同意了。34 岁的他可能还没意识到，这对自己以后的人生会产生多么大的影响。

回到家，他只能对妻子许鹿希说："我要调动工作了。""调到哪?""这不能说。""做什么工作?""这也不能说。"

邓稼先只说了两段话："我今后恐怕照顾不了这个家了，这些全靠你了。""我的生命从此就献给未来的工作了，做好了这件事，生命就有意义，就是为它死了也值得。"

这一年，邓稼先 34 岁，妻子许鹿希 30 岁，两个孩子大的 4 岁，小的只有 2 岁。那一晚，他们一家人，一起度过了一个难眠之夜。第二天清晨，邓稼先离开妻儿，匆匆奔赴新岗位。

相对平顺的生活和良好的家教，还有丰富的学识，造就了邓稼先的温文尔雅和恬淡性情。而 1958 年，成为他性格上的一个分水岭。1958 年 7 月 13 日，二机部在北京成立核武器研究所（九所）并设立两个研究室：一室是理论研究室，主任是邓稼先；二室是实验研究室，主任是陈能宽。

因为原子弹研制工作的保密范围太大，做什么，不能说；在哪里，不能说；和谁一起工作，不能说。这使得邓稼先与朋友交流的话题，划到了最小的范围，活泼开朗的邓稼先开始变得沉默寡言。久而久之，邓稼先的性格，朝着自己不喜欢的孤独沉闷的方向发展。

邓稼先的沉默，也源自肩上的责任和压力。1959 年 6 月，中苏关系彻底破裂。中国人只能靠自己的力量发展核武器，而这，相当于从零起步，谈何容易呢？邓稼先苦苦思索，终于拨云见日，选定了原子弹理论设计的三个主攻方向。邓稼先全面领导着三个组，随时参与小组讨论，他成为我国第一颗原子弹的理论设计负责人。

那时的中国一穷二白、百废待兴，能够提供给“邓稼先们”的研究硬件设施，只有运算速度每秒不到 5 万次的大型计算设备、手摇计算机、拉力计算尺和算盘。就是利用这些简陋的计算工具，邓稼先的研究队伍计算出了内爆型原子弹的物理流程。9 次演算用掉的演算纸，可以从地面堆到房顶。

华罗庚把他们所计算的问题称作“集世界数学难题之大成”。就这样，整整三年时间，邓稼先带着一群年轻人，已经大略勾画出中国第一颗原子弹的轮廓。邓稼先开始着手原子弹理论设计的框架和构想。

1962 年，二机部一个报告打到中央：争取 1964 年，最迟 1965 年上半年爆炸第一颗原子弹。毛主席大笔一挥：很好，照办。要大力协同做好这件工作。

1962 年年底，由周总理担任主任的中央十五人专门委员会，从全国 13 个部门抽调组成了一支 15000 人的施工队伍，举全国之力支持原子弹的研发、爆炸工作。中国的原子弹工程，叫作“596 工程”。

1964 年 10 月 16 日 15 时，新疆罗布泊核试验场，随着“10、9、8、7、6、5、4、3、2、1”的倒计时报出，爆心区一股强烈的闪光之后，便是惊天动地的巨响。接着巨大火球转为蘑菇云冲天而起，冲击波如排山倒海般向效应区冲去，中国第一颗原子弹爆炸成功了！

这是邓稼先为国家搞的第一个“大炮仗”，既是邓稼先不辱使命的一份交代，也是他写给家人的一份万言家书。来不及庆功和休整，邓稼先便全身心投入氢弹的研究中去了。

邓稼先从事核武器研究这些年，许多重大理论问题和研究工作都是亲手参与、把关，最后拍板的，很多方案都是他亲笔写的，但他没有署上自己的名字。在我国进行的 45 次核试验中，邓稼先 32 次亲历现场，15 次担任现场总指挥。

1984 年，第 32 次核试验又一次圆满成功。邓稼先就是这样带着新式核武器，也就是中子弹——伸手可及的喜悦，告别了罗布泊。

研制核武器有一个最可怕的恶魔，就是放射性物质。1979 年的一次核试验，邓稼先不幸受到了辐射。1985 年 8 月，邓稼先被确诊为直肠癌，病情十分严重。1986 年 6 月，中央军委做出决定，邓稼先为了研制核武器隐姓埋名一辈子，做了一辈子的牺牲，不能让他就这样走了，国家决定对他解密，公开他的身份，宣传他的光辉事迹。这时候，人们才第一次知道了邓稼先的名字，知道他是“两弹元勋”，是中国第一颗原子弹和第一颗氢弹理论方案的主要设计者，知道他是一个英雄。

许鹿希在病床边，为邓稼先念着刊登了他奋斗岁月的特别报道，念着念着，她的声音哽咽了。邓稼先的身体在床上缩成一团，许鹿希知道，晚期癌症疼痛的频繁复发，像个恶魔一样又开始折磨自己的丈夫了。而作为医学教授的她，对此却束手无策……

许鹿希紧紧地抓住丈夫邓稼先的手，悲痛地说："你的血流尽了！"她不相信地问："20 多年的等候，就是这样吗？"1985 年，邓稼先查出直肠癌晚期。随着病情恶化，他每天都要注射杜冷丁止痛，再后来每 1 个小时就要注射一次，身上的针眼密密麻麻，皮肉都扎烂了，其中的痛苦难以想象。这一时期的邓稼先知道自己所剩时日无多，更加紧进行一项重要工作——起草我国核武器发展规划建议书。当时，美、苏、英三个核大国的技术水平已经达到只需通过计算机模拟核试验就能获取所需试验数据，不需要进行地下或空中核爆试验。而我国的核武器研究事业正处于关键阶段，一旦受干扰就会迟滞不前，甚至功亏一篑。邓稼先判断这些核大国可能提出在全世界范围内禁止核试验，以遏制中国核武器发展，他十分焦虑。住院期间，他要来了大堆英文、法文、俄文、德文的文献资料，但这些文献资料被藏在病房的壁柜里，因为医生护士不允许他工作。在起草这份重要的建议书时，他几乎是在和时间赛跑。

1986 年 7 月 29 日，著名科学家、"两弹元勋"邓稼先因癌症晚期全身大出血逝世。邓稼先用最后的生命时光给祖国母亲写出了这份"万金家书"，中共中央和国务院采纳了此项建议。1996 年 7 月 29 日，在邓稼先逝世十周年纪念日，中国成功进行了第 45 次核试验，也是迄今为止最后一次核试验。当晚，中华人民共和国政府发表声明，郑重宣布：中国暂停核试验。

原子弹、氢弹，这两个"大炮仗"，意义非凡。一是打破了美苏核垄断、核讹诈，二是打碎了"离开苏联中国造不出原子弹"的国际嘲讽，三是使中华民族扬眉吐气，四是培养了一大批核专家、材料专家。这是"争气弹"！

邓稼先留给后人的，除了戈壁滩上的身影，还有他以身许国的精神，正如他自己说的：我对自己的选择，终生无悔。

正是这些英雄的付出，凝聚成闪亮的光芒，照亮了中华民族永不受人欺辱的强国梦想。

三、郭永怀：鲜红的绝密文件

1950 年，美国将战火烧到了鸭绿江边。美国第七舰队开进台湾海峡，原子弹被悄悄运至航空母舰之上。朝鲜战争爆发后，美军上将麦克阿瑟扬言要在中朝边境建立核辐射带。美国总统杜鲁门公开宣称，一直在积极地考虑使用原子弹。

中国必须有自己的核武器，才能打破西方国家的核威慑，身为科学家的郭永怀，更是深深明白这一点。然而，在当时的情况下，他和钱学森一样，都是美国万般阻挠不肯放走的人才！

1956 年，郭永怀和家人在回国前举行了一次野餐聚会，美国的朋友纷纷前来为他们送行。在这次聚会上郭永怀做出了一个令人惊讶的举动，他当着所有朋友的面亲手烧毁了自己所有的研究成果和资料。他将厚厚的书稿一叠一叠地丢进火里，将自己所有的心血烧成了灰烬。夫人李佩看在眼里，痛在心里，但她明白，这是为了避免被美国政府找麻烦。郭永怀则安慰她：没关系，知识都在科学家的脑袋中，他们拿不走！47 岁的郭永怀放弃了美国康奈尔大学终身教授的职位，放弃了美国优渥的生活，在国庆节的前一天，带着妻子和女儿动身回国！

1958 年，青海省的金银滩草原因为一项特殊的使命，神秘地从地图标记上“消失”。那一年，中国第一个核武器研制基地——221 基地在这里悄然建立，对外称呼为青海省机械厂。1960 年 3 月的一天，钱三强突然来到郭永怀的办公室请他参加国家的一项绝密任务！正是这一次拜访，郭永怀的名字和中国原子弹联系到了一起。1963 年，郭永怀担任核武器研究院副院长，他踏上了青海这片荒凉之地，组织力量开展原子弹的结构设计、强度计算、环境试验和引爆方式等多方面的研究工作。

只有秘密，没有生活，成了那个时期 221 基地的真实写照。1968 年 12 月 4 日，在数月攻坚之后，热核导弹研制获得重大突破。为了不耽误研制进度，郭永怀决定当晚乘飞机紧急返京。大家听说郭永怀要走，都劝他不要着急，等到第二天可以乘坐火车走。毕竟当年飞行条件简陋、安全系数低，出于安全考虑，周恩来总理曾多次叮嘱科学家们尽量不要坐飞机。但在郭永怀看来，飞机能节约很多时间，冒这点儿险值得。

那天深夜，他从兰州登上了他最常坐的小型民航飞机伊尔-14。经过一夜的航行，天际逐渐泛白，然而那天北京大雾弥漫，能见度低，飞机在下降过程中不停摇晃。飞行员紧急将飞机向上拉升，但无奈飞机的飞行高度依然过低……2000 米、1000 米、500 米，眼看着飞机即将降落，机场地面人员已经做好了准备，然而，就在距离跑道一千米左右时，飞机突然失去了控制，机身猛烈晃动向地面俯冲下去，10 秒后火光漫天，飞机坠毁。飞机上当时有十几个人，只有一个幸存者，他后来回忆说，在飞机剧烈晃动的时候，有一个人曾大喊：“我的公文包！”最终，正如人们所看到的那样，郭永怀同警卫员紧紧地相拥在一起，保护了这份关于热核导弹研制的宝贵资料，牺牲时年仅 59 岁……

郭永怀在生命的最后 10 秒里，本能的反应不是保护自己，而是用自己的躯体保护中国的核事业！郭永怀飞机失事的消息第一时间传到国务院，周恩来总理良久不语；钱学森知道郭永怀牺牲的消息后，当场痛哭；郭永怀的妻子李佩听到噩耗后，一个人呆呆地坐着，没掉一滴眼泪，一句话也不说，只是叹气……

1968 年 12 月 25 日，在飞机失事后的第 22 天，中国第一颗热核导弹爆炸试验成功，但这一刻，郭永怀无法看到了！2018 年 7 月，国际小行星中心正式将编号为 212796 号的小行星命名为“郭永怀星”，将编号为 212797 号的小行星命名为“李佩星”。他们化作星辰，继续熠熠发光。

四、程开甲：中国“核司令”　人民科学家

假如不是生在乱世，程开甲的人生之路可能会绕开“科学”，也可能与“核”无缘。

1918 年，程开甲出生在江苏吴江的一个殷实的家庭。年幼时，他调皮、叛逆、不爱学习。到了读书的年龄，他除了玩还是玩，根本不读书，着实让家人着急。思想转折，出现在中学时期。13 岁那年，他成为浙江嘉兴秀州中学的一名学生。入学才几天，日本就悍然发动“九一八事变”。侵略者烧杀抢掠的行径深深刺痛了这位热血青年。之后的 6 年间，他开始阅读名人传记，被牛顿、巴斯德、爱因斯坦等科学家追求真理的精神深深打动，渐渐萌发了长大了也当一名科学家的理想。

1937 年，程开甲考上浙江大学。此时，战火已烧到了浙江，大学被迫内迁，师生们不得不开始流亡生活。颠沛流离中，他意识到，中国落后挨打的原因是科技落后。从那时起，他立志“科学救国”。1946 年，这个吴江青年远渡重洋，求学英国，师从著名物理学家波恩。旧中国的孱弱，让身在异国他乡的他备受歧视。中华人民共和国的成立，让他看到了中华民族腾飞的希望。1950 年，程开甲婉拒导师的挽留，毅然回到当时一穷二白的祖国，先后任教浙江大学、南京大学，期间撰写了我国第一部《固体物理学》。

1960 年，他被一纸命令抽调至北京，从此“消失”在公众视野之中。3 年后，程开甲第一次来到罗布泊。自此，他在这片“死亡之海”潜心中国核武器研究和核试验事业。每次核试验任务，程开甲都会到最艰苦、最危险的一线去检查指导技术工作，多次进入地下核试验爆后的现场，爬进测试廊道、测试间，甚至是最危险的爆心。

一次，程开甲来到一个施工现场，因为洞内存在高温、高放射性和坍塌等危险，工作人员极力劝阻。他却说：“我只有到实地看了，心里才会踏实。”于是，他穿上简陋的防护服，顶着昏暗的灯光进入了洞内。

1964 年 10 月 16 日，东方一声巨响，罗布泊升起的蘑菇云震惊世界。

我国第一颗原子弹成功爆炸之后，程开甲还参与主持决策了包括氢弹、“两弹结合”及首次地面空投、首次地下平洞、首次竖井试验等多种方式的 30 多次核试验，被称为中国“核司令”。

虽然在参加核武器研究的 20 多年时间里隐姓埋名，没发表过论文，在学术界销声匿迹，但程开甲经常说，他这辈子最大的幸福，就是自己所做的一切都和祖国紧紧地联系在一起。正是因为有了这些无名的巨人，新中国才有了站起来的底气。

2018 年 11 月 17 日，101 岁的程开甲走完了最后的人生路。

为祖国做出重大贡献的科学家，祖国和人民是不会忘记的。2019 年，中华人民共和国成立 70 周年之际，这位“两弹一星”元勋被授予“人民科学家”国家荣誉称号。

五、黄大年：潜心科研　开启国家深地时代

2009年12月24日的夜里，大雪天气，一架民航班机缓缓降落在长春龙嘉国际机场……享誉世界的地球物理学家黄大年，告别18年英伦生活，“挥一挥衣袖，不带走一片云彩”，回到祖国。

在此之前，黄大年是国际著名航空地球物理探测技术专家。有人问他为何回国、为何选择吉林大学，黄大年说：“康河留下了我的眷恋，而地质宫刻有我的梦想。”那时，国内顶尖科研单位的许多橄榄枝都向黄大年抛来，但他毫不犹豫地选择了母校。

在黄大年推动下，我国“巡天探地潜海”领域填补了多项技术空白。他带领400多名科学家创造了多项“中国第一”，使中国正式进入“深地时代”。在黄大年的倡议下，2016年9月，吉林大学新兴交叉学科学部筹备初期工作宣告完成，一个辐射地学部、医学部、物理学院、汽车学院、机械学院、计算机学院、国际政治系等专业的非行政化“科研特区”初步形成。在他的推动下，航空重力梯度仪研究更是仅用5年时间就完成了西方国家20多年走过的路程。航空重力梯度仪，形象地说，就像在飞机、舰船等移动平台上安装的“千里眼”，它能看穿地下任何角落。这项技术关乎我国国土安全，能让潜伏在深海的目标无所遁形。

成就的背后是常人无法比拟的辛酸。吉林大学地质宫507室是黄大年的办公室，为了追赶国外的研究，只要不出差，屋内的灯光每天都要亮到凌晨，他的午饭通常就是烤玉米和面包。回国7年，他超过1/3的时间在出差；他不肯浪费宝贵的白天，总是坐夜航；回到办公室，他把会议吊牌随手挂在衣柜的横杆上，7年下来，攒了满满一杆大小各异、五颜六色的会议吊牌，黄大年的秘书说，这只是其中一部分。大家把这位惜时不惜命的科学家称为“拼命黄郎”。

但人终究不是机器，黄大年病倒了。2016年12月14日，一向健壮的黄大年被推上了手术台。手术前一晚，他在朋友圈里写道：人生的战场无所不在，很难说哪个最重要。无论什么样的战斗都有一个共性——大战前夕最寂静，静得像平安夜……没想到，这成了黄大年发在朋友圈的最后一条信息。

黄大年走了。2017年1月8日，他带着对祖国的无限眷恋，带着对事业的无限留恋，带着对学生的无限惦念，永远地离开了。一颗强大的心脏停止了跳动，至诚报国的精神将永远激励后人……

重温黄大年的入党志愿书上的一段话：人的生命相对历史的长河不过是短暂的一现，随波逐流只能是枉自一生，若能做一朵小小的浪花奔腾，呼啸加入献身者的滚滚洪流中推动历史向前发展，我觉得这才是一生中最值得骄傲和自豪的事情。他将爱国情、强国志融入了自己的生命，直到最后一刻。

六、南仁东：二十二年逐梦“天眼”　只为仰望星空

24 年，8000 多个日夜，500 米口径球面射电望远镜首席科学家、总工程师南仁东心无旁骛，为崇山峻岭间的中国“天眼”燃尽生命，在世界天文史上镌刻下新的高度。

调试期的“天眼”已经一口气发现多颗脉冲星，成为国际瞩目的宇宙观测“利器”。在党的十九大报告中，“天眼”与天宫、蛟龙、大飞机等一起，被列为创新型国家建设的丰硕成果……

南仁东来不及目睹。但他执着追求科学梦想的精神，将激励一代又一代科技工作者接续奋斗，勇攀世界科技高峰。

（一）“天眼”：一个国家的骄傲

看似一口“大锅”，“天眼”是世界上最大、最灵敏的单口径射电望远镜，可以接收到百亿光年外的电磁信号。

它有着超高的灵敏度和巡天速度。与美国寻找地外文明研究所的“凤凰”计划相比，“天眼”可将类太阳星巡视目标扩大至少 5 倍。随着“天眼”落成，中国射电天文学“黄金期”正在开启，越来越多国际天文学专家加入中国主导的科研项目。

20 多年前，这是一个异常大胆的计划。20 世纪 90 年代初，中国最大的射电望远镜口径不到 30 米。

1993 年的日本东京，国际无线电科学联盟大会在此召开。科学家们提出，在全球电波环境继续恶化之前，建造新一代射电望远镜，接收更多来自外太空的讯息。

会后，南仁东极力主张中国科学家启动“天眼”项目。

“天眼”到底是一个多大的工程？在“天眼”馈源支撑系统高级工程师杨清阁的印象里，这个工程大到“漫山遍野”。这又是一个多细的工程？“600 多米尺度的结构，馈源接收机在天空中跟踪反射面焦点的位置度误差不能超过 10 毫米。”杨清阁说：“南老师做的事，就是带领我们用漫山遍野的设备和零件建起这口精密的‘大锅’。”

南仁东曾在日本国立天文台担任客座教授，享受世界级别的科研条件和薪水。可他说：“我得回国。”做世界独一无二的项目，他扛起这个责任。这个当初没有多少人看好的梦想，也最终成为一个国家的骄傲。

72 岁的“天眼”工程高级工程师斯可克回忆：“南仁东总跟我说，国家投入 10 多亿元搞这个望远镜，如果因为质量问题或者工程延期导致停工，每天损失将达 50 万元。花了这么多钱，如果搞不好，就对不起国家。”

（二）执着：为“天眼”燃烧 20 多年人生

西南的大山里，有着建设“天眼”极佳的地理条件：几百米的山谷被四面的山体围绕，天然挡住外面的电磁波。

从 1994 年到 2005 年，南仁东走遍了贵州大山里的上百个窝凼。乱石密布的喀斯特石山里，没有路，只能从石头缝间的灌木丛中，深一脚、浅一脚地挪过去。

一次，南仁东下窝凼时，瓢泼大雨从天而降。他曾亲眼见过窝凼里的泥石流，山洪裹着砂石，连人带树都能一起冲走。南仁东往嘴里塞了救心丸，连滚带爬回到垭口。

“有的大山里没有路，我们走的次数多了，才成了路。”“天眼”工程台址与观测基地系统总工程师朱博勤回忆，十几年下来，综合尺度规模、电磁波环境、生态环境、工程地质环境等因素，最终在391个备选洼地里选中了条件最适宜的大窝凼。

选址、论证、立项、建设，哪一步都不易。许多工人都记得，在炎热的夏天，为亲自测量工程项目的误差，南仁东总会丢下饭碗就往工地上跑。

“发文章和研发科学重器比较，哪个对科技的实质进步更重要？我选择后者。”南仁东总是这样说。

“20多年来他只做这一件事。”国家天文台台长严俊说，“天眼”项目就像为南仁东而生，也燃烧了他最后20多年的人生。

（三）寻梦：探索科学未知无止境

八字胡，嗓音浑厚，同事印象中的南仁东，个儿虽不高，却总是气场十足，“在人群中一眼就能认出来”。

生活中的南仁东常表现出率性幽默的一面。一次出国访问，在禁烟区犯了烟瘾，他开玩笑将“No Smoking（禁止吸烟）”改成“Now Smoking（现在吸烟）”。

但对待科学研究，南仁东无比严肃和严谨。“天眼”没有哪个环节能“忽悠”他，任何瑕疵在他那里都过不了关。

工程伊始，要建一个水窖，施工方送来设计图纸，他迅速标出几处错误打了回去。施工方惊讶极了：这个搞天文的科学家怎么还懂土建？

“南老师对自己的要求太高，他要吃透工程建设的每个环节。”学生甘恒谦说，“如果再给他一次机会，是选择‘天眼’还是多活10年，他还是会选择‘天眼’。”

他一心想让“天眼”尽快建成启用。“天眼”的英文名首字母FAST，正是“快”的意思。

在南仁东看来，“天眼”建设不由经济利益驱动，而是源自人类的创造冲动和探索欲望。“如果将地球生命36亿年的历史压缩为一年，那么在这一年中的最后一分钟诞生了地球文明，而在最后一秒钟人类才摆脱地球的束缚进入广袤无垠的太空。”南仁东的心中，总是藏着许多诗意的构想。

“让美丽的夜空带我们踏过平庸。”这是他留给人世间的最后思考。

2017年9月，南仁东因病逝世。中宣部追授其“时代楷模”荣誉称号。

七、李保国：太行山上的“新愚公”

他35年如一日行走太行，用科技力量打开百姓脱贫致富之门；他埋头耕耘、无私奉献，直至生命最后一息。

他就是河北农业大学教授、全国优秀共产党员、“人民楷模”国家荣誉称号获得者李保国。

1958 年，李保国出生于河北武邑县的一个农村家庭。1981 年，作为恢复高考后的第一届大学生，李保国大学毕业后留校任教。李保国常说：我是农村长大的，过去家里很穷，我见不得老百姓穷。我是国家恢复高考后培养的第一届大学生，学的农林专业，该用学到的知识为农民做点儿什么。

把论文“写在”大地上。上班仅十几天，他便和另外两名同事一起扎进太行山，搞起了山区开发研究。当时的太行山，水灾旱灾频发，交通不便，三分之二的地区年人均收入不足 50 元，十分贫困。李保国和课题组同事选择将极度贫困的河北省邢台县浆水镇前南峪村作为开发试点，用愚公移山精神，跟石头山“较起了劲儿”。前南峪村的荒山秃岭，经李保国和同事们十几年的开发治理，变成“山顶洋槐戴帽、山中果树缠腰、山底梯田抱脚”的景象，林木覆盖率达 90.7%，植被覆盖率达 94.6%。为引领太行山百姓脱贫致富，李保国又全身心投入山区开发治理和经济林栽培技术研究，先后完成山区开发研究成果 28 项。他在太行山区推广林业技术 36 项，建立了太行山板栗集约栽培、优质无公害苹果栽培、绿色核桃栽培等技术体系，让 140 万亩荒山披绿，带领 10 万农民甩掉了“穷帽子”。

30 多年与农民朝夕相处，李保国与农民结下了深厚感情，学会了用农民的语言和他们交谈，传播新技术。

“是共产党员，我就要为党负责；是教师，我就要为学生负责。”这是李保国的口头禅，也是他教学工作的真实写照。李保国竭尽心力培养德才兼备的合格人才。他注重教育教学规律的研究与探索，积极进行教育教学改革，采取以专业课带动素质教育、启发式加压推进专业课教育的举措，从表达、思维、实践等方面，着重培养学生的说、写、做能力，取得很好效果。

“我要把最新的知识交给学生，使他们站在学科的前沿。”无论是课题攻关还是下乡实习，李保国都与学生一同做试验课题、一同上山下园、一同住通铺，师生手把手、肩并肩的教学、生活场景感人至深，许多学生在校期间就取得了骄人的科研成绩。李保国火一样的热情和顽强拼搏的精神，影响着一批又一批学子。

八、钟扬：“一个基因可以拯救一个国家，一粒种子可以造福万千苍生”

“超越海拔六千米，抵达植物生长的最高极限，跋涉 16 年，把论文写满高原。倒下的时候双肩包里藏着你的初心、誓言和未了的心愿。你热爱的藏波罗花，不屑于雕梁画栋，只绽放在高山砾石之间！”这不是溢美之词，这是党和国家对把生命献给高原的植物学家钟扬的客观评价！我们时代需要这样的脊梁！2018 年《感动中国》给予钟扬的这段颁奖词，正是他一生最好的印证。

一个人的生命，能够记录到怎样的巅峰？在海拔 6000 多米的珠穆朗玛峰北坡，他攀登到植物学家采样的最高高度。

一颗平凡的种子，可以为民族的未来带来多大的光亮？16 年间行程超过 50 万公里，每年 100 多天在最偏远、最荒凉、最艰苦的地方穿梭。

他带领团队收集 4000 万颗种子，盘点了世界屋脊的生物“家底”。

他就是著名植物学家、复旦大学生命科学学院教授钟扬。

一粒袁隆平教授培育的杂交水稻种子，让占世界耕地面积 7%的中国养活了占世界总人口 22%的人口。20 多株被西方“植物猎人”带入的中国野生猕猴桃枝条，支撑起新西兰经济的产业支柱。这就是种子基因的强大力量。

青藏高原，暴雨烈日交替侵袭，空气稀薄。然而，这里又经常出现一位学者的身影——他脸被晒得发紫，衬衫和裤子上溅满泥浆。这就是每年平均 150 天在高山峻岭、荒山野林之间穿行的钟扬。

青藏高原地区有将近 6000 个高等植物物种，却从未有人进行过彻底盘点。钟扬经常跟人说：假设西藏有一种应对癌症的植物一百多年后没有了，但一百多年前我采集过 5000 粒种子，并且把种子放在了一个罐子里。后人拿出来种，即使只有 500 粒能活、50 粒能结种子，这个植物不就恢复了吗？

一种基因可以改变一个国家的命运，一颗种子可以改变一个民族的未来。带着这一想法，钟扬踏入青藏高原这片“生命禁区”，而这一走就是 16 年。从藏北高原到藏南谷地，从阿里无人区到雅鲁藏布江边，书写了钟杨精彩的一生。

第二节　“共和国勋章”获得者

一、于敏：干惊天动地事　做隐姓埋名人

在我国核物理的几位开创者中，于敏是唯一一位没有留学背景的人。尽管如此，这位“国产专家”依然成为世界一流的理论物理学家，并在共和国最艰难的岁月里，在一张白纸上书写了中国人用最快速度独立研制氢弹的神话。

1926 年，于敏出生于天津。1949 年，他以物理系第一名的成绩从北京大学毕业，成为中华人民共和国成立后第一批大学毕业生。1951 年研究生毕业后，他被著名物理学家钱三强、彭桓武选中，来到了中科院近代物理研究所。

20 世纪四五十年代，美国、苏联等国相继成功研制出原子弹和氢弹。面对日益激烈的国际核竞争，我国的核科学事业也全面上马。毛泽东强调，“原子弹要有，氢弹也要快”。1961 年，组织决定让正在研究原子弹的于敏转而投身到氢弹研究中。这让已经在原子核理论研究上初露头角的于敏始料未及。“涉及的学科很多，并且搞氢弹不太符合我的兴趣，但是爱国主义压过兴趣，所以当时我就答应了，说，好！我转！国家需要我，我一定全力以赴。”于敏说。

原子弹和氢弹一个属于核裂变，一个属于核聚变，是完全不同的领域。当时的中国，研究者们对氢弹的了解几乎一片空白，美国甚至公开表示，决不能让中国搞氢弹！

于敏说：杜鲁门跟艾森豪威尔都赤裸裸地讲，他们绝不能让中国搞氢弹，并且派军舰，带着核武器到我们近海来。是可忍，孰不可忍？我过去学的东西都可以抛掉，我一定要全力以赴搞氢弹。

接受了这份工作，于敏的名字和他从事的事业，从此一起成了国家最高机密。面对技术封锁，他们从零开始、四处奔波。1965 年，于敏带领团队前往华东计算机所，开始了中国核武器发展史上著名的氢弹原理突破"百日会战"。当时，原子弹和氢弹的研究，都要依靠研究所唯一的一台晶体管计算机。计算机每周只有 10 个小时能留给氢弹计算，并且大多数是在深夜。与于敏共事多年的中国工程院院士杜祥琬至今都对于敏表现出的扎实的物理功底、敏锐的科学直觉印象深刻：每一个时刻的计算结果打印一张纸，一会儿就是一大摞纸。我们就盯着这个纸，看这些物理量的变化。有一天于敏就很敏感地发现这个量不对了。他脑子里面非常清晰地知道这些概念该增加了还是该减少了、该是正的该负的。

谈到于敏在氢弹研制中的贡献，有人将他比作"足球场上总能临门一脚、应声入网、起关键作用的人"。从第一颗原子弹爆炸到第一颗氢弹试验成功，美国用了 7 年多，苏联用了 4 年，中国仅仅用了 2 年 8 个月。于敏说：完全依靠自己的力量，大家团结协作，开拓创新，是可以创造出奇迹的。发达国家能做出来的，我们也能够做出来，并且更快。

核武器的跨越式发展，为中国的和平建设赢得了宝贵的时间。20 世纪 80 年代中期，于敏敏锐地分析，美国核武器的设计已经接近理论极限。为了限制他国发展，美国很可能会促成国际社会全面禁止核武器试验。因此，他和邓稼先立即上书中央，建议我国应加快核试验步伐。此后，我国的核武器研究基本按照于敏、邓稼先建议书的方向进行，成功研制了大幅度小型化、高比威力的战略核武器，掌握了中子弹技术。1996 年，我国签署了全面禁核试验条约。于敏、邓稼先的战略眼光，为我国的国防科技现代化建设争取了宝贵的十年时间。

半个世纪与"核"共舞，做着"惊天"的事业，于敏却把自己隐藏在最普通的人群中。多年来，面对"氢弹之父"的赞誉，他一直婉拒，他说：这不符合科学，这话不科学，当然我也发挥了一定的作用，最主要的是团结。

二、申纪兰：初心不变　奋斗不止

勿忘人民、勿忘劳动是申纪兰不变的初心。1973—1983 年，在其担任山西省妇联主任期间，她坚决不转干部身份，不领厅级干部工资。每天依然早起为大家扫地、擦桌子。晚年，她住的仍是几十年的老房子，屋里几乎没有一件现代化家具和高档电器。但她却多次将自己的奖金捐给村集体。

作为唯一连任十三届的全国人大代表，申纪兰通过议案建议将老区的脱贫振兴带入了“快车道”。太旧高速公路、平顺县提水工程、平顺县集中供热供气工程、引黄入晋工程等促进了当地经济发展，也改善了当地百姓的生活。“当人大代表，就要代表人民，代表人民说话，代表人民办事。”申纪兰是这样说的，也是这样做的。

申纪兰总说：我虽然年龄大了，但还能做一些事情，党需要我，我就要一直干下去，听党话、跟党走，是我一辈子的承诺。这也是共产党人为民服务跟党走的精神所在。

三、孙家栋：星斗寄苍穹　壮志向凌云

孙家栋的一生称得上一部中国航天史：年轻时留学苏联，回国后参与缔造了我国最早的地地导弹；后来受命转向卫星总体设计工作，负责我国第一颗人造地球卫星“东方红一号”研制。接下来研制出返回式遥感卫星、“东方红二号”卫星、第二代应用卫星等。可以说太空中的前100颗中国卫星，有三分之一出自他手。年过半百，他又担任航天工业部副部长，将我国航天发射服务推向国际谈判桌；本可以安享晚年之时，他却接过北斗卫星导航和月球探测工程总设计师的帅印。

“国家需要，我就去做。”从38岁主持“东方红一号”总体设计，到75岁掌管我国奔月之旅帅印，孙家栋用其一生铸就了中国航天的辉煌，也彰显了他的爱国情怀。

四、李延年：立志报国　本色不变

1951年10月，李延年在抗美援朝战争中担任志愿军某营7连指导员。他所在营奉命对失守的346.6高地实施反击。“前两个营在敌人炮火猛烈攻袭下伤亡惨重，我们营接到命令执行强攻任务。”李延年回忆，自身所在营作战时，发现敌人会每隔3分钟左右打一轮炮，摸清这个规律后，李延年和战友便利用这个间隙慢慢摸上去。经过双方激烈的战斗，他们终于把高地夺了回来。这时，连队的机关枪已经打得无法连发，步话机也被打烂。当时，李延年所在连只剩下40多个人，其他连队情况更糟。全营弹药严重不足，部队就到敌前沿去收集敌人遗弃的武器和弹药。两夜一天的战斗，敌人一轮又一轮地压向我军阵地。打完弹药的官兵，靠捡拾敌人遗留的武器打退了敌军。一名我军战士在子弹打光后，拿着爆破筒与敌人同归于尽。看到战友们一个接一个牺牲，李延年带领官兵们坚守住阵地，直到得到上级命令才撤出阵地。

李延年1945年参加革命，先后参加解放战争、抗美援朝战争、中越边境自卫还击作战等战役战斗20多次。从朝鲜战场归国后，他继续投身国防事业，于20世纪70年代到祖国南疆扎根边陲。他是为建立中华人民共和国、保卫中华人民共和国做出重大贡献的战斗英雄。离休后，他初心不改、本色不变，积极宣传爱国主义思想，弘扬革命优良传统，充分展现了一名革命军人的光辉形象。

五、张富清：莫道无名　人心是名

24 岁，他冲锋在前，成为战斗英雄，功勋卓著。

31 岁，他服从大局到偏远异乡，投身社会主义建设。

从此，他将赫赫战功深埋心底，只字不提。

95 岁高龄的老党员张富清，用自己的一生诠释了历久弥坚的信仰。

1948 年 11 月的永丰战役是配合淮海战役的一次重要战役。作战中，张富清接连炸掉敌人两座碉堡，他的一块头皮被子弹掀起。战斗相当惨烈，突击连一夜换了 8 个连长。据张富强的老伴儿孙玉兰讲述，张富清满身都是伤疤：右身腋下是被燃烧弹灼烧，黑乎乎一片；脑壳上面则陷下去一道缝；一口牙齿也被枪弹震得疏松。

老英雄九死一生，为什么却不想让别人知道？在追问下，这位饱经世事的老人哽咽了："我一想起和我并肩作战的战士，有几多（好多）都不在了，比起他们来，我有什么资格拿出立功证件去显摆自己啊，我有什么功劳啊……"

什么是信仰？什么是本色？张富清用一生给出了答案：莫道无名，人心是名。

六、袁隆平："稻田"的守望者

1953 年，袁隆平从西南农学院遗传育种专业毕业后，被分配到湖南省安江农校工作。在三年困难时期，身在安江农校的袁隆平目睹了当时大饥荒的惨状，发誓要解决粮食问题。从"南优 2 号"到超级稻，袁隆平对杂交水稻不断改良。杂交水稻的种植范围覆盖中国和中国外的许多国家，真正解决了中国人和部分国家人民的吃饭问题。在泱泱稻田里，袁隆平一次又一次创造了人类粮食生产的历史高度，这些奇迹与荣誉的取得与其自身的坚定信念是分不开的。袁隆平曾说："作为新中国培育出来的第一代学农大学生，我下定决心要解决粮食增产问题，不让老百姓挨饿。"

禾下乘凉梦，一梦逐一生。袁隆平一生都在求新求变的道路上忙碌着，创造着奇迹，为解决中国人民的吃饭问题、保障国家粮食安全贡献了自己的全部，直到生命的最后一刻。

七、黄旭华：惊涛骇浪　显报国之心

1988 年 4 月 29 日，我国进行首次核潜艇深潜试验。数百米深的深潜试验危险性很大。对核潜艇的质量要求很高，核潜艇上一块扑克牌大小的钢板，深潜后承受的外压力接近 1 吨。如果其中有块钢板不合格、一条焊缝出问题、一个阀门封不严，都将导致艇毁人亡的结局。20 世纪 60 年代，美国"长尾鲨"号核潜艇便在深潜试验时沉没，艇上 100 多人全部遇难。对参与深潜试验的人员来说这无疑是个巨大的心理考验。为增强他们的信心，这位 64 岁的总设计师做出一个令人惊讶的决定：亲自跟随潜艇下潜。黄旭华说："我不是充英雄好汉，要跟大家一起去牺牲，而是对大家的生命安全负责，确保人、艇安全。" 1 小时、2 小时、3 小时，核潜艇不断向深海极限深度下潜。海水挤压着艇体，舱内不时传来"咔嗒、咔嗒"的巨大声响，直钻进参试人员的耳朵里。时任深潜队队长的尤庆文回忆当时情景说，"每一秒都惊心动魄"。尤庆文当时抱着录音机记录下舱室的声音和下潜指令。黄旭华全神贯注地测量和记录着各种数据。最终，当核潜艇浮出水面时，现场的人群沸腾了，人们喜极而泣。

如今，黄旭华仍每天 8：30 到办公室，整理几十年工作中积累下的资料。黄旭华说："当年搞核潜艇时有四句话：自力更生，艰苦奋斗，大力协同，无私奉献。我们把这四句话归纳为核潜艇精神。"

八、屠呦呦：一株济世草　一颗报国心

从 1955 年进入中医研究院工作以来，屠呦呦一直醉心科研。学问是无止境的。她皓首穷经埋在古籍里，筛选 380 余种中药提取物，收集 2000 种方药，只为快速找到抗疟灵感。在经历了无数次失败后，她还能再坚定地多尝试一次，最终找到了用乙醚提取青蒿素的方法。当时屠呦呦工作的实验室环境简陋，在没有通风系统和实验防护的情况下，她患上中毒性肝炎后仍然坚守在科研一线。为了验证青蒿素的实际疗效，她不顾自身安危，甘当小白鼠，第一时间赶去海南疟区以身试药。

这些一点一滴的辛苦付出彰显的是科学家的可贵品质，屠呦呦用自己的行动向我们展现了情系苍生的情怀。在屠呦呦的心中，青蒿低调、淡泊名利，它是具有奉献精神的植物，虽然没有鲜艳的花朵和扑鼻的香气，却能挽救很多人的生命。在这一刻，青蒿是她，她也如青蒿。

第三节　"中国青年五四奖章"获得者

一、黄文秀：春泥不语　花季永恒

1989 年，黄文秀出生于广西百色市一个农村家庭，从石头村一路考入北京师范大学。2016 年硕士毕业后，她毅然回到家乡工作，响应国家号召到百坭村担任驻村第一书记。2019 年 6 月 16 日深夜，心系灾情的黄文秀，在冒大雨开车赶回村里的途中遭遇山洪，不幸牺牲。这位 30 岁的年轻姑娘的生命被永远定格在了她为之奉献青春的扶贫路上。

当时，百坭村是个深度贫困村，全村 472 户中有 195 户是贫困户，全村 11 个自然

屯分布在大山深处，有好几个屯与村委会的距离在 10 公里以上。黄文秀在这里深入群众，帮助他们解决实际困难。为了解决村里的道路问题，她带着村干部实地勘察、研究方案；为了解决山里的产业发展问题，她和群众一起找路子，带动杉木、八角、砂糖橘、枇杷等特色产业；为了打开农产品销路，她带着全村百姓发展电商。黄文秀到任这里时，百坭村的贫困发生率为 22.88%；2018 年，百坭村的贫困发生率降至 2.71%。

翻开黄文秀的入党申请书，其中写道：一个人要活得有意义，生存得有价值，就不能光为自己而活，要为他人、为国家、为民族、为社会，用自己的力量，努力做出贡献。直到生命最后一刻，黄文秀仍在履行这份庄严承诺。

青春有很多种样子，但扎根基层，甘于寂寞，为百姓脱贫致富奉献自己的力量，这个道路着实不易。但正是因为付出的汗水换来的是他人幸福的生活，这样的人生才真正出彩。“些小吾曹州县吏，一枝一叶总关情。”黄文秀用实际行动诠释了共产党人的为民初心，值得我们青年一代学习。

二、栾大伟：用拼搏成就梦想

心中有阳光，脚下就有力量。2008 年研究生毕业后，栾大伟心中有了一个梦想：要让老百姓在家门口便能享受国际一流的疾病检测服务。他放弃了稳定的工作机会，开启了为实现梦想而努力打拼的历程。2010 年，栾大伟创办了属于自己的公司——博奥赛斯（天津）生物科技有限公司。在他的带领下，他的公司不断地闯进更大、更高的舞台：获得 120 余项产品的注册证、百余项专利的证书，承担国家级科研课题 4 项、省部级科研课题 9 项；研发的化学发光免疫分析技术则扭转了长期以来国外产品垄断国内市场的被动局面。

2020 年，栾大伟牵挂祖国疫情防控形势。他紧急启动“新型冠状病毒抗体检测试剂盒”的研发工作，投身战“疫”。那是一段与生命赛跑的日子，团队成员不眠不休，只为助力国家疫情防控关口前移。2 月 6 日，新型冠状病毒 IgM/IgG 抗体检测试剂盒研发终于获得成功。栾大伟说：青年人就应该在国家和人民最需要的时候挺身而出，这是新时代赋予我们的历史使命，也是我们这一代青年人应有的责任和应尽的义务。青年一代最大的资本不是经验丰富，而是勇于试错，敢于追梦。在最美好的青春岁月，就应该大胆拼搏，向着心中的梦想不断攀缘，将青春的绿色洒满征途。

三、罗小小：人生不设限　奔跑永不止

因高压电事故，罗小小 3 岁时失去了双手。母亲杨冬妹为了让小小具备基本的生活能力，刻意锻炼他，让他自己学习用脚吃饭。经过无数次的练习，他终于脚练得灵活，还努力学会了用脚写字、用嘴唇使用手机。2014 年，罗小小从湖南省特技中专毕

业，由于身体残疾，求职并不顺利。这时，湖南省怀化市志愿者协会向他伸出了橄榄枝，聘请他到协会做一名专职志愿者。爱与坚强，逐渐驱散了罗小小内心的阴云，他开始逆袭走向阳光。为贫困孩子筹集助学金，发起“轻松筹”等志愿服务项目，从网上公益到线下公益，罗小小逐渐成为公益活动的策划者、发动者、组织者。疫情防控时期，为助力抗疫一线筹集防控物资。罗小小和团队小伙伴们发起网上“轻松筹”，最终筹集爱心款32万多元。为了筹集短缺的应急储备物资一次性医用口罩、N95口罩等，罗小小和他的团队伙伴们又发起了“一个爱心口罩计划”。在这个计划中，罗小小负责设计宣传单。虽然没有了双手，但他不怕辛苦，在半个多月的时间里，他通过脚趾操作电脑，先后设计了500份宣传单。“一个爱心口罩计划”宣传发出后，在网络上引起强烈反响，众多市民踊跃参与捐赠活动，共筹集口罩20余万只。

有一种坚持叫逆袭，有一种大爱叫传递。罗小小用自己的力量向我们传递着生命的可贵，爱心的伟大。

四、朱婷：做奔跑的前浪

1994年朱婷出生于河南省郸城县的一个农村家庭。2007年，在老师的建议下，父亲将13岁的朱婷送到周口市体育运动学校参加夏令营，后被排球组选中。很快，有一定天赋的朱婷被举荐到河南省体校，开始了系统的专业排球训练。由于天分高加上本人训练刻苦，朱婷后来进入了国家队。

2016年里约奥运会，面对失利局面，对战巴西队赛前，朱婷说：不管我们经历了什么，都要努力把这场当成最后一场比赛来打。我们可以输，但拼搏的精神不能输。2019年世界杯，以朱婷作为队长的中国女排以11连胜夺得冠军。虽然已经成为体坛巨星，但朱婷的内心深处时刻都保持着危机意识。朱婷说：我不知道其他运动员怎样想的，但对我来说这种担心一直都有，更多来自伤病，还有年轻运动员带来的冲击，我希望我一直都是奔跑的前浪，做好传、帮、带，希望我们女排精神一代代传承下去，我也希望自己能够更好。

取得成就是每个人都在期望的，难能可贵的是在功成名就时仍保持继续拼搏的初心。作为青年一代的大学生，应保持一颗不骄不躁的心，既从容应对成功，也勇敢面对失败。

五、丁良浩：绝地救援　伤疤是最好的勋章

2019年3月21日下午，江苏省响水县突发爆炸事故。正在进行体能训练的丁良浩和队友们接到命令，连夜赶赴增援。爆炸区内火势冲天，有毒气体四处弥漫，丁良浩和队友们到达现场后，站在齐腰深的泡沫中发起一轮又一轮的灭火冲锋。第二天一早，丁良浩班组接到搜救命令。化工厂内毒气弥漫、毒水横流，丁良浩和队友们不断深入

核心区域，在废墟中仔细搜寻，寻找希望。由于长时间的体力消耗，队员们愈发疲惫，情绪也有些低落。丁良浩想起在厂区外那名来寻找弟弟的中年男子，他知道已经过了黄金救援期，生还的希望不大了，但他还是进入厂区、继续找人。“给幸存者以希望，给逝去者以尊严。”丁良浩鼓励队员，经过2个多小时的连续搜救，又一名遇难者遗体终被找到。

经过七天六夜的奋战，丁良浩和队友们搜救出多名遇难者遗体。他说：最危险的是蹚过强酸积液挺进现场，但是，没有一名消防员退缩。以丁良浩为代表的消防员们是最美的逆行者，他们唤起生命的希望，却往往付出自己的生命。他们很平凡，也有父母妻儿，但是，他们很坚强，总是在危难的时候挺身而出。记住这个平凡的职业，让我们心怀感恩，向他们致敬。

六、赵海伶：十年扶贫　助力乡村振兴

从最初的一个人背着背篓去收山货，到如今的数辆收货卡车在山间穿行；从最初肯合作的农户只有1家到如今参与合作的4000多家；从最初的“海伶山珍”淘宝店到如今的省级扶贫龙头企业。赵海伶用了10年的时间实现这些目标。

10年间，赵海伶带动青川4000多名食用菌农户致富，并成功帮助建档立卡贫困户500余人实现年均增收7000余元。10年间，赵海伶一直致力让青川的土特产品走出大山。她自建400亩示范基地，让每一位农村参与者都能够在广阔的乡村产业中找到自己的定位。

新冠疫情发生后，赵海伶于第一时间向武汉市捐款，同时购买4000只口罩分发给一线的社区工作者和环卫工人。

10年的扶贫路走得很是漫长，但赵海伶不忘初心、与时俱进，为家乡百姓脱贫致富贡献了自己的力量，她是我们青年学习的榜样。

七、北京大学援鄂抗疫医疗队：聚涓滴之力　护山河无恙

“老夫聊发少年狂，赴汉口，跨长江，医亦凡人，匹夫尽责灭疫狼。”这是北京大学人民医院重症医学科主任安友仲在奔赴武汉前在朋友圈留下的一句话。从2020年1月26日开始的10多天里，北京大学先后派出4批援鄂医疗队共426人奔赴武汉。在新年伊始的这场抗击新冠疫情阻击战中，他们用精湛的医术、无私的奉献，诠释着北大人的初心与使命。

在国家危难之际，作为中国人，我们势必要与国家共存亡，每个中国人都处在这个命运共同体中。新冠疫情对我国经济和社会发展造成重大冲击，但疫情之下涌现出的这些不畏艰险、舍生忘死的英雄却给我们带来了曙光，这就是大爱的力量。

八、天津飞腾嵌入式 CPU 研发团队：在“指甲盖”上造出大国重器

中国每年制造数以亿计的电子产品，却长期被“指甲盖”大小的芯片“扼住咽喉”。每年中国进口芯片的费用甚至超过石油。将上亿个晶体管与数千米长的导线汇集于方寸之间的芯片，一直以来都是全球高科技国力较量的焦点。它是名副其实的大国重器。

近年来，为了有效解决高端芯片领域的“缺芯之痛”，中国的科研团队刻苦钻研，一批国产芯片开始得以崭露头角。其中，天津飞腾嵌入式 CPU 研发团队被授予“中国青年五四奖章”（集体）。这支团队组建于 20 世纪末。当时，国外芯片对我国实行封锁与禁运，我们没有任何技术资料，也没有计算机辅助软件的支持。上百名科研人员秉持蚂蚁啃骨头的精神，从一个个独立的晶体管开始，保证了相关设备的顺利交付。自此，这支团队与国产高端处理器芯片紧密联系在了一起。他们敢打敢拼，又留心吸取先进的产品研发经验。历经十几年攻关，芯片迭代速度从最初的 4 到 5 年推出一款到现在的 1 年半便能推出一款，四代 10 余款高端 CPU 芯片陆续研制成功。

在国产 CPU 研发领域，别人用几十年走完的路，天津飞腾只用了十几年。这就是拼搏的力量，顺应时代潮流，方能在困境中找到希望。

第四节　战“疫”英雄谱

一、武汉人民篇：壮哉！英雄武汉人

2020 年 1 月 23 日，长江之畔的武汉城，这座素有“九省通衢”之称的地方，史无前例地宣布“封城”。

“英雄者，国之干。”在面临疫情大考之时，武汉人用一场“封城”壮举，迈入 21 世纪第 3 个十年。由于疫情传染性强，确诊困难，加之医院床位紧缺，疫情防控步履维艰。惊恐、无助在城市中蔓延，但最终信任代替了猜疑，居家隔离代替了走亲访友，一夜间，这座原本喧闹的城市突然静止。当武汉选择切断自己和外界的连接渠道时，壮士断腕，可歌可泣，武汉人民在用自己的力量奋力阻止疫情的蔓延，而成效随之显现。在疫情防控战中，武汉选择了“封一座城，护一国人”。武汉人展现了武汉的情怀，中国的力量。

武汉保卫战为全国乃至全世界提供了防控疫情的经验，赢得了宝贵的时间。反观国外严峻的疫情形势，这座城市和人民做出的牺牲与奉献必将被载入史册。

二、科技工作者篇：争分夺秒抗病毒

《新闻联播》的镜头里，出现了一个熟悉的身影——中国工程院院士陈薇。当年那个大大咧咧的清华学生，如今成了从事科研工作的人。然而正是这个在大学同学认为不适合搞科研的人，却29年如一日地致力于医学科研工作。

2020年1月26日，54岁的陈薇带领一支由军队紧急派出的专家组赶赴武汉，到达武汉后迅速投入新冠病毒的病原传播变异、快速检测技术、疫苗抗体研制等研究工作中。数日后，在实验室中，她和其他专家们用自主研发的检测试剂盒，配合核酸全自动提取技术，使得核酸检测时间大大缩短。

防疫战也是科技战。打赢疫情防控战役，科研工作者是重要的力量。

三、医务工作者篇：白衣执甲逆风行

2020年1月28日，自2019年12月29日转入首批7名新冠肺炎患者以来，武汉市金银潭医院的600多名医护人员已经在抗疫前沿奋战了29天。57岁的院党委副书记、院长张定宇带着疲惫，一瘸一拐地走着，他是一名渐冻症患者，双腿已开始萎缩，而这个病目前无法治愈。张定宇说："我必须跑得更快，才能跑赢时间，把重要的事情做完；我必须跑得更快，才能从病毒手里抢回更多病人。"在疫情中"逆行"的29天里，张定宇常常半夜2点刚躺下，4点就得爬起来，同时还有无数电话要接听，处理各种突发事件。就在日夜奋战在一线的同时，他却得知同为医务人员的妻子感染了新冠肺炎。张定宇强忍担忧，选择了坚守，与白衣卫士们一起，为托起武汉的信心与希望、托起人民的健康与生命而战。

在抗击疫情的最前沿，他强撑患病的身体为病人争得抢救时间。这是对生命的守护，也是医者仁心的生动写照。

四、志愿者群体篇：微光成炬照征程

疫情防控的每条战线与每个角落，哪里有需要，哪里就会有青年志愿者的身影。他们不怕苦，不怕累，用自身行动践行了"奉献、友爱、互助、进步"的志愿者精神。

王聪是武汉市的一名普通市民，2020年2月份，他所在的江岸区开始召集负责运送新冠肺炎病人的志愿者司机。他考虑再三后还是报了名。每天开车往返于社区和医院之间，这一运送就长达两个月之久。面对凶猛的疫情，作为一个平凡人，王聪心里也有担忧，但是他每天都在盼望疫情能尽早结束。

新冠疫情发生以来，许多人纷纷选择加入志愿者行列，他们来自不同的地区不同的单位，但却有着共同的奋斗目标，那便是战胜病魔，回归正常的生活。正是因为有了这些选择逆行的志愿者们的辛苦付出，我们才得以在疫情防控中安心在家中隔离。如果一个志愿者的努力可以让疫情提前一分钟结束，那么两个志愿者就可以提前两分钟……这就是奉献的力量。

五、社区工作者篇：坚守一线战风雨

社区是疫情防控的第一线。在这场疫情防控斗争中，广大社区工作者不惧风险、奋战一线，形成了联防联控的强大力量。为了做到外防输入、内防扩散，他们不怕繁难、尽心尽力。强化网格化管理，实施社区地毯式排查，严格落实“四早”；做好封闭管理，加强疫情监测；确保密切接触人员居家医学观察，做好社区居民日常生活保障服务，广大社区工作者用自己的坚守和汗水筑牢了疫情防控的高墙。没有他们的辛勤付出，疫情防控阻击战很难顺利打赢。

“我们的工作很重要，必须严防死守。”“牺牲我的时间，换来千家万户平安，付出多少都是值得的。”“我们现在是社区守护人，要把门看紧！”这些朴实的话语透出他们守土有责、守土担责、守土尽责的担当精神。

六、基层干部篇：坚守阵地勇担当

自疫情工作开展起来，基层党员干部走在前、作表率，舍小家、顾大家，无论严寒酷热，他们都坚定站在疫情防控一线，为保障人民健康和生命安全贡献自己的力量。

“您好，请问你从哪里来？要去哪里？有没有发热等情况？”在全国各交通卡点，基层工作人员总会耐心询问过往车辆人员，并进行测体温、人车信息登记工作。基层的精准摸排工作是打赢疫情防控战的关键。全国各地党员干部，带头分片包干，逐户排查登记，真正做到了不缺位、做到位。

大事难事见担当。在疫情防控中，广大基层干部主动靠前，用实际行动彰显了敢于担当的作风。

七、公安民警篇：抗疫一线铸警魂

2020 年 1 月 25 日，大年初一，滕州市公安局吹响了战“疫”集结号。当时正在老家休假的杨申得知消息后，第一时间辞别父母，返回岗位。随后，杨申第一时间组建荆河派出所“青年抗疫突击队”。她始终坚守在一线，跑遍了辖区内大大小小 21 家宾馆，逐一排查登记。在执勤关卡，她时刻不忘提醒过往车辆做好防护。

看守所是疫情防控的重点。由于看守所女监区执勤警力不足，杨申第一时间报名请战。考虑到她身体不适，组织并未同意其申请。杨申便第二次请战：“我愿以青春之热血赴防疫之战场，一定听从指挥、不辱使命！”最终，组织上同意她到看守所执勤。

执勤期间，杨申病情一直不见好转，在同事劝说下前往医院检查，检查结果显示是胃癌晚期。杨申攥着报告流下了眼泪，但她很快平复了心情，赶回派出所与同事交接手头的工作。

“如果是春节前就入院治疗，我有把握治好这个年轻人，可惜你们来得太晚了。”滕州市中心人民医院医生不无遗憾地说。原本年假期间准备在老家体检的杨申，在疫情发生的那刻坚持归队抗疫，她用青春践行了为民初心，彰显了忠诚、干净、担当的警魂本色。

八、人民解放军篇：闻令即动挑重担

来自火箭军某医院的李晓莉已当兵 31 年。2020 年年初支援湖北时，她担任感染十四科护士长，她年纪最大，却也最拼。在李晓莉的护理生涯中，她对自己有一个特殊规定，不按照床号称呼病人，而是用生活中的称谓称呼他们。在李晓莉的带动下，护士进病房时也从不叫病人的床号，而是亲切地称呼他们为爷爷奶奶、叔叔阿姨。“称呼一改，暖心多了。”李晓莉说，这个“特殊规定”她已经坚持了 10 多年。与医疗救治不同，护理工作需要日夜守护患者，直面病毒的风险更大。李晓莉没有退却，她每天奋战在病区，为病人做测试、脱戴呼吸机、清理污物等，认真做好每一个护理环节。

闻令而动，逆行前进。除夕之夜，他们踏上抗疫战场，中国军人在疫情防控中用肉体挡在了祖国人民的面前，保卫了祖国的安全，也护住了人民的生命线。

参考文献

［1］平章起，马亚男．爱国主义的本质与时代特征［J］．理论与现代化，2019（3）：82-87.

［2］栗志刚．民族认同论［D］．武汉：华中科技大学，2011.

［3］邵芳强，朱泽原．新时代弘扬爱国主义精神的四个维度［N］．大连日报，2020-03-09（7）.

［4］王永友，耿春晓．论新时代坚持爱党爱国爱社会主义相统一［J］．西北工业大学学报（社会科学版），2020（1）：34-42.

［5］陈洁．在全社会大力弘扬家国情怀［N］．河北日报，2019-03-01（7）.

［6］辛向阳．弘扬爱国主义精神必须坚持爱国主义和社会主义相统一［N］．光明日报，2016-03-24（13）.

［7］中共中央马克思恩格斯列宁斯大宁著作编译局．马克思恩格斯选集：第一卷［M］．北京：人民出版社，2012.

［8］共产党宣言：第3卷［M］．北京：人民出版社，1993.

［9］毛泽东．毛泽东选集：第一卷［M］．北京：人民出版社，1991.

［10］毛泽东．毛泽东选集：第二卷［M］．北京：人民出版社，1991.

［11］邓小平．邓小平文选：第二卷［M］．北京：人民出版社，1994.

［12］邓小平．邓小平文选：第三卷［M］．北京：人民出版社，1993.

［13］江泽民．高举邓小平理论伟大旗帜 把建设中国特色社会主义事业全面推向二十一世纪——在中国共产党第十五次全国代表大会上的报告（1997年9月12日）［M］．北京：人民出版社，1997.

［14］江泽民．在庆祝中国共产党成立八十周年大会上的讲话［M］//江泽民文选：第三卷．北京：人民出版社，2006.

［15］中共中央宣传部．“三个代表”重要思想学习纲要［M］．北京：学习出版社，2003.

［16］胡锦涛．胡锦涛文选：第二卷［M］．北京：人民出版社，2016.

［17］中共中央宣传部．科学发展观学习纲要［M］．北京：学习出版社，2013.

［18］习近平．决胜全面建成小康社会 夺取新时代中国特色社会主义伟大胜利——在中国共产党第十九次全国代表大会上的报告（2017年10月18日）［M］．北京：人

民出版社，2017.

［19］习近平．习近平谈治国理政：第一卷［M］．北京：外文出版社，2018.

［20］习近平．习近平谈治国理政：第二卷［M］．北京：外文出版社，2017.

［21］习近平．在纪念马克思诞辰 200 周年大会上的讲话［EB/OL］．（2018-05-04）．http://www.xinhuanet.com/politics/jnmks200n/index.htm.

［22］韩庆祥．习近平新时代中国特色社会主义思想的核心要义及其内在逻辑［J］．时事报告（党委中心组学习），2018（2）：5-25.

［23］中共中央宣传部．习近平新时代中国特色社会主义思想三十讲［M］．北京：学习出版社，2018.

［24］韩庆祥．论中国道路及其本源意义［J］．中国特色社会主义研究，2020（2）：5-20.

［25］王宗礼．中国道路的逻辑指向和主要内涵［J］．江海学刊，2020（3）：50-52.

［26］张建英．中国道路形成与发展的逻辑必然［J］．中共福建省委党校学报，2019（6）：140-146.

［27］郭建宁．中国道路的内涵与意义［J］．江海学刊，2020（2）：55-59.

［28］曹峰．中国道路内涵的四重维度阐释［J］．东南学术，2020（4）：61-70.

［29］沈传亮．中国奇迹的道路因素分析［J］．党的文献，2019（6）：20-22.

［30］习近平．实现中华民族伟大复兴是中华民族近代以来最伟大的梦想［M］//习近平谈治国理政．北京：外文出版社，2018.

［31］习近平．实现中国梦不仅造福于中国人民，而且造福世界人民［M］//习近平谈治国理政：外文出版社，2018.

［32］何毅亭．实现中国梦是新时代中国共产党人的历史使命［N］．人民日报，2017-12-18（9）.

［33］冯秀军．中国梦与当代大学生的成长成才［J］．思想理论教育，2013（11）：21-25.

［34］马克思，恩格斯．马克思恩格斯全集：第三卷［M］．北京：人民出版社，1960.

［35］习近平．在同各界优秀青年代表座谈时的讲话［N］．人民日报，2013-05-05（2）.

［36］中共中央文献研究室．习近平关于全面建成小康社会论述摘编［M］．北京：中央文献出版社，2016.

［37］习近平．在文艺工作座谈会上的讲话（2014 年 10 月 15 日）［M］．北京：人民出版社，2015.

［38］习近平．出席第三届核安全峰会并访问欧洲四国和联合国教科文组织总部、欧盟总部时的演讲［M］．北京：人民出版社，2014.

[39] 王蒙. 中国精神读本 [M]. 杭州：浙江文艺出版社，2019.

[40] 董振华. 治国理政思想方法十讲 [M]. 北京：人民出版社，2017.

[41] 彭训文. 70 年，伟大的创造精神 [N]. 人民日报海外版，2019-09-17 (1).

[42] 孙懿. 70 年，伟大的奋斗精神 [N]. 人民日报海外版，2019-09-18 (1).

[43] 石畅. 70 年，伟大的团结精神 [N]. 人民日报海外版，2019-09-19 (1).

[44] 申孟哲. 70 年，伟大的梦想精神 [N]. 人民日报：海外版，2019-09-20 (1).

[45] 左鹏. 用心守护新时代爱国主义 [J]. 前线，2019 (11)：53-54.

[46] 董玉节. 新时代爱国奋斗精神的三大逻辑 [J]. 红旗文稿，2019 (11)：32-33.

[47] 王永贵，郭亮. 领会新时代爱国主义精神的三重逻辑 [N]. 光明日报，2019-08-13 (5).

[48] 高琼. 五个维度解读习近平传统文化观 [J]. 思想政治工作研究，2017 (6)：11-13.

[49] 韩振峰. 习近平对待中国传统文化的方法论思想 [EB/OL]. (2014-09-24). http://www.opinion.people.com.cn/n/2014/09241c1003-25725477.htm/.

[50] 高长武. 中国优秀传统文化的价值定位 [N]. 光明日报，2016-09-05 (16).

[51] 中共中央办公厅，国务院办公厅. 关于实施中华优秀传统文化传承发展工程的意见 [EB/OL]. (2017-01-25). http://www.xinhua/net.com/politics/2017-01-25/c_1120383155.htm

[52] 周志怀. 新时期对台政策与两岸关系和平发展 [M]. 北京：华艺出版社，2009.

[53] 十八大报告辅导读本 [M]. 北京：人民出版社，2012.

[54] 十九大报告辅导读本 [M]. 北京：人民出版社，2017.

[55] 中国共产党统一战线工作条例（试行）[M]. 北京：人民出版社，2015.

[56] 管小其. "中华民族共同体"的深刻内涵与重大创新 [N]. 中国社会科学报，2020-07-28.

[57] 万明钢. 铸牢中华民族共同体意识与新时代学校民族团结进步教育的使命 [J]. 西北师大学报（社会科学版），2020 (5)：5-12.

[58] 民族区域自治制度 [EB/OL]. (2005-07-04). http://www.gov.cn/guoqing/2005-09/13/content_2582468.htm#/.

[59] 本书编写组. 毛泽东思想和中国特色社会主义理论体系概论 [M]. 北京：高等教育出版社，2018.

[60] 刘劲松. 辉煌七十年，奋进新时代，开启中国特色大国外交新征程——新中国外交 70 年：回顾与展望 [J]. 世界知识，2019 (10)：12-17.

［61］宫力．新中国独立自主和平外交历史演进与基本经验［J］．理论视野，2019（9）：9-16.

［62］王进．把握“一带一路”倡议的深层内涵［N］．中国教育报，2019-04-25（5）.

［63］王立培．习近平“人类命运共同体”思想的内涵及新时代意义［J］．中华魂，2019（1）：20-23.

［64］吴志成．携手构建人类命运共同体——中国战“疫”的深刻启示［N］．光明日报，2020-03-10.

［65］卢俞成，林春逸．新中国 70 年中国道路的世界历史意义［J］．社会科学文摘，2019（12）：15-16.

［66］曹达华．总体国家安全观的四重内涵［N］．学习时报，2017-06-28（4）.

［67］高祖贵．把握总体国家安全观的科学内涵［N］．解放军报，2016-02-29（6）.

［68］孙东方．深刻把握新时代坚持总体国家安全观的重要意义［N］．人民日报，2018-04-16（12）.

［69］习近平：在庆祝中国共产党成立 100 周年大会上的讲话（2021 年 7 月 1 日）［M］．北京：人民出版社，2021.

后　记

2019年11月，中共中央、国务院印发了《新时代爱国主义教育实施纲要》（以下简称《纲要》），并发出通知，要求各地区、各部门结合实际认真贯彻落实。

爱国主义是民族精神的核心，也是实现中华民族伟大复兴中国梦的力量源泉。大学生是祖国的未来和民族的希望，他们综合素质的高低直接关系着中国特色社会主义事业的成败。作为高校思想政治教育永恒的主题，加强和改进大学生爱国主义教育是提高大学生思想道德素养的重要手段。

为了贯彻落实《纲要》的要求，并根据我国高校大学生爱国主义教育的实际需要，我们编写了《新时代大学生爱国主义教育概论》一书，为新时代大学生践行爱国主义提供理论指导。

本书由江苏食品药品职业技术学院马克思主义学院和党委宣传部组织编写，陶书中教授主编和统稿，张军全程参与了整本书的编写。本书绪论、第一章、第三章、第八章、第九章及后记由朱晓红编写；第二章、第六章、第七章由陈冬梅编写；第四章、第五章、第十章由胡悦编写。

赵慧在整本书编写过程中做了全面的协调工作，顾习龙、桑家娣分别在全书体系架构和资料收集方面提供了支持和帮助。此外，我们还参阅了相关专家、学者的研究成果，在此表示感谢！

由于成书时间较短和作者水平有限，本书难免存有不足，衷心希望广大读者提出宝贵意见。

2020年9月